Dieter Röh I Barbara Dünkel I Friederike Schaak (Hrsg.)
Hochschulentwicklung und Akademisierung in der Sozialen Arbeit
1960–1980

Dieter Röh | Barbara Dünkel |
Friederike Schaak (Hrsg.)

Hochschulentwicklung und Akademisierung in der Sozialen Arbeit 1960–1980

Das Werk einschließlich aller seiner Teile ist urheberrechtlich geschützt. Jede Verwertung ist ohne Zustimmung des Verlags unzulässig. Das gilt insbesondere für Vervielfältigungen, Übersetzungen, Mikroverfilmungen und die Einspeicherung und Verarbeitung in elektronische Systeme.

Alle Rechte vorbehalten

Dieses Buch ist erhältlich als:
ISBN 978-3-7799-7331-7 Print
ISBN 978-3-7799-7332-4 E-Book (PDF)
ISBN 978-3-7799-8264-7 E-Book (ePub)

1. Auflage 2024

© 2024 Beltz Juventa
in der Verlagsgruppe Beltz · Weinheim Basel
Werderstraße 10, 69469 Weinheim

Herstellung: Hanna Sachs
Satz: xerif, le-tex
Druck und Bindung: Beltz Grafische Betriebe, Bad Langensalza
Beltz Grafische Betriebe ist ein klimaneutrales Unternehmen (ID 15985–2104-100)
Printed in Germany

Weitere Informationen zu unseren Autor:innen und Titeln finden Sie unter: www.beltz.de

Inhalt

I. Einleitung — 7

Entwicklungen an den Hochschulen

II. Von der höheren Fachschule zur evangelischen Fachhochschule Bochum – Akademisierung (auch) aus der Perspektive ehemaliger Student*innen
Carola Kuhlmann — 14

III. Von der Unwahrscheinlichkeit des Erfolgs: Eine Prüfung von Ambivalenzen in der frühen Phase der Akademisierung Sozialer Arbeit durch Gründung der Fachhochschulen
Dieter Röh — 26

IV. „Roter Fleck auf grüner Wiese" – zum Gründungsmythos der Fachhochschule Ostfriesland
Carsten Müller — 41

V. Supervisionsweiterbildungen der katholischen Akademie für Jugendfragen in Münster als Beitrag zur Professionsbildung im Vorfeld der Fachhochschulgründungen (1960–1970)
Volker Jörn Walpuski — 55

Entwicklung der Wissenschaft Sozialer Arbeit/der Sozialpädagogik

VI. Das Wissen des kritisch-alternativen pädagogischen Milieus um 1968
Friederike Thole — 68

VII. Staatliche Unordnung und Zähmung des Individuums
Zur Bedeutung der Psychoanalyse für Berthold Simonsohns Begriff der Sozialpädagogik
Norman Böttcher — 85

VIII. Ein Resultat von Konflikten: die Akademisierung der Sozialen Arbeit
Peter Buttner — 97

Internationaler Seitenblick

IX.	Methodos, der Weg! Vom Methodenimport in der Sozialen Arbeit aus den USA und der Suche nach einem integrierten Methoden- und Praxismodell. *Joachim Wieler*	112
X.	Die Akademisierung Sozialer Arbeit unter dem Einfluss der Frauenbewegungen in den USA und der BRD *Edith Bauer*	127
XI.	Soziale Arbeit auf dem Weg in die Professionalisierung – Konsolidierung, Aufruhr, Akademisierung zwischen 1960 und 1980, *Manfred Neuffer*	138
XII.	Fazit und Ausblick	152
	Autorinnen und Autoren	154

I. Einleitung

In den letzten Jahren wuchs in der historischen Forschung allgemein das Interesse an der 68er- bzw. Post-68er-Ära nicht zuletzt durch den 50jährigen Jahrestag 2018. Auch in der Geschichtsschreibung der Sozialen Arbeit erschienen Veröffentlichungen wie z. B. Birgmeier/Mührel (2016) oder Thole/Wagner/Stederoth (2020). Allgemein lässt sich ein stärkeres Interesse an Untersuchungen zur jüngeren Vergangenheit der Profession, der Disziplinentwicklung sowie der Ausbildung und des Studiums der Sozialen Arbeit verzeichnen, das anknüpfen kann an eine inzwischen umfassende Historiographie der Sozialen Arbeit: Sie weist, neben einführenden Werken von Neuffer (1990), Müller (1992/1994), Landwehr/Baron (1995), Wendt (2008), Hering/Münchmeier (2014), Amthor (2016), Hammerschmidt/Weber/Seidenstücker (2017) und Lambers (2018), umfassende „Materialbände" (u. a. Sachße/Tennstedt 1980/1988/1998/2002 und Hering/Münchmeier (2015)), diverse Biographien (u. a. Wieler (1995), Eberhart (2009), Schaser (2010), Feustel (2011), Braches-Chyrek (2013)) und eine unzählige Fülle an Einzelbeiträgen zu unterschiedlichsten Themen auf.

Daran anknüpfend widmeten sich die Vorträge auf der im Kontext der AG „Historische Sozialpädagogik/Soziale Arbeit" im Mai 2022 stattgefundenen Tagung „1960 – 1980: Die bewegten und bewegenden Jahre in Ausbildung, Praxis und Wissenschaft der Sozialen Arbeit" verschiedensten Forschungen im titelgebenden Zeitraum. Aufgrund der Schwerpunktsetzung der Herausgebenden (Röh/Dünkel/Schaak 2022; Schwerpunktheft Soziale Arbeit Mai/Juni 2017 „100 Jahre Ausbildung zur Sozialen Arbeit in Hamburg; zur Geschichte der Ausbildung und des Studiums an der HAW Hamburg und ihrer Vorläuferinstitutionen: https://blogs.hoou.de/sozialearbeit/) lag es nahe, die auf die Hochschulentwicklung und Akademisierung der Sozialen Arbeit rekurrierenden Beiträge in diesem Band zu vereinen. Weitere sind in der komplementären Veröffentlichung der Zeitschrift Soziale Arbeit im Heft 8+9 unter dem Titel „Bewegte und bewegende Jahre der Sozialen Arbeit, 1960–1980" erschienen. Neben den Aufsätzen, die auf den entsprechenden Vorträgen dieser Tagung beruhen, kommt im vorliegenden Sammelband mit Peter Buttners Beitrag ein bereits im „Archiv für Wissenschaft und Praxis" publizierter hinzu.

Der oben genannte Titel der Tagung verrät bereits die These einer in der Disziplin agilen, teilweise turbulenten, jedenfalls äußerst dynamischen Zeit der zwei Jahrzehnte ab 1960. Wir haben uns vor allem auf die entsprechenden Entwicklungen in den 1970er Jahre fokussiert. Dieses Jahrzehnt steht für den Beginn der

Akademisierung und der Disziplinwerdung der Sozialen Arbeit und erfährt durch die im Moment sehr aktive und vielseitige Beforschung eine besondere Beachtung. Selbstverständlich bilden die versammelten Beiträge nur einen Ausschnitt aus unterschiedlichen Themenbereichen der Sozialen Arbeit. Strukturiert werden diese Bereiche durch die Zuordnung zu drei Abschnitten, nämlich dem Komplex der *Entwicklung der Hochschulen allgemein, der Entwicklung der Wissenschaft Soziale Arbeit* bzw. der Sozialpädagogik und dem *Internationalen Seitenblick*. Sie stehen aber jeweils für sich und für spezifische Forschungsfelder, für die wir uns weitere Untersuchungen wünschen, denn die Zahl der Forschungsdesiderate zur jüngeren Disziplingeschichte ist nach wie vor hoch.

Den Auftakt des Abschnitts *Entwicklung an den Hochschulen* sollte eigentlich Hans Thierschs biografisch akzentuierter Erfahrungsbericht „Umbruch, Aufbruch und Konsolidierung – Disziplin- und Professionsprobleme der Sozialpädagogik/Sozialen Arbeit am Beispiel des Diplomstudiengangs in Tübingen. Erinnerungen eines Zeitzeugen"[1] bilden. Besonders an dem Vortrag waren für die Zuhörer*innen und uns als Herausgeber*innen die biografisch-reflexiv eingeordneten persönlichen Erfahrungen Hans Thierschs mit dem Kollegium und den Studierenden und die Feststellung, dass sich daraus auch sein eigener Ansatz einer alltags- und lebensweltorientierten Sozialen Arbeit speiste.

Am 23. Februar 2024 erschien kurz vor der endgültigen Drucklegung dieses Bandes der Ergebnisbericht von Baader et al. zu „Helmut Kentlers Wirken in der Berliner Kinder- und Jugendhilfe – Aufarbeitung der organisationalen Verfahren und Verantwortung des Berliner Landesjugendamtes"[2]. Dieser Bericht deckt, gestützt auf Betroffenenberichte und Akten zuständiger Jugendämter in verschiedenen Städten der Bundesrepublik, auf, dass es im Rahmen der so genannten Heimreform und daran anschließende Reformvorhaben an verschiedenen Orten zu sexualisierten Übergriffen und Gewalt gegenüber Kindern und Jugendlichen in den 1970er und 1980er Jahren gekommen ist.

Der Verfasser*innen der o. g. Studie kommen zu dem Ergebnis, dass es sich bei der so genannten Heimreform um einen „Modus der Verdeckung sexualisierter Gewalt" (ebd., S. 34) handelte und benennen sowohl Täter als auch so genannte „Bystander" (ebd., S. 15, dort auch die Definition des gewählten Begriffs), zu denen neben Hans Thiersch auch weitere Sozialpädagog*innen und Sozialarbeiter*innen gezählt werden, die von ihm im ursprünglich geplanten Aufsatz dieses Bandes inhaltlich erwähnt wurden.

---

1   Dieser wurde bereits 2022 erstmalig veröffentlicht in: neue praxis. Zeitschrift für Sozialarbeit, Sozialpädagogik und Sozialpolitik 5/2022, S. 417–429.
2   https://doi.org/10.18442/256 (zuletzt eingesehen am 12.03.2024)

Die erhobenen Anschuldigungen wiegen schwer, bedürfen weiterer Forschung und Aufklärung und werden unserer Meinung nach die Disziplin und Profession der Sozialpädagogik resp. Sozialen Arbeit über einen langen Zeitraum erschüttern und beschäftigen, da sie zwingend eine Auseinandersetzung mit Pädophilie und sexualisierter Gewalt damals und ihren Auswirkungen bis in die Gegenwart erfordern.

Uns als Herausgeber*innen ist deutlich geworden, dass es im Rahmen der Auseinandersetzung mit den Jahren 1960 – 1980, die wir mit der Konferenz anstoßen wollten, bei uns und in der Disziplin und Profession insgesamt ‚blinde Flecken' gibt, die wir versäumt haben zu erkennen und zu thematisieren.

Wir haben uns daher entschlossen, den o. g. Beitrag von Hans Thiersch in der gegenwärtigen Situation nicht ein weiteres Mal zu veröffentlichen, denn dazu bedarf es einer intensiven Bearbeitung und Aufarbeitung dieser 'blinden Flecken' durch alle Beteiligten und besondere Beachtung und Anerkennung der Stimmen von Opfern dieser Gewalt.

In ihrem Beitrag „*Von der höheren Fachschule zur evangelischen Fachhochschule Bochum – Akademisierung (auch) aus der Perspektive ehemaliger Student*innen*" umreißt *Carola Kuhlmann* ebenfalls die Entwicklung der hochschulischen Ausbildung, hier allerdings bezogen auf die Höheren Fachschulen und deren Entwicklung hin zu einer Fachhochschule. Neben der allgemeinen Einordnung verschafft der Beitrag Eindrücke in die ersten Jahre durch Einbindung von Ergebnissen aus einem Forschungsprojekt, in dem Interviews mit ehemaligen Studierenden aus fünf Jahrzehnten zu ihren Studien- und Berufserfahrungen geführt wurden.

Dieter Röh geht in seinem Beitrag „*Von der Unwahrscheinlichkeit des Erfolgs: Eine Prüfung von Ambivalenzen in der frühen Phase der Akademisierung Sozialer Arbeit durch Gründung der Fachhochschulen*" der These nach, dass es, angesichts verschiedenster Reibungen als sehr unwahrscheinlich gegolten haben kann, dass aus den Studiengängen der Sozialen Arbeit bzw. den neu gegründeten Fachhochschulen ein solches Potential für die positive und äußerst dynamische Entwicklung von Disziplin und Profession Sozialer Arbeit erwächst. Er bezieht dabei zur Hypothesenprüfung sowohl Fachbereichsprotokolle als auch Zeitzeug*innen-Interviews der Fachhochschule Hamburg mit ein.

Carsten Müller analysiert am Beispiel der Fachhochschule Ostfriesland in seinem Beitrag „*Roter Fleck auf grüner Wiese" – zum Gründungsmythos der Fachhochschule Ostfriesland*" die Wahrnehmung derselben als „Roten Fleck auf grüner Wiese", im doppelten Wortsinn. Einerseits bestand bzw. besteht die FH aus ziegelroten Backsteingebäuden, andererseits kann der Rote Fleck auch als politische Position verstanden werden, denn dem Fachbereich Sozialwesen sei eine politisch linke teils radikale Orientierung nachgesagt worden. Müller wertet sowohl Medienberichte als auch vor allem einen ikonographisch anmutenden Aufkleber sowie eine ebensolche Postkarte aus und kommt zum Ergebnis, dass sich der Mythos einer linken Kaderschmiede zwar anhand der Quellen nicht herleiten lässt, allerdings sind Aktivitäten an der Hochschule belegt, die dem linken Protestspektrum zugeordnet werden können. Müller benennt verschiedene Felder politischen Protests, die zum Mythos der widerständigen Hochschule beitrugen, weist aber auch daraufhin, dass weitere Forschung zum Thema erforderlich ist.

Im letzten Beitrag dieses Abschnitts thematisiert *Volker Jörn Walpuski* „*Supervisionsweiterbildungen der katholischen Akademie für Jugendfragen in Münster als Beitrag zur Professionsbildung im Vorfeld der Fachhochschulgründungen (1960–1970)*". In seinem Beitrag stellt er die Akademie vor und klärt an diesem Beispiel, wie die Supervision als neue Methode dort gelehrt wurde und wie die Verbindungen zur Lehre bzw. Lehrenden verschiedenster Fachhochschulen aussahen. Auch wenn er die Arbeit in der Akademie als Professionalisierungsbeitrag versteht, stellt Walpuski weiteren Forschungsbedarf hinsichtlich der Multiplikations- und Netzwerkeffekten fest.

Im nächsten Abschnitt *Entwicklung der Wissenschaft Sozialer Arbeit* beginnt *Friederike Thole* mit ihrem Beitrag „*Das Wissen des kritisch-alternativen pädagogischen Milieus um 1968*", in dem sie sich die Frage stellt, wie dieses Wissen, verstanden als Diskussionsraum des kritisch-alternativen pädagogischen Milieus, auch Einfluss auf die etablierte Erziehungswissenschaft nahm. Mittels der Verbindung von wissenssoziologischer Diskursanalyse und Biographieforschung analysiert sie neun Interviews bzw. biographische Erzählungen und kommt zu vielschichtigen Ergebnissen, die darin kulminieren, dass sich sowohl das kritisch-alternative wie auch das etablierte Wissen der Erziehungswissenschaften in dieser Zeit gegenseitig beeinflussten und veränderten.

Norman Böttcher fokussiert unter dem Titel „*Staatliche Unordnung und Zähmung des Individuums. Zur Bedeutung der Psychoanalyse für Berthold Simonsohns Begriff der Sozialpädagogik*" einen ganz anderen Aspekt der Wissenschaftsentwicklung, bezieht sich aber auch auf die Sozialpädagogik bzw. Erziehungswissenschaft. Im Rahmen seiner Auseinandersetzung mit der jüdischen Sozialen Arbeit stellt er hier die Einflüsse eines bedeutenden Theoretikers dar und arbeitet dessen Denkgrundlagen anhand einzelner Schriften heraus, um zu zeigen, wie sie teilweise vom damaligen sozialpädagogischen Fachdiskurs abweichen.

Wie bereits einführend erwähnt stellt der Beitrag von *Peter Buttner* unter dem Titel „*Ein Resultat von Konflikten: Die Akademisierung der Sozialen Arbeit*" einen Nachabdruck mit freundlicher Genehmigung des Eigenverlags des Deutschen Vereins dar. Buttner zeigt sich darin ebenso wie Dieter Röh überrascht davon, dass die Akademisierung der Sozialen Arbeit so erfolgreich war, und zwar trotz oder wegen zahlreicher Konflikte, und weist zum Schluss auf weitere Entwicklungsperspektiven hin.

Der mit Internationaler Seitenblick betitelte Abschnitt umfasst zwei Beiträge: Er beginnt mit *Joachim Wielers* Beitrag „*Methodos, der Weg! Vom Methodenimport in der Sozialen Arbeit aus den USA und der Suche nach einem integrierten Methoden- und Praxismodell*", in dem er, als Zeitzeuge über den sozialarbeiterischen Wissens- und Methodenimport aus den USA nach Deutschland berichtet. In diesem Zusammenhang befasst er sich mit möglichen Bedeutungen und Konsequenzen des erfolgten (Re-)Imports für die Ausbildung und Praxis Sozialer Arbeit in Deutschland.

Edith Bauer widmet sich in ihrem Beitrag „*Die Akademisierung Sozialer Arbeit unter dem Einfluss der Frauenbewegungen in den USA und der BRD*" einem historischen Rückblick, welche Einflüsse seit den späten 1960er Jahren auf die Entwicklung der Akademisierung der Sozialen Arbeit festzustellen sind. Neben der deutschen Frauenbewegung betrachtet sie insbesondere auch den pragmatischen Feminismus in den USA, weshalb wir ihn in diesem Abschnitt platziert haben. Bauer stellt fest, dass die Bewegung neben der Akademisierung auch weitere wichtige Impulse z. B. bei der Entstehung der Frauenforschung gab, und darüber hinaus eine wichtige Impulsgeberin für Wissenschaft und Praxis war.

Schließlich zeigt *Manfred Neuffers* Beitrag „*Soziale Arbeit auf dem Weg in die Professionalisierung – Konsolidierung, Aufruhr, Akademisierung zwischen 1960 und 1980*" auf, wie sich schon seit den 1950er Jahren Einflüsse aus den USA, zurückgekehrte Remigrant*innen und Expert*innen aus anderen europäischen Ländern für die methodische Erneuerung der Sozialen Arbeit in Deutschland einsetzten. Allerdings war weder die methodische Neuorientierung noch die Akademisierung ein unumstrittener und konfliktfreier Prozess. Die Entwicklung mäanderte zwischen Aufruhr und Konsolidierung, was Neuffer anschaulich am Beispiel des Deutschen Jugendhilfetages 1970 illustriert. Insgesamt attestiert er der beschriebenen Epoche dauerhafte Nachwirkungen durch eine stärkere gesellschaftspolitische Ausrichtung der Profession.

Wir hoffen, mit diesem Band einen Beitrag dazu leisten zu können, die Forschungslücke in der Betrachtung der jüngeren akademischen wie professionellen Geschichte ein Stück weit schließen zu können. Gleichzeitig möchten wir mit diesem Band, wie es auch die meisten der Autor*innen selbst konstatieren, Anstöße für die weitere historische Forschung geben.

Hamburg, im Februar 2024
Dieter Röh, Barbara Dünkel und Friederike Schaak

Literatur:

Amthor, Ralph-Christian (2016): Einführung in die Berufsgeschichte der Sozialen Arbeit. Weinheim und Basel: Beltz Juventa.

Baader, Meike S.; Böttcher, Nastassia L., Ehlke, C., Oppermann, C., Schöder, J.; Schröer, W. (2024): Ergebnisbericht. „Helmut Kentlers Wirken in der Berliner Kinder- und Jugendhilfe – Aufarbeitung der organisationalen Verfahren und Verantwortung des Berliner Landesjugendamtes", Hildesheim, https://doi.org/10.18442/256 (open access) zuletzt eingesehen am 25.03.2024).

Birgmeier, Bernd/Mührel, Eric (2016): Die „68er" und die Soziale Arbeit: Eine (Wieder)Begegnung. Wiesbaden: Springer VS.

Braches-Chyrek, Rita (2013): Jane Addams, Mary Richmond und Alice Salomon. Professionalisierung und Disziplinbildung Sozialer Arbeit. Opladen u. a.: Barbara Budrich

Eberhart, Cathy (2009): Jane Addams (1860 – 1935): Sozialarbeit, Sozialpädagogik und Reformpolitik. Bremen: Europäischer Hochschul-Verlag.

Feustel, Adriane (2011): Das Konzept des Sozialen im Werk Alice Salomons. Berlin: Metropol.

Hammerschmidt, Peter/Weber, Sascha/Seidenstücker, Bernd (2017): Soziale Arbeit – die Geschichte. Opladen/Toronto: Barbara Budrich.

Hering, Sabine/Münchmeier, Richard (2014): Geschichte der Sozialen Arbeit – Eine Einführung. Weinheim und Basel: Beltz Juventa.

Lambers, Helmut (2018): Geschichte Sozialer Arbeit. Wie aus Helfen Soziale Arbeit wurde. 2., überarbeitete Auflage. Bad Heilbrunn: Julius Klinkhardt.

Landwehr, Rolf/Baron, Rüdiger (Hrsg.) (1995): Geschichte der Sozialarbeit – Hauptlinien ihrer Entwicklung im 19. und 20. Jahrhundert. 3., korrigierte Auflage. Weinheim und Basel: Beltz.

Müller, Carl Wolfgang (1992/1994): Wie Helfen zum Beruf wurde. Band 1 und 2. Weinheim und Basel: Beltz Juventa.

Neuffer, Manfred (1990): Die Kunst des Helfens. Geschichte der Sozialen Einzelhilfe. Weinheim und Basel: Beltz Juventa.

Sachße, Chirstoph/Tennstedt, Florian (1980/1988/1998/2012): Geschichte der Armenfürsorge in Deutschland, Band 1–4, Stuttgart: Kohlhammer.

Schaser, Angelika (2010): Helene Lange und Gertrud Bäumer. Eine politische Lebensgemeinschaft. 2., durchgesehene und aktualisierte Auflage. Köln, Weimar und Wien: Böhlau.

Thole, Werner/Wagner, Leonie/Stederoth, Dirk (2020): ‚Der lange Sommer der Revolte': Soziale Arbeit und Pädagogik in den frühen 1970er Jahren. Wiesbaden: Springer VS.

Wendt, Wolf Rainer (2008): Geschichte der Sozialen Arbeit. 2 Bände. Stuttgart: UTB/Lucius.

Wieler, Joachim (1995): Emigrierte Sozialarbeit: Portraits vertriebener SozialarbeiterInnen. Freiburg im Breisgau: Lambertus.

Entwicklungen an den Hochschulen

II. Von der höheren Fachschule zur evangelischen Fachhochschule Bochum – Akademisierung (auch) aus der Perspektive ehemaliger Student*innen

Carola Kuhlmann

1 Vorgeschichte: von den Sozialen Frauenschulen zu den Wohlfahrtspflegeschulen 1908–1960

Die heutigen Fachhochschulen haben ihre Vorläufer mehrheitlich in den Sozialen Frauenschulen (die erste 1908 gegründet), die vor und während des 1. Weltkriegs eine starke Ausbreitung und 1918 eine erste staatliche Anerkennung erhielten. Ihre Entstehung war eng verbunden mit der ersten deutschen Frauenbewegung. Aber auch Frauen, die wenig mit dieser Bewegung zu tun gehabt hatten, engagierten sich – insbesondere im 1. Weltkrieg im Bereich der "Kriegsfürsorge". Auf diese Weise kam auch die spätere langjährige Leiterin der 1927 gegründeten Wohlfahrtsschule der westfälischen Frauenhilfe in Gelsenkirchen (später Bochum), Margarete Cordemann, zu ihrem Tätigkeitsfeld (Cordemann 1963).

In der Weimarer Republik entwickelte sich aus der Armen- eine Wohlfahrtspflege, die sich auch der verarmten Mittelschicht annahm und zunehmend ihren Wohltätigkeitscharakter verlor. In der Zeit des Nationalsozialismus setzte sich eine rassistische Interpretation sozialer Notlagen auch im Feld der Ausbildungsstätten durch. Aus den Wohlfahrts- wurden 'Volkspflegerinnen', die ihren Teil an der Verantwortung für die Verfolgung sogenannt 'rassisch minderwertiger' Klient*innen trugen (Kuhlmann 2017).

1945 gab es im Deutschen Reich 73 Volkspflegeschulen, davon auch einige in Trägerschaft der Nationalsozialistischen Volkswohlfahrt (NSV) (vgl. Reinicke 2012). Die meisten Schulen waren allerdings in konfessioneller oder städtischer Trägerschaft verblieben – so auch die Gelsenkirchener Wohlfahrtsschule. Aber auch an dieser Schule, wie an allen anderen Volkspflegeschulen wurden sozialrassistische Konzepte gelehrt und leider geschah dies auch nach 1945 noch einige Jahre. In den 1950er bis 1960er Jahren dominierten weiter autoritäre Konzepte der Fürsorge und auch autoritäre Lehrverhältnisse in den Ausbildungsstätten. Es gab jedoch an einigen Schulen Versuche an die Tradition vor 1933 anzuknüpfen, was mit Hilfe von Remigrant*innen wie Herta Kraus, Gisela Konopka oder Louis

Lowy auf lange Sicht gelang und schließlich zu den Reformen der 1960er Jahre führte (Amthor/Bender-Junker/Kuhlmann 2022).

2 Von den Höheren Fachschulen für Sozialarbeit und Sozialpädagogik zu den Fachhochschulen im Sozialwesen (1960–1971)

Die Höheren Fachschulen für Sozialarbeit entstanden 1960 durch eine Ausbildungsreform in der Wohlfahrtspflege. Zur zweijährigen Ausbildung an den Schulen für Wohlfahrtspflege wurden seit den 1920er Jahren nur Krankenschwestern, Kindergärtnerinnen, Lehrerinnen oder kaufmännische Angestellte zugelassen, die dann je nach Erstberuf Gesundheits-, Jugend- oder Wirtschaftsfürsorgerinnen (bei gleichem Lehrplan) wurden. Männer hatten zuvor meist einen handwerklichen Beruf erlernt und waren hauptsächlich in der Jugendfürsorge tätig gewesen z. B. im Rauhen Haus in Hamburg.

1960 wurde die Ausbildung um ein Jahr verlängert und auch die staatliche Anerkennung wurde nun erst nach einem einjährigen Berufspraktikum verliehen. Entscheidender war aber, dass die Aufteilung in die drei Fachrichtungen entfiel und mit ihr auch die Notwendigkeit zu einer Erstausbildung. Zugangsvoraussetzung war nun die mittlere Reife und ein Vorpraktikum. Damit verlor die Soziale Arbeit aber auch den Charakter als hochwertige Zusatzausbildung für gesundheitliche, pädagogische und kaufmännische Frauenberufe, bzw. handwerkliche Männerberufe.

Nach der Reform 1960 und der Entstehung der Höheren Fachschulen hießen die Absolvent*innen nun nicht mehr Gesundheits-, Jugend- oder Wirtschaftsfürsorger*innen, sondern „Sozialarbeiter/Sozialpädagoge", damals in der rein männlichen Form, obwohl nach wie vor die Mehrheit an diesen Schulen Frauen waren.

Mit dem Abschluss an einer Höheren Fachschule erlangten die Schüler*innen auch erstmals, wenn sie Verwaltungslehre im Stundenplan hatten, die Befähigung zum gehobenen Dienst in der öffentlichen Verwaltung in die Stufe Vb – ein wichtiger Schritt in Richtung Aufstiegschancen (Amthor 2003, S. 487 ff.). Zu diesem Zeitpunkt war der soziale Beruf schon länger kein reiner Beruf für die Töchter der oberen Mittelschicht mehr, der er zu Beginn gewesen war, weshalb diese Aussichten durchaus auch für immer mehr Männer attraktiv waren.

In einer Studie über die Evangelischen Sozialschule Bochum wurden die Karteikarten von über 2000 Schüler*innen aus den Jahrgängen 1927–1971 ausgewertet. Der Anteil der Männer, die zunächst nach 1945 noch in Sonderkursen unterrichtet wurden, hatte stetig zugenommen und war in den 1960er Jahren fast auf die Hälfte angewachsen, ebenso der Anteil der Angehörigen der „unteren Mittelschicht" (Willemsen/Müller 1981a, S. 32)[1].

Insbesondere für Männer war die Sozialarbeit auch bisher ein Auf- oder Ausstiegsberuf gewesen, im Ruhrgebiet vor allem aus dem Bergbau. Diese Effekte verstärkten sich nach der Fachschulgründung – nicht nur in Bochum.[2] Auch der Trend, dass zunehmend Kinder aus nicht-akademischen Familien diese Ausbildung aufnahmen, ließ sich allgemein und lässt sich bis heute beobachten.[3]

Eine reine Frauenausbildung war dagegen der Beruf der Kindergärtnerin geblieben. Daher war auch die darauf aufbauende Höherqualifizierung zur Jugendleiterin für Männer nicht geöffnet. Das Berufsprofil umfasste die Leitung von Kindergärten, aber auch die von Kinderheimen und Horten sowie den Bereich der Kindergärtnerinnenausbildung. Erst als 1960 aus den Schulen für Jugendleiterinnen ebenfalls Höhere Fachschulen wurden – und zwar Fachschulen für *Sozialpädagogik* – wurden auch Männer zugelassen.

Es gab daneben noch einen anderen Typus der Fachschulen für *Sozialpädagogik*, der sich inhaltlich nicht auf Kindergärten, sondern auf die Jugendfürsorge konzentrierte und der in der Tradition reiner Männerschulen stand, wie z. B. die 1948 in Dortmund von dem Theologen Friedrich W. Siegmund-Schulze gegründete Schule, die sich 1952 in „sozialpädagogisches Seminar" umbenannt hatte und ab 1960 sozialpädagogische Fachschule wurde (Pfaffenberger 2000).

Wir sehen hier zwei verschiedene sozialpädagogische Konzepte: Erstens die aus der Schrader-Breymann-Tradition kommende sozialpädagogischen Ausbildung nach Pestalozzi-Fröbel, d. h. ein elementarpädagogisches Bildungskonzept[4] und zweitens das aus der sozialpädagogischen Bewegung und der Herman-Nohl-Schule kommende Konzept einer Jugendfürsorge, das Hilfen für Kinder *und Jugendliche* bereitstellen sollte, die „Probleme machen, weil sie welche haben." (Nohl 1927, S. 78). Diese unterschiedlichen sozialpädagogischen Selbstverständnisse zur Zeit der Zusammenlegung der Fachschulen im Zuge der Fachhochschulreform 1971 haben ihren Anteil an den jahrzehntelangen Kontroversen über Gemeinsamkeiten und Unterschiede von Sozialarbeit und Sozialpädagogik.

---

1 Allerdings war der Anteil der Schülerinnen, die aus den oberen Schichten kamen, insbesondere Pfarrers- und Lehrertöchter, noch doppelt so hoch, wie der der Männer, nahm aber in der Nachkriegszeit deutlich ab (Willemsen/Müller 1981, S. 81).
2 Stark steigende Zahlen männlicher Bewerber gab es auch an der Schule des „Vereins Soziale Frauenschule der Inneren Mission Hannover e.V." Noch 1964 waren nur 14 % Männer, bei den Bewerbungen für 1968 waren es doppelt so viel Männer wie Frauen (Aschenbrenner 1987, S. 7).
3 Bundesweit hatten 1973 nur 14 % der Väter von FH-Studierenden insgesamt Abitur, bei den Müttern waren es nur 4 %, bei den Studierenden selbst 6 %. 2016 waren es 39 % bei den Vätern, bei den Müttern waren 32 %, bei den Studierenden zwei Drittel (Rischke et al. 2019, S. 13).
4 Für Alice Salomon war Sozialpädagogik um 1900 die „Praxis der Volkskindergärten" (Kuhlmann 2000, S. 242).

Im Hintergrund der Gründung der Fachhochschulen stand auf der Bundesebene die geplante Akademisierung der Ingenieurs- und Wirtschaftsschulen. Es war der Einsatz der Konferenz der Wohlfahrtsschulen und der Wohlfahrtsverbände auf Bundes- und Landesebene notwendig gewesen, um zu erreichen, dass die Schulen im Sozialwesen 1968 in das „Abkommen zur Vereinheitlichung des Fachhochschulwesens" mit aufgenommen wurden. Sie wären andernfalls zu einfachen Fachschulen degradiert worden, denn die Höheren Fachschulen wurden bundesweit abgeschafft.

Nach den Fachhochschulgründungen löste sich die traditionsreiche, von Alice Salomon 1917 gegründete Konferenz der Deutschen Schulen für Sozialarbeit auf, ebenso die entsprechende Konferenz für Jugendleiterinnen. 1972 wurde dann zur Gründung einer Nachfolgeinstitution zur „Konferenz der Fachbereichsleiter" eingeladen, der ab 1995 zum „Fachbereichstag Soziale Arbeit" wurde (Stock 2017, S. 25).

3 Bewegte Jahre – die Anfangszeit der Fachhochschulen am Beispiel der Evangelischen Fachhochschule Rheinland-Westfalen-Lippe (EFH) in Bochum

3.1 Das Studium in der Erinnerung früherer Studierender

Der Umwandlung der Höheren Fachschulen in Fachhochschulen folgte auf vielen Ebenen ein Kulturwandel. Aus Schüler*innen wurden Student*innen, Klassenverbände lösten sich auf. Es gab erstmals Wahl- und Studierfreiheit. Die akademische Selbstverwaltung wurde eingeführt, wodurch die Studierenden an vielen wichtigen Entscheidungen der Hochschule beteiligt wurden. Die 1970er Jahre waren ein Jahrzehnt, in dem die Bewegung der „68er" eine große Rolle spielte. Die Student*innen mischten sich auf eine Weise auch in das Studium ein, die vielen Lehrkräften, die noch die „Schulzeit" kannten, nicht recht war. In einem Interviewprojekt mit ehemaligen Studierenden der Evangelischen Hochschule Bochum aus dem Jahr 2020[5] erinnerten sich viele zuerst an die zahlreichen Vollversammlungen, bei denen immer mindestens 80 % der Student*innen mitgemacht hätten:

„Da traute sich niemand, nicht hinzugehen zur Vollversammlung. [...] Ich habe in der Fachhochschule wirklich –ich glaube die Hälfte der Zeit in solchen Versamm-

---

5 Das Projekt wurde im Sommersemester 2020 von Carola Kuhlmann und Diana Franke-Meyer gemeinsam mit Studierenden durchgeführt, welche die ca. 60 Interviews mit Ehemaligen aus fünf Jahrzehnten zu ihren Studien- und Berufserfahrungen durchführten.

lungen und Agitationsgruppen verbracht und diskutiert." (Studentin der Sozialarbeit 1971–1974)

Damals spielten in Bochum die „Roten Zellen" und der „MSB-Spartakus" eine wichtige Rolle im „Allgemeinen Studenten-Ausschuss" (Asta). Die Demonstrationen und Vollversammlungen richteten sich gegen das damalige Berufsverbot, gegen die „Vermengung von Kirche und Staat", aber auch gegen Veränderungen im Studienalltag wie der „Umstrukturierung der Mensa". Es gab Aktionen wie zugemauerte Eingänge oder die Besetzung des Landeskirchenamtes (Meinert 1997, S. 15).

Rückblickend erinnerten sich einige nicht mehr genau an die Gründe der Protestaktionen:

> „Das Semester hatte begonnen und eigentlich sind wir sofort in Streik gegangen. Ich könnte heute gar nicht mehr sagen für was, oder gegen was, aber Streik war im ersten Semester richtig wichtig." (Studentin der Sozialpädagogik 1971–1974).

Die Studierenden erinnerten sich auch, dass viele Lehrende nicht richtig wussten, wie Studieren geht. So hätten sie viel Freiraum gehabt, mitzugestalten. Locker und chaotisch sei es gewesen. Über alles Mögliche sei abgestimmt worden, auch darüber, ob im Seminar geraucht werden darf (vgl. Student der Sozialarbeit 1977–1980).

Die Anfangszeit sei eine Mischung aus Schule und Hochschule gewesen, die Studierenden selbst sehr unterschiedlich. Sie „sortierten" sich in brave, angepasste und politisch aktive. Auch in der Lehre gab es diese Unterschiede: Entweder hätte man beispielsweise in Methoden etwas über „Wiedervorlagekalender" gehört oder in Soziologie bei „halben Agitatoren von den Uni-Sozialwissenschaften" gesessen, die „irgendwelche linke Soziologen herunterbeteten." Diese Soziologieseminare seien häufig vom Inhalt her unverständlich geblieben (Studentin der Sozialarbeit 1971–1974). Verlangt wurde teilweise auch ein hohes Lektürepensum. Im Sommer 1977 war für das Seminar „Kapital und Arbeit" als Vorbedingung zur Teilnahme eingetragen: „Das Kapital von Karl Marx muß gelesen worden sein." (Vorlesungsverzeichnis EFH Sommersemester 1977, S. 63). Neben dem Einfluss marxistischer Theorien war für das Studium im ersten Jahrzehnt auch der hohe Anteil an „Selbsterfahrung" typisch, welche häufig im Rahmen von Blockseminaren stattfand. Diese wurden widersprüchlich erinnert, da es offenbar auch Lehrende gegeben habe, die besonders die attraktiven Studentinnen dazu einluden und Körperkontakt ausdrücklich zum Konzept gehört habe (Studentin der Sozialarbeit 1971–1974)[6].

3.2 Von Lehrerinnen zu Professoren – Akademisierung als Veränderung der Geschlechterverhältnisse und der fachlichen Orientierung in der Lehre

Die Lehrkräfte an den Fachhochschulen wurden 1972 zu Professor*innen. In den folgenden Jahren kam es zu einem Übergewicht von männlichen Professoren, weil nicht ausgebildete Sozialarbeiter*innen oder Sozialpädagog*innen berufen wurden (wie zunächst geplant), sondern Fachwissenschaftler mit Universitätsabschluss, beispielsweise in Politikwissenschaft oder Pädagogik. So waren an der EFH Bochum 1971 noch acht von elf Lehrkräften der Höheren Fachschule für Sozialarbeit Frauen, also knapp drei Viertel. Aber durch fast ausschließliche Berufung von Männern schrumpfte ihr Anteil in den nächsten zwei Jahrzehnten auf 15 % – und es blieb weitere zwei Jahrzehnte bei diesem Verhältnis.[7] Erst 2011 waren 25 % der Professor*innen weiblich, heute steht es 50:50 (Kuhlmann 2021, S. 69). Die Studierenden sind allerdings wieder zu drei Vierteln weiblich.

Nach der Fachhochschulgründung verschob sich aber nicht nur das Geschlechterverhältnis unter den Lehrenden, sondern auch ihre berufliche Vorbildung wurde eine andere. Die bisher beschäftigten Lehrkräfte hatten zumeist, bis auf die Jurist*innen und Mediziner*innen, selbst eine Ausbildung als Sozialarbeiter*innen gemacht. Sie blieben nun als Lehrkräfte für besondere Aufgaben in einer schwächeren Position, denn sie verfügten nicht über eine Promotion, die es im Fach Sozialarbeit auch gar nicht gab. Damit wurde aber auch die erst seit 1960 im Stundenplan verankerte Methodenlehre zunächst wieder vernachlässigt, auch weil von Seiten vieler Neuberufener insbesondere das Case Work als politisch verdächtige Methode kritisiert wurde, da sie gesellschaftlich verursachte Probleme individualisieren würde (Hollstein/Meinhold 1973, S. 208 ff.).

Bis zur Bolognareform war der Abschluss des Studiums das Diplom und die Prüfungen wurden in Einzelwissenschaften abgelegt. Ein ehemaliger Student aus dem Bochumer Interviewprojekt erinnerte das so, dass man sich von Semester zu Semester jeweils auf eines oder zwei der neun Fächer[8], z. B. Psychologie kon-

---

6 Solche übergriffigen Praxen in Seminaren gab es nicht nur in Bochum. Ich habe selbst in meinem Studium an der Universität Münster Ähnliches in Selbsterfahrungsseminaren erlebt und vermute, dass dies zur Zeit der ‚sexuellen Revolution' auch an anderen Hochschulen stattfand.
7 1991 gab es neben 39 Männer nur sechs Frauen mit einer Professur. Und 2001 war ihr Anteil auch nur um einen Prozentpunkt, also auf 16 % gestiegen.
8 In Bochum waren dies gemäß der Prüfungsordnung in NRW von 1975: Erziehungswissenschaft, Soziologie, Psychologie, Ästhetische Bildung, Sozialverwaltung, Recht, Sozialmedizin, Ethik, Didaktik/Methodik der Sozialpädagogik/Praxis der Sozialarbeit.

zentriert habe und alles andere ein bisschen vernachlässigte. Auf diese Weise sei man „auf eine Art immer im ersten Semester" gewesen (Student der Sozialarbeit 1977–1980). Diese Prüfungsordnung und Besetzungspolitik der neuen Fachhochschulen erschwerten längerfristig die Entwicklung einer eigenständigen Wissenschaft der Sozialen Arbeit von Seiten der Fachhochschulen. Es waren Geburtsfehler, die sich bis heute gehalten haben.

3.3 Zunehmende Praxisferne oder unbequeme Kritik an der noch autoritären Praxis?

Mit dem Übergewicht der Männer aus Universitätsdisziplinen in der Lehre entwickelte sich – allerdings nicht nur dadurch bedingt – eine stärkere Praxisferne, was von Seiten der Anstellungsträger negativ vermerkt wurde. Im schnellen Aus- und Aufbau der Studiengänge seien viele neue Lehrende „mit den Rahmenbedingungen der Dienstleistungsinstitutionen nicht vertraut" gewesen und daher nicht in der Lage, „die Studenten mit den für die Berufsvollzüge notwendigen sozialarbeiterischen Kenntnissen und Methoden" auszustatten (Bock, zit. n. Buttner 2020, S. 25). Und die kommunalen Spitzenverbände urteilten 1976, die Fachhochschulen würden den Sozialarbeiter*innen eine „falsche Vorstellung von den Pflichten, der Haltung und der Loyalität eines Mitarbeiters in der kommunalen Selbstverwaltung" vermitteln (zit. n. Kruse 2004, S. 113).

Hinter den Klagen der Anstellungsträger verbirgt sich vermutlich auch ein Generationenkonflikt, der mit dem Wertewandel der 1970er Jahre zu erklären ist. Nach den Motiven für die Aufnahme des Studiums gefragt, gab die Mehrheit der befragten Studierenden aus Bochum an, dass sie sich damals eine andere, demokratischere Gesellschaft gewünscht hätten. Sie wollten nach Studienabschluss die Praxis verändern und sich nicht einfach in bestehende Strukturen und Praxen einer kommunalen Verwaltung, eines Verbandes oder eines Heimes einfügen.

Eine Studentin erinnerte sich an ein Projekt in einem Mutter-Kind-Heim, das sie Anfang der 1970er Jahre mit einer Psychologie-Professorin durchführte:

> „Da hatte sie so eine Art Forschungsprojekt, wo sie die Mitarbeiterinnen dazu bringen wollte, dass die Mädchen was mit ihren Kindern machen konnten. Das war noch so eine Einrichtung, wo die Kinder in so einem Schlafsaal waren und lustig vor sich hin hospitalisierten und die Mädchen bügelten und nähten und hatten Langeweile. Das hielt sie für einen Skandal." (Studentin der Sozialarbeit 1971–1974).

Eine andere Studentin hatte noch Jahre später im Vorpraktikum in einem Heim „katastrophale" Zustände erlebt und begann das Studium mit der Absicht, danach das System „zu revolutionieren" (Studentin der Sozialpädagogik 1987–1991).

3.4 Veränderungen und Reformen in den Praxisfeldern – eine Folge der Akademisierung?

Die ab 1971 akademisch ausgebildeten Sozialarbeiter*innen und Sozialpädagog*innen stießen auf eine meist noch rückständige, sich aber durch soziale Bewegungen gerade neu orientierende soziale Praxis. Die befragten ehemaligen Studierenden aus Bochum arbeiteten nach dem Abschluss daher nicht mehr nur in den klassischen Feldern, sondern in sehr unterschiedlichen Bereichen: In Kinderläden, Frauenhäusern, sozialpsychiatrischen Diensten, Gefangenenhilfsvereinen, Wohnprojekten für Jugendliche, u. a. m. Viele heute etablierte Bereiche Sozialer Arbeit wurden in dieser Zeit begründet: Eine Absolventin der Sozialschule aus den 1960er Jahren war die erste vom Landschaftsverband Westfalen-Lippe angestellte Sozialarbeiterin in einer psychiatrischen Klinik. Sie setzte sich dort vor allem für die Rechte der Kranken ein z. B. für das Recht auf Taschengeld (sic!) und arbeitete später an der Psychiatriereform mit (Matern 2016, S. 28 ff.).

In den 1970er Jahren entwickelte eine ehemalige Studierende im Rahmen der von ihr geleiteten Drogenberatungsstelle Methadonprogramme und Aids-Hilfen, ein anderer konzipierte aus einer Betreuungseinrichtung für ‚ausländische Arbeitnehmer' eine interkulturelle Begegnungsstätte. Eine ehemalige Studierende entwickelte aus einem Sonderkindergarten einen integrativen Kindergarten und noch später eine inklusive Tagesstätte. Eine Studierende vom Anfang der 1980er Jahre unterrichtete bei einem neu gegründeten Berufsbildungswerk Jugendliche ohne Schulabschluss im Bereich alltagspraktischer Themen. Die männlichen Ausbilder aus dem Handwerk hatten damals zunächst Vorurteile gegenüber der sozialpädagogischen Kollegin, die sie aber mit der Zeit widerlegen konnte:

„Die haben sich da eine Frau mit Jesuslatschen und Indianerkleid vorgestellt, die dann nur dummes Zeug redet. [...] Also Sozialpädagogen, die waren doch nicht mit Lehrern ebenbürtig. Das war so ein Beruf, den machte man, weil man es schön bequem haben wollte." (Studentin der Sozialpädagogik 1980–1985)

Später entwickelte sie das Konzept des Werkstattjahres in Zusammenarbeit mit dem Ministerium für Arbeit, Gesundheit und Soziales des Landes Nordrhein-Westfalen bei dem die Problematik schlechter Deutsch- und Englischkenntnisse stärker berücksichtigt wurde.

Im Verlauf dieses Professionalisierungsschubs zwischen 1960 und 1980 etablierten sich, über die Diplomstudiengänge an Fachhochschulen und einigen Universitäten vermittelt, in der Praxis neue Methoden: Die klientenzentrierte Beratung nach Carl Rogers, die Gruppendynamik und Gruppenanalyse, die Supervision und Selbsterfahrung. Dies trug dazu bei, dass die Soziale Arbeit eine sich selbst reflektierende Profession wurde. Die Fachhochschulen trugen nicht nur zur Professionalisierung, sondern auch zur konzeptionellen Weiterentwicklung in den

Institutionen im Sozialwesen bei. Dies auch deshalb, weil sie damals Studierende aus einem sozial engagierten Milieu gewinnen konnten, die vielleicht eine *Fachschule* nicht besucht hätten.

3.5 Zum Verhältnis von Sozialarbeit und Sozialpädagogik an den Fachhochschulen

Schon im Vorfeld der FH-Gründungen hatte es Bemühungen gegeben, die Ausbildung von Sozialarbeit und Sozialpädagogik unter dem Dach des Sozialwesens zusammen zu führen, was aber zunächst scheiterte (Stock 2017, S. 22). Denn über das Verhältnis der Studiengänge kam es immer wieder zu Diskussionen. Bei der Einschreibung mussten sich Studierende entscheiden, welchen Studiengang sie belegen wollten und wurden entweder Sozialarbeiter*in oder Sozialpädagog*in. Der wesentliche Unterschied für die Absolvierenden der beiden Studiengänge war, dass die Sozialarbeit eine größere Anzahl von Rechts- und Verwaltungsprüfungen beinhaltete und ein mindestens halbjähriges Verwaltungspraktikum. Es qualifizierte damit für die Tätigkeit in Jugend- und Sozialämtern. Im Unterschied dazu sollte die Sozialpädagogik für die Tätigkeit in Kinder-, Alten- und Behindertenheimen, Kindergärten, in der Jugendarbeit und anderen Bildungseinrichtungen befähigen (Bock 1993). An der Bochumer Fachhochschule kam die Sozialpädagogik aus der Tradition der Jugendleiterinnen-Ausbildung in Kaiserswerth, hatte also eigentlich eine Orientierung am Handlungsfeld Kindergarten, Hort- und Heimerziehung. Diese wurde aber von den neu berufenen Pädagogikprofessoren am Fachbereich Sozialpädagogik nicht weiter aufrechterhalten. Vielmehr orientierten sie sich an der geisteswissenschaftlichen Pädagogik z. B. an Otto Friedrich Bollnow, manche auch an einem protestantischen Bildungsideal, das im Bereich der Jugend- und Erwachsenenarbeit vermittelt werden sollte. Sozialpädagogik wie sie an den Universitäten in der Tradition von Herman Nohl oder Klaus Mollenhauer gelehrt wurde, war für sie kein Thema in der Lehre.

Auf der anderen Seite stand der Fachbereich Sozialarbeit mit seiner bereits mehr als 40jährigen Tradition in der Ausbildung der Wohlfahrtspflege, der bisher vor allem Gesundheits- Familien- und Werksfürsorgerinnen ausgebildet hatte. Dieser Fachbereich hatte ebenfalls einen sozialpädagogischen Schwerpunkt, in dem es um die Praxis von Kindergärten, Jugendarbeit und Heimerziehung ging.

Zwischen der Bochumer Sozialarbeit/Sozialpädagogik und der Sozialpädagogik aus Kaiserswerth wurden in den 1980/1990er Jahren durch Lehrende und Studierende Unterschiede sehr stark kultiviert, ja der „Geist von Kaiserswerth" wurde immer wieder beschworen. Der Sozialpädagogik wurde dabei eine stärkere Orientierung an der Befähigung und Veränderung der Person zugeschrieben – so ein ehemaliger Lehrender, während es in der Sozialarbeit um „Überwindung sozialer Notstände und Befreiung von konkreter Entrechtung" gehe (zit. n. Kuhlmann

2021, 41). Sozialarbeiter*innen verstanden sich in den 1970er Jahren durch ihre guten Kenntnisse im Sozialrecht tatsächlich häufig eher als eine Art Rechtsanwält*in für benachteiligte Gruppen und nicht als Pädagog*in. Die Studierenden unserer Hochschule erinnerten den Unterschied der beiden Studiengänge sehr genau: Er zog zunächst eine andere Art Studierende an und vertiefte dann die Unterschiede weiter:

> „Also es war schon das Klischee, dass die sozialarbeitenden Frauen Cordhosen tragen und rauchen […] und die Sozialpädagogen machen […] ‚Ästhetische Bildung'. […] Ja, wir haben uns tatsächlich eingeredet, dass wir uns gegenseitig erkennen. Also an der Kleidung und an der Art und Weise wie wir agieren." (Studentin der Sozialpädagogik 1999–2004).

4 Fazit

Die Anfangsjahrzehnte der akademischen Ausbildung in der Sozialen Arbeit fielen in eine Zeit gesellschaftlichen Wandels, sie waren bewegt und bewegend. Inhalte und Formen der Vermittlung des berufsrelevanten Wissens veränderten sich, die Handlungsfelder erweiterten und demokratisierten sich. Neue Methoden wurden etabliert. Wer von beiden Seiten – die Theorie die Praxis oder umgekehrt – beeinflusste, ist nicht eindeutig zu sagen, vermutlich bedingte es sich gegenseitig.

Offen oder wieder neu eröffnet ist die Frage nach dem Verhältnis von Sozialpädagogik und Sozialarbeit. Anfang des Jahrtausends wurden an fast allen Fachhochschulen die Studiengänge der Sozialpädagogik und der Sozialarbeit unter dem Namen „Soziale Arbeit, Bachelor of Arts" zusammengelegt. „Soziale Arbeit" war als Oberbegriff[9] beider Studiengänge gedacht: Frühere Sozialarbeiter*innen hatten nun etwas mehr Pädagogik und Ästhetische Bildung im Studienverlauf und die Sozialpädagog*innen mehr Recht und Verwaltung.

Hans Pfaffenberger, der die Lehre sowohl an Fachhochschule als auch an der Universität in Trier kannte, urteilte 2000, dass die „Verhältnisbestimmung zwischen Sozialarbeit und Sozialpädagogik […] angesichts wieder aufgebrochener Kontroversen und Konflikte" eine Aufgabe bleibe (Pfaffenberger 2000, S. 42) und die Weiterentwicklung von Profession und Disziplin unzureichend geblieben sei. Für die Zukunft sah er die Aufgabe, integrierte Studiengänge zu schaffen, wie sie an Gesamthochschulen bereits erfolgreich erprobt worden seien.

---

9 Richtungsweisend waren hier Hans Thiersch und Hans-Uwe Otto, die in der Theorie-AG Sozialpädagogik in den 1980er Jahren und in ihren Publikationen diesen Vorschlag mit durchsetzen (Richter 2022, 13)

Die nach der Jahrtausendwende eingeführten Studiengänge „Soziale Arbeit" haben jedoch – so meine Einschätzung – diese Integration nur unzureichend vollzogen. Rückblickend hat hier keine gleichberechtigte Vereinigung stattgefunden, da im Bewusstsein der Studierenden an den Hochschulen für angewandte Wissenschaften, wie sich die ehemaligen Fachhochschulen seit einigen Jahren nennen, ihr zukünftiger Beruf „Sozialarbeiter*in" ist. Und in neueren Einführungswerken in die Soziale Arbeit wird das klassische sozialpädagogische Praxisfeld des Kindergartens nicht mehr mit aufgeführt (Bieker/Niemeyer 2022). Interessant zu beobachten ist daher, dass die mit der Bologna-Reform entstandenen Studiengänge der Elementar- oder Kindheitspädagogik die früheren sozialpädagogischen Studiengänge an den Hochschulen für angewandte Wissenschaft teilweise inhaltlich wieder „auferstehen" lassen, indem sie sich zunehmend als zuständig auch für die Arbeit mit über 6-Jährigen verstehen. Mit der Frage nach dem Verhältnis zwischen Sozialarbeit und Sozialpädagogik ist auch das Verhältnis zwischen Hochschulen für angewandte Wissenschaft und Universitäten berührt, da letztere sich nach wie vor stärker in der Theorietradition der Sozialpädagogik als Theorie der Kinder- und Jugendhilfe verorten.

Literatur

Amthor, Ralph-Christian (2003): Die Geschichte der Berufsausbildung in der Sozialen Arbeit. Auf der Suche nach Professionalisierung und Identität. Weinheim und München: Juventa.

Amthor, Ralph-Christian/Bender-Junker, Birgit/Kuhlmann, Carola (2022): Kontinuitäten und Diskontinuitäten Sozialer Arbeit nach dem Ende des Nationalsozialismus. 2 Bände. Weinheim und Basel: Beltz Juventa.

Aschenbrenner, Dieter (1987): Evangelische Fachhochschule Hannover – Kleine Geschichte ihrer Vorgängereinrichtungen. Hannover: Eigenverlag.

Bieker, Rudolf/Niemeyer, Heike (Hrsg.) (2022): Träger, Arbeitsfelder und Zielgruppen der Sozialen Arbeit. Stuttgart: Kohlhammer.

Bock, Theresa (1993): Sozialarbeit/Sozialpädagogik. In: Deutscher Verein für öffentliche und private Fürsorge (Hrsg.): Fachlexikon der sozialen Arbeit. Frankfurt am Main: Eigenverlag, S. 836–839.

Cordemann, Margarete (1963): Wie es wirklich gewesen ist. Lebenserinnerungen einer Sozialarbeiterin auf dem Hintergrund einer Beschreibung der deutschen Gesellschaft in der Zeit von 1890 – 1960, Gladbeck/Westfalen: Schriftenmissions-Verlag.

Buttner, Peter (2020): Ein Resultat von Konflikten. Die Akademisierung der Sozialen Arbeit, in: 50 Jahre Soziale Arbeit in Wissenschaft und Praxis. In: Archiv für Wissenschaft und Praxis der Sozialen Arbeit, 51, H. 4, S. 16–29.

Hollstein, Walter/Meinhold, Marianne (Hrsg.) (1973): Sozialarbeit unter kapitalistischen Produktionsbedingungen. Frankfurt am Main: Fischer.

Kruse, Elke (2004): Stufen zur Akademisierung. Wege der Ausbildung für soziale Arbeit von der Wohlfahrtsschule zum Bachelor-/Mastermodell. Wiesbaden: Springer.

Kuhlmann, Carola (2000): Alice Salomon. Ihr Beitrag zur Entwicklung der Sozialen Arbeit in Theorie und Praxis. Weinheim: Deutscher Studien-Verlag.

Kuhlmann, Carola (2017): Soziale Arbeit im nationalsozialistischen Herrschaftssystem. Zur Notwendigkeit von Widerstand gegen menschenverachtende Zwangsmaßnahmen im Bereich der "Volkspflege", in: Amthor, Ralph Christian (2017): Soziale Arbeit im Widerstand! Fragen, Erkenntnisse und Reflexionen zum Nationalsozialismus, Weinheim und Basel: Beltz Juventa, S. 40–57.

Kuhlmann, Carola (2021): Entstehung und Entwicklung der Evangelischen (Fach-) Hochschule Rheinland-Westfalen-Lippe 1927–2021, Online-Veröffentlichung: https://kidoks.bsz-bw.de/frontdoor/index/index/searchtype/collection/id/20023/docId/2205/start/0/rows/10 (Abfrage: 18.1.23).

Lepore, Jill (2019): Diese Wahrheiten. Geschichte der Vereinigten Staaten von Amerika. München: Beck.

Matern, Waltraud (2016): Sozialarbeit in der Psychiatrie. Erinnerungen an einen Reformaufbruch in Westfalen (1960–1980). Ardey-Verlag Münster.

Meinert, Klaus (1996): Vom Werden und Wachsen einer etwas anderen Hochschule. In: 25 Jahre evangelische Fachhochschule, Bochum: Eigenverlag, S. 10–16.

Nohl, Herman (1927): Jugendwohlfahrt. Sozialpädagogische Vorträge. Leipzig: Quelle & Meyer.

Pfaffenberger, Hans (2000): 50 Jahre Jugendwohlfahrtsschule Dortmund – Über Entwicklung, Stand und Zukunft der Sozialarbeiterausbildung. In: Schruba, Baldur (Hrsg.) 2000: Vom Jugendwohlfahrtspfleger zum Sozialmanager. Essen: Klartext, S. 40–46.

Reinicke, Peter (2012): Die Ausbildungsstätten der sozialen Arbeit in Deutschland 1899–1945. Freiburg im Breisgau: Lambertus.

Richter, Helmut (2022): Sozialpädagogik in Geschichte und Gegenwart. Demokratiebildung aus historischer und systematischer Perspektive. Baden-Baden: Nomos.

Rischke, Melanie et al. (2019): 50 Jahre Hochschulen für Angewandte Wissenschaften – Festschrift, https://www.researchgate.net/publication/336363643_50_Jahre_Hochschulen_fur_Angewandte_Wissenschaften (Abfrage: 18.1.23)

Stock, Lothar (2017): 100 Jahre Zusammenarbeit der Ausbildungsstätten für Soziale Arbeit – von der „Konferenz Sozialer Frauenschulen Deutschlands" zum „Fachbereichstag Soziale Arbeit", in: Schäfer, Peter et al. (2017) (Hrsg.): 100 Jahre Fachbereichstag Soziale Arbeit. Opladen u. a.: Barbara Budrich, S. 11–44.

Willemsen, Sigrid / Müller, Ulrich (1981): Entwicklungstendenzen der Sozialarbeit und ihrer Arbeitsfelder 1927–1977. Eine empirische Untersuchung. Bochum: Schürmann & Klages.

III. Von der Unwahrscheinlichkeit des Erfolgs: Eine Prüfung von Ambivalenzen in der frühen Phase der Akademisierung Sozialer Arbeit durch Gründung der Fachhochschulen

Dieter Röh

1 Einleitung

In diesem Beitrag zur Geschichte der Hochschulentwicklung und Akademisierung Sozialer Arbeit befasse ich mich mit der Gründung der Fachhochschulen mit Studiengängen der Sozialpädagogik/Sozialarbeit und beschränke die Analyse vor allem auf die frühen Jahre, also von 1970 bis 1975. Ausgehend von der These, dass es Ende der 1960er/Anfang der 1970er Jahre als äußerst unwahrscheinlich gegolten haben müsste, dass die damals gleichzeitig einsetzenden Akademisierungs- und Professionalisierungsprozesse in der Sozialen Arbeit zum Erfolg führen würden – zumal in Zeiten hochbrisanter politischer Debatten in der bundesrepublikanischen Gesellschaft mit Auswirkungen auf die Hochschulen –, wird geprüft, wie es (trotzdem) dazu gekommen ist, dass wir heute von einem etablierten Hochschulstudium mit einem anerkannten wissenschaftlichen Abschluss und einer professionalisierten Tätigkeit in zudem breit gefächerten Handlungsfeldern sprechen können. Natürlich könnte man einwenden, dass aufgrund der angestrebten Bildungsreform eine Hebung des Ausbildungsniveaus quasi zwangsläufig war, u. a. auch, weil z. B. die Ingenieure bereits eine hohe gesellschaftliche Akzeptanz besaßen und nun auch im sich abzeichnenden internationalen Wettbewerb eine entsprechende Ausbildung auf Hochschulniveau in der Breite benötigten. Und ja, ggf. stimmt es, dass die damaligen sozialarbeiterischen bzw. sozialpädagogischen Fachrichtungen in deren Windschatten segelten. Trotzdem, so behaupte ich, ist die dann folgende Akademisierung und Professionalisierung nicht zwangsläufig zu erwarten oder gar vorprogrammiert gewesen. In gewisser Weise stimme ich damit auch Peter Buttner (2020) zu, der die Akademisierung der Sozialen Arbeit als das Resultat von Konflikten beschreiben[1].

---

1 Der Beitrag ist auch in diesem Band abgedruckt.

Auf Basis der Analyse vorliegender Dokumente und Zeitzeug*innen-Interviews werden die o. g. drei Stränge der Ausgangsthese einzeln belegt und schließlich diskutiert, welche Prozesse im Einzelnen zu dem im Nachhinein produktiven Ergebnis geführt haben. Gleichzeitig soll geprüft werden, welche Diskurse und Prozesse vergessen wurden und ob deren Erinnern für die weitere zukünftige Akademisierung und Professionalisierung von Bedeutung wäre.

2 Entstehung der Fachhochschulen und des Fachbereichs Sozialpädagogik

Beginnen möchte ich allerdings damit, die Entstehung der Fachhochschulen und konkret den Beginn in Hamburg zu skizzieren. Als Grundlage für die Gründung der Fachhochschulen gilt das 1968 von der Ministerpräsidentenkonferenz verabschiedete Abkommen zwischen den Bundesländern zur Vereinheitlichung auf den Gebieten des Fachhochschulwesens, welches ab 1970 die Grundlage für die Umwandlung der höheren Fachschulen zu Fachhochschulen und damit zu einem völlig neuen Hochschultyp schuf. Wie vielfach ~~auch~~ andernorts in der Bundesrepublik entstand auch die Fachhochschule Hamburg als Fusion verschiedenster Höherer Fachschulen, beziehungsweise aus dem ingenieurswissenschaftlichen Bereich und anderen, wie zum Beispiel der Sozialpädagogik. 13 bereits existierende und bisher selbstständige Fachschulen wurden zu einer Hochschule mit 13 Fachbereichen zusammengefasst. In Hamburg fusionierten zum neuen Fachbereich Sozialpädagogik an der Fachhochschule Hamburg das SoziPä (das Sozialpädagogische Institut) mit dem Jugendbereich des sog. Fröbelseminars (Fachschule für Sozialpädagogik). Ab Mitte der 2000er Jahre wurde aus dem Fachbereich Sozialpädagogik zunächst der Fachbereich Sozialpädagogik und Pflege und dann die Fakultät Wirtschaft und Soziales mit dem Department Soziale Arbeit (siehe auch „100 Jahre Ausbildung und Studium der Sozialen Arbeit in Hamburg" der Zeitschrift standpunkt: sozial, Heft 1/2017, sowie „100 Jahre Ausbildung zur Sozialen Arbeit" der Zeitschrift Soziale Arbeit, Heft 5/6. 2017). Zudem wurde 1971 auch an der Universität Hamburg ein Diplom-Studiengang Pädagogik mit der Studienrichtung Sozialpädagogik eingeführt[2]. Vielleicht kann man sagen, dass das sozialpädagogische Jahrhundert (Rauschenbach 1999) mit diesen Bildungsreformen einen ersten Kulminationspunkt bezüglich der Weiterentwicklung von Sozialarbeit und Sozialpädagogik erreichte.

---

2   siehe zur Geschichte der Ausbildung und des Studiums Sozialer Arbeit respektive Sozialpädagogik auch die gleichnamige Online-Lerneinheit unter https://blogs.hoou.de/sozialearbeit/

3 Drei Thesen und deren Zusammenhang

Die eingangs erwähnte Ausgangsthese beruht auf der Gleichzeitigkeit und gegenseitigen Beeinflussung folgender in Thesen formulierter Entwicklungen:

1. Mit der Gründung eines bis dahin unbekannten Hochschultyps, der Fachhochschule, und dem dort eingerichteten Diplom-Studiengang Sozialpädagogik (aber auch den Diplom-Pädagogik-Studiengängen mit sozialpädagogischen Schwerpunkten an den Universitäten) fand die Hebung des Ausbildungsniveaus auf eine akademische Ebene statt. Auch wenn die Fachhochschulabschlüsse zunächst „nur" als „halbakademisch" angesehen wurden, löste der Abschied von der Fachschulausbildung doch einen Prozess der zunehmenden Akademisierung aus, der zuletzt in das dreifach gestufte Bolognasystem mündete.
2. Einhergehend mit der Fachhochschulgründung wuchs der „Lehrkörper" an den Fachhochschulen an und der Anteil an nicht nur universitär gebildeten, sondern sich auch als solche „Akademiker" gerierenden Dozent*innen nahm im Vergleich zur vorherigen Fachschule zu. Die dort eher vertretene „Methodenlehre" und „Praxisnähe" traf nun in neuer Dynamik auf eine vornehmlich bezugswissenschaftlich begründete Theorie.
3. Und nicht zuletzt waren es auch gesellschaftspolitisch hitzige Jahre, mit äußerst kontroversen politischen Ansichten und Auseinandersetzungen, sowohl zwischen den Lehrenden als auch zwischen Lehrenden und Studierenden oder unter den Studierenden.

Vor diesem Hintergrund muss es aus heutiger Sicht verwundern, dass aus dieser Verwirbelung verschiedenster Prozesse ein erfolgreiches Studienprogramm und ein wissenschaftlich-professionelles Selbstverständnis wurde.

4 Darstellung der Quellen und Vorgehensweise

Der Prüfung meiner Thesen werden vor allem vorliegende Zeitzeug*innen-Interviews und die im hauseigenen Archiv befindlichen Protokolle der Fachbereichsratssitzungen aus den Jahren 1970 bis 1975 zugrunde gelegt. Es wurden vier Interviews mit Zeitzeug*innen einbezogen, die alle auf der Basis leitfadengestützter Interviews im Rahmen des 100-jährigen Jubiläums des Departments Soziale Arbeit 2016/2017 durchgeführt wurden. Es handelt sich ausschließlich um ehemalige Professor*innen, die im Fachbereich Sozialpädagogik beziehungsweise noch an der später so bezeichneten Fakultät Sozialpädagogik und Pflege tätig waren. Aus Gründen des Persönlichkeitsschutzes wird darauf verzichtet, sie hier im Einzelnen hinsichtlich ihrer Vita vorzustellen. Es werden im Folgenden lediglich eigene Erzählungen wörtlich wiedergegeben, die in den Interviews so vorkamen und insofern für das Thema dieses Artikels relevant sind. Die Interviewten stammen aus unterschiedlichen Disziplinen und hatten auch unterschiedliche inhaltliche, akademische und zum Teil politische Auffassungen. In gewisser Weise repräsentiert die Auswahl der Interviewpartner*innen das Spektrum derjenigen Personen, die in den ersten 25–30 Jahren der Fachhochschule hier als Lehrende tätig waren. Die Interviews wurden transkribiert und aus diesen Dokumenten wird im Folgenden in dieser Form zitiert: erster Buchstabe des Nachnamens, Seitenzahl des Transkripts / Zeilennumer auf dieser Seite, also z. B. ‚Herr N., 3/11' bei einer Zeile, ‚Herr N., 3/11-13' bei zu drei Zeilen und ‚Herr N., 3/11 ff.' bei mehr als drei fortlaufenden Zeilen. Es wurde keine spezifische Auswertungsmethode verwendet, sondern in den Interviews nach Aussagen gesucht, die für oder gegen die Thesen sprechen. Quellenkritisch ist zu sagen, dass die Zeitzeug*innen natürlich ihre Erinnerungen mit einem Abstand von bis zu 40 Jahren „konstruieren", dass aber trotzdem von einer validen Informationslage auszugehen ist. Obertreis (2012) resümiert aus der bisherigen Reflexion über die Oral History, dass bis „heute [...] die Frage diskutiert [wird], was genau man aus Erinnerungsinterviews für die historiographische Forschung entnehmen kann. Erfahren wir „nur" etwas über die Formung und Konstruktion von Erinnerung oder erfahren wir auch etwas über „Fakten" der jeweiligen Lebensgeschichten und der historischen Umstände? Meines Erachtens hat die Oral History bereits viele „Fakten" geliefert über Alltagsleben, soziale Beziehungen, politische und v. a. unpolitische Haltungen, die Organisationsstrukturen in informellen Organisationen u. v. m." Ich schließe mich dem an und nehme die Aussagen als insofern wahr an, als sie, was die Fakten betrifft, zum Teil verifiziert werden können. Und die subjektiven Erinnerungen können nicht unbedingt in diesem Sinne verifiziert oder falsifiziert werden, sind daher Konstruktionen, damit aber, was die Rekonstruktioin bestimmter sozialer Sachverhalte betrifft, nicht weniger wahr.

Die Protokolle der Fachbereichsratssitzungen wurden in gleicher Weise ausgewertet. Sie sind im Folgenden so deklariert: lfd. Nummer der Sitzungen / Datum, z. B. „101/17.01.1972". Es handelt sich, für mich durchaus überraschend, größtenteils um sehr formal und zudem stets recht knapp gehaltene Ergebnisprotokolle. Es wurde im Vorwege vermutet, dass sich die Debatten deutlicher abzeichneten oder ablesen ließen bzw. mehr im Sinne eines Verlaufs- statt eines Ergebnisprotokolls gehalten sind. Das schmälert natürlich nicht den Erkenntniswert als solchen, jedoch wäre aus einer dokumentierten Debatte natürlich der Diskussions- und Konstruktionsprozess bzgl. bestimmter Themen besser nachzuzeichnen. Einbezogen wurden aus dem Untersuchungszeitraum insgesamt 16 Protokolle der monatlich stattfindenden Sitzungen.

Es bleibt einer größeren Studie vorbehalten, die hier präsentierten Ergebnisse hinsichtlich ihrer Repräsentativität zu untersuchen. Daher stellt die folgende

Darstellung erster der Ergebnisse den ersten Schritt hin zu einer tiefergehenden Analyse dar.

5 Ergebnisdarstellung

5.1 Entwicklung – abrupte und dann kontinuierliche Entwicklung der Akademisierung

Die relativ abrupte Entwicklung von einer fachschulischen Ausbildung zu einer hochschulischen Ausbildung wurden von allen Interviewpartner*innen als solche beschrieben. Die bereits vermuteten Probleme der Zusammenführung von Vorgängerinstitutionen beziehungsweise der Anhebung des Ausbildungsniveaus und der damit einhergehenden Akademisierung wurden ebenfalls bestätigt. Buttner (2020) beschreibt die Akademisierung der Sozialen Arbeit – wie bereits oben erwähnt – als das „Resultat von Konflikten", zu denen auch bildungspolitische Debatten gehörten, die letztendlich zum Aufbau der Fachhochschulen führten, die vor allem für so genannte Bildungsaufsteiger gedacht waren.[3] Zugleich erfolgte mit ihnen ein enormer Ausbau der Studienkapazitäten und der Erweiterung der Studienfächer jenseits der bisherigen akademischen, universitären Logik. Die Überwindung der bisherigen akademischen Gepflogenheiten, Prozesse und Strukturen an den Universitäten, die von den Studierenden selbst stark kritisiert wurden, war der Gründung der Fachhochschulen mit ihrer anderen Organisation bereits eingeschrieben. Buttner (2020, S. 26) hält resümierend fest, dass aus dem „akademischen Waisenkind Sozialarbeit/Sozialpädagogik nun eine junge Persönlichkeit mit Selbstachtung" geworden war.

Mit welchen Schwierigkeiten dies verbunden war, machen beispielsweise zwei Interviewpartner der ersten Stunde wie folgt deutlich: „Ich war in meinem Beruf spitze, ich wusste, was ich wusste. Ich wusste aber auch, was ich nicht wusste, weil das war nicht mein Arbeitsfeld. So wir mussten manche Dinge gemeinsam entwickeln. Also da hatte ich nichts. Da muss ich sagen, Leute, wir müssen Wissen erzeugen. Wir haben es nicht. Also ich habe es nicht. Ich kann mich bemühen, was zu finden. Da habe ich nichts gefunden. Wir müssen es suchen. Wollen wir es suchen? Ja, wir wollen es suchen. Und das gibt natürlich, sagen wir mal, eine sehr partnerschaftliche Grundsituation." (Herr N., 13/45-14/4). Es ging vielfach darum, das professionelle Wissen, welches vor allem als Methodenwissen

---

3   Dieser Begriff rekuriert auf den dezidiert von der sozialliberalen Regierung unter Willy Brandt vertretenen Politik, die Fachhochschulen als Ort der Chancengleichheit in der Hochschulbildung zu sehen (vgl. Schambach 2010).

und dem Können in der Praxis, und in weitaus geringeren Maßen aus allgemeinem wissenschaftlichem Wissen, bestand, mit dem neueren Korpus an vor allem sozialwissenschaftlichen Wissen zu kombinieren. Dieses spiegelten wohl auch jene Studierenden in ihrem Verhalten wider, die schon im Berufsleben standen und mit einem so genannten Aufbaukurs weiter qualifiziert werden sollten. Herr K., selbst Zeitzeuge dieser Anfangsgeneration, stellte heraus, dass es teilweise schwer war, ihnen etwas zu vermitteln, da sie von sich selbst sagten, dass sie bereits alles wüssten (Herr K., 14/37 ff.). Die damit einhergehenden Auseinandersetzungen wurden exemplarisch an den Diskussionen um Studienrichtungen, wie zum Beispiel der so genannten „sozialen Behandlung" oder auch dem Bereich Kultur-Ästhetik-Medien bzw. der medienpädagogischen Ausbildung, festgemacht. Sowohl den Aussagen der Interviewten als auch den Protokollen ist zu entnehmen, dass es wiederholt um die Frage ging, welchen Anteil die methodische Ausbildung am Gesamtcurriculum haben und welche Bedeutung ihr angesichts einer zunehmend an den Sozial- und Politikwissenschaften orientierten Analyse der Lebenslage der Adressat*innen und der Rolle der Sozialen Arbeit orientierten Gesellschaftsdiagnose zukommen sollte.

Zugleich stellte Herr K. fest, dass es „mehrere Risse" gab (Herr K., 2/39 ff.): Erstens das Grundverständnis von Sozialer Arbeit, als Überbegriff genutzt, denn hier trafen die Sozialarbeiter aus der vorherigen Höheren Fachschule auf diejenigen aus der anderen Höheren Fachschule, dem sog. Fröbelseminar, mit eher pädagogischen Traditionen und vornehmlich der Jugendarbeit zugehörig. Wohingegen diejenigen aus der Sozialarbeit sich, beginnend Ende der 1950/Anfang der 1960er Jahren, eher an der angelsächsischen Vorstellung von social work orientierten, kamen diejenigen aus dem Fröbelseminar eher aus einer pädagogischen Tradition. Dies fand auch Bestätigung durch Herrn L., wenn er sagte, dass man „diese Kluft zwischen Sozialpädagogen und Sozialarbeitern" (Herr L., 2/18-19) immer noch spüren konnte. Dies, so seine Diagnose, machte sich auch daran fest, dass die aus den Vorgängereinrichtung kommenden Lehrenden auf die vornehmlich sozialwissenschaftlich gebildeten Akademiker*innen trafen und damit einhergehende unterschiedliche Erwartungen an die Ausbildung und die spätere Arbeit gestellt wurden (Herr L., 2/20 ff.).

Zweitens gab es, so Herr K., den Riss innerhalb der „Studentenschaft und der Dozentenschaft zwischen den eher Konservativen und den Fortschrittlichen, die mit den ´68ern zusammenhingen". Herr L. macht es noch klarer, indem er sagte, dass die „eher Jüngeren, die sich eher fortschrittlicher sahen, in den eher kreativen Arbeitsansätzen eigentlich keinen rechten Sinn sahen. [...] Es kam ihnen als Spielwiese oder Kindergarten vor, von daher war da wirklich ein sehr grundlegender Dissens [...], denn den anderen Kollegen ging es von ihrer akademischen Sozialisation her und ihrer politischen Orientierung her eher um kritisch-politische Bewusstseinsbildung" (Herr L., 3/11 ff.). Letzteres spielt dann schon in die zweite These hinein.

Diese Aussagen werden teilweise, zumindest was die frühen Jahre betrifft, unterstützt durch einen „Bericht über den Fachbereich Sozialpädagogik am Ende der Legislaturperiode auf der Grundlage des Fachhochschulgesetzes vom 13.2.1972" der damaligen Fachbereichssprecher (zugeordnet dem FBR-Protokoll 58/04.10.1972): „Zum augenblicklichen Zeitpunkt kann nicht von einem bereits eingetretenen Erfolg der Integrationsbemühungen beider Ausbildungsgänge gesprochen werden. Möglicherweise legt die enorme Erweiterung des Fachbereich Sozialpädagogik Überlegungen zur Teilung des Fachbereich Sozialpädagogik nahe, wenngleich eine zukünftige Teilung nicht unbedingt zurück in die vor 1969 bestehenden Teilausbildungsbereiche führen müsste." (ebd., 2) Auf der anderen Seite wird festgestellt, dass „die Zusammenarbeit aller Gruppen im Fachbereich (...) rückschauend als jederzeit gut angesehen werden [kann; D.R.]. Obwohl eine Vielzahl von Problemen in der Pionierzeit der Fachhochschule anzugehen waren und obwohl in den entscheidenden Fragen keineswegs eine einheitliche Meinung – zu weilen sogar unüberbrückbare gegensätzliche Meinungen – bestanden, ist die Zusammenarbeit immer von gegenseitigem Bemühen um Verständigung getragen gewesen. Aus diesem Grund möchten wir an dieser Stelle allen Beteiligten danken, die in diesem Ergebnis ihren Anteil hatten." (ebd., 14)

Der Versuch einer Synthese stellt bis heute eine Herausforderung dar, zumal sich erst eine Sozialarbeitswissenschaft etablieren musste. Herr S., obwohl Sozialwissenschaftler und Philosoph, hat dies sehr befördert: „Und habe dann mich selber engagiert im Fachbereich, indem ich versucht habe, durch Tagungen, die ich initiiert habe über das Thema, also mit Hans Pfaffenberger oder mit Silvia Staub-Bernasconi, Werner Obrecht, die in der Zürcher Schule sozusagen dieses Thema auch schon vorangetrieben hatten und die das auch wissenschaftlich sehr gut weitgehend schon entwickelt hatten, was das heißen kann, Sozialarbeitswissenschaft. [...] Für mich war klar, obwohl ich ja sozusagen Bezugswissenschaftler war, wenn ich hier an der Hochschule für Soziale Arbeit unterrichte, dann muss man auch versuchen, diese Verwissenschaftlichung auch für diese spezielle Ausbildung Soziale Arbeit und nicht sozusagen diese Zersplitterung in die, dass jeder Jurist, jeder Soziologe, jeder Psychologe nur seine eigenen Steckenpferde damit treibt. Also von daher war für mich ganz klar und deshalb auch mein Engagement in diese Richtung, wenn wir eine Verwissenschaftlichung der Sozialen Arbeit wollen, dann müssen wir sozusagen hinarbeiten auf eine Disziplin und zu dieser Disziplin gehören dann entsprechende Teilbereiche, die wir dann versucht haben, im Laufe der Zeit Stärke im Curriculum zu verankern. Besonders dann bei den Studienreformen, die dann bei dem Bologna-Prozess losging, da haben wir dann gesagt, wenn wir schon nicht das ganze fragwürdige Unternehmen Bologna verhindern können, dann versuchen wir in das neue Curriculum so viele möglich progressive Inhalte einzubringen, hinüber zu retten und dazu gehörte diese Fokussierung auf Soziale Arbeit, auf Sozialarbeitswissenschaft. Das war für mich sozusagen der Hintergrundgedanke." (Herr S., 4/24 ff.)

5.2 Anwachsen des Lehrkörpers/Kollegiums – universitäre Akademiker und Methodenlehrer mit Praxisnähe treffen aufeinander

Die bereits angedeutete Verbindung der Fachhochschulgründung und der Fusion zweier Vorgängerinstitutionen zeigt sich auch im Zusammentreffen zweier unterschiedlicher Lehrkörper beziehungsweise deren didaktischen und inhaltlichen Vorstellungen. Zusätzlich wirkte erschwerend, dass mit der Fusion Übergangsprobleme entstanden und die anwachsende Bewerberzahl nicht mit den vorhandenen Kapazitäten, insbesondere den Dozentenstellen, übereinstimmte. Ein zusätzlicher temporärer Konflikt entstand zwischen den größtenteils promovierten, häufig noch sehr jungen Universitätsabsolventen, die ausschließlich aus Bezugswissenschaften stammten und zu denen Herr S., Herr L., Frau F. und Frau K. gehören, und den mitunter nicht promovierten, aber sehr methodenversierten und praxiserfahrenen Dozenten aus den Fachschulen (zu denen Herr K. und Herr N. gehören).

So bringt es die bereits zitierte Frau F. im Interview mit Herrn K. und Herrn N. so zum Ausdruck: „Aber es war natürlich sozusagen ganz klar, dass zunächst einmal von den neuen jungen Kollegen, die da keine Ahnung hatten, dass die erstmal eigentlich hilfsbedürftig waren, um eingeführt zu werden." (Frau F., 28/36-38) Ihr Interviewpartner, Herr K., sagt hierzu: „Sie fragten nicht, wie macht man Soziale Arbeit, sondern wussten alles, so hab ich's erlebt" (Herr K., 29/4-5) und weiter „Ich habe verschiedentlich von denen gehört, Sozialarbeit sei umgesetzte Soziologie." (Herr K., 20/34-35). „Ich habe diese Gruppe auch nicht so erlebt, als wollten sich nicht einarbeiten, sondern als Leute, die auch gar nicht zuhörten, wie sie ja auch ideologisch auf dem richtigen Dampfer waren, also zeigen wollten, was eigentlich Sache ist, eigentlich belehren wollten" (Herr K., 29/18 ff.).

Zu den damit gemeinten Lehrenden, die da kamen und ihre Sicht natürlich mitbrachten, aber ggf. auch so auf die Soziale Arbeit anwenden wollten, gehörte auch Herr S., einer der neu eingestellten, jüngeren Kolleg*innen, die an der Universität Soziologie studiert hatte. Er beschrieb das Problem und seine persönliche Entwicklung folgendermaßen: „Also natürlich wollte ich in der Uni bleiben, das war, ich hatte vor, hatte ja auch schon einiges publiziert und wollte weiter forschen und so. Und dann komme ich an die Fachhochschule mit 18 Stunden Lehrdeputat, also mit massenhaft Prüfungen und so weiter. Also natürlich wollte ich an der Uni bleiben, also es war sozusagen aus Not. Aber dann habe ich, ich brauchte einige Jahre, bis ich mich in die neue Situation hineingefunden habe und gesagt habe, gut jetzt mal habe ich das Beste daraus, jetzt bist du schon mal hier und dann habe ich mich ja da auch engagiert mit verschiedenen Sachen, das werden wir später wahrscheinlich noch ansprechen. Ja, also Zufall sozusagen, nicht die erste Wahl." (Herr S., 2/5 ff.). Und weiter: „Also wie gesagt, diese einigen Auseinandersetzungen waren vor meiner Zeit, vor 1985, vermutlich sehr viel stärker als danach und es gibt natürlich diese strukturellen historischen Gründe, dass ein neues Kollegium entstand, das heißt, die alten Sozialpädagoginnen und Pädagogen von dem SoziPä, die wurden jetzt zusammengespannt mit den Leuten, die jetzt von der Uni kamen, die teilweise politisierter waren, weil sie in der Folge von 1968 natürlich auch sozialisiert worden sind und diese Gruppierung mit Uniabschluss und politisierter Stärke, (…) das hat sich dann so massiert, das heißt der Ausbau der Fachhochschule in Hamburg 70, bundesweit 71, das führte dazu, dass es in kürzester Zeit einen ungeheuren Zuwachs von Lehrenden an den Hochschulen gab, sodass auch gar nicht mehr immer genau diese fünf Jahre Berufspraxis[4] eingehalten werden konnten oder man da teilweise etwas großzügiger war, damit man überhaupt die Stellen besetzen konnte und dazu kann ich natürlich auch mal von meiner Biografie das sagen. Aber gut, also jedenfalls diese strukturellen Gründe und historischen Gründe, die machen verständlich, dass es so zwischen den alten, also den früheren Sozialpädagogen und jetzt den neuen zugekommen, dass es da natürlich bestimmte Spannung gab, weil die alten haben sozusagen beharrt darauf unser Fach, soziale Arbeit, Sozialpädagogen und ihr bringt da dauernd solche gesellschaftswissenschaftlichen, die politischen Fragereien, die verfälschen ja die eigentliche Ausbildung und so. Also das, aber wie gesagt, als ich kam, war dieser Prozess mehr oder weniger schon abgeschlossen." (Herr S., 2/24 ff.)

Wie mit dem Anwachsen einerseits und dem Zusammenwachsen des Lehrkörpers andererseits umgegangen wurde, kann exemplarisch an dem Protokoll einer Sitzung im Februar 1973 abgelesen werden (65/07.02.1973). Dort wird festgehalten, dass man sich gemeinsam für eine Abschaffung des weitaus höheren Lehrdeputats (26 Wochenstundenzahl) für die sog. Fachoberlehrer (keine Professor*innen, zumeist aus den Höheren Fachschulen übernommene Lehrende) einsetzte. Zeitgleich wurde gemeinsam zwischen Lehrenden und Studierenden die Abschaffung des NC und die Erhöhung der Kapazitäten gefordert, was dann jedoch in der Oktobersitzung 1973 (65/31.10.1973) zurückgenommen und der Antrag der Studierenden mit Hinweis auf das bestehende Kapazitätsberechnungen abgewiesen wurde.

---

4   Hier wird auf eine bis heute geltende Regelung rekurriert, die für eine Professur an einer Fachhochschule bzw. heute Hochschule eine Voraussetzung darstellt.

5.3 Politische Kontroversen

Die gesamtgesellschaftlichen Debatten, die u. a. auch Birgmeier und Mührel (2016) sowie Thole u. a. (2020) nachgezeichnet haben, spielten auch in der Ausbildung beziehungsweise dem Studium der Sozialpädagogik am Fachbereich in Hamburg eine besondere Rolle.

Wie diese Debatten auch im Fachbereich Sozialpädagogik abliefen, berichten zum einen die Zeitzeug*innen einhellig und zum anderen auch die Fachbereichsratsprotokolle. Frau K.[5] umriss diese Themen mit „allgemeinpolitische Fragen, das war Stadtpolitik, Sozialpolitik und Hochschulpolitik, aber nicht so sehr Fragen des Studiums selber" (Frau K., 7/36-37). Das politische Klima schilderte Herr N. so: „Wild wurde es so ab 1969, 1970, da schwappten die politischen Wogen über, [...] da tobte eine Vollversammlung nach der anderen" (Herr N., 15/19-20). Zudem konstatiert er, dass es seiner Auffassung nach in der Lehre darum hätte gehen sollen, Studierenden Studieninhalte zu vermitteln, es im Gegensatz dazu aus seiner Sicht aber häufig auch um politische Überzeugung(sarbeit) ging: „Ihr könnt nicht immer denken, was ihr wollt. Ihr müsst auch denken, was ihr sollt." (Herr N., 15/35-36). Es sei seiner Ansicht nach aber falsch, sie sollten keine Politik zu machen, sondern „ihr müsst soziale Arbeit machen" (Herr N., 15/40-41). Herr L. äußert sich hierzu wie folgt: „Und dieser Konflikt ist dann ziemlich hochgekocht und wir konnten, waren am letzten Ende nur noch Zuschauer, wie es dann irgendwie gelöst wurde mit einem mehr oder weniger akzeptablen Kompromiss." (Herr L., 3/27-29) Herr K. sagte dazu in dem Interview gemeinsam mit Herrn L.: „Mir war das völlig fremd eigentlich, sozusagen, dieses Berufliche nun zu vermischen oder zu ersetzen durch politische Aktionen. [...] Da fühlte ich mich auch, rückblickend auch noch, in meinem eigentlichen beruflichen Beitrag, den ich hätten leisten könne, auch in meinem wissenschaftlichen Verständnis, ausgebremst." (Herr K., 16/19 ff.) Und Herr N. äußert sich hierzu wie folgt: „Und die sind ja wirklich durch die Hochschulen gegangen und gegen die Autoritäten zu Felde gezogen. Das ist in Ordnung. Das hätten sie bei uns auch tun können. Sie hätten die richtigen Fragen stellen können, finde ich. Es ist aber nicht geschehen und deshalb habe ich das laborieren, bis ich pensioniert wurde, habe ich eigentlich daran laboriert, dass das auch nie ehrlich besprochen werden kann. Diese Diskrepanz zwischen verschiedenen Gruppen." (Herr N., 29/30 ff.). Die Interviewerin Frau F., eben selbst Zeitzeugin, ergänzte „in einem Fachbereich, in dem das Gespräch eigentlich das wichtigste ist (...). Aber diese Sprachlosigkeit, das war also wirklich für mich auch etwas Beängstigendes." (Frau F., 29/45-30/3). Und Herr K. ergänzte: „Das waren schon Auseinandersetzungen, die sehr tief gingen,

---

5 Frau K. war auch die Bundeskoordinatorin der Initiative "Weg mit den Berufsverboten", wie sie selbst im Interview erwähnt (Frau K., 10/41-42)

und das eigentliche Gespräch ja, ein ganzes Stück, behinderten." (Herr K., 30/31-33) und „Also eine Sache, die ich sehr unangenehm empfand, war damals, dass der Umgangsstil zum Teil sehr negativ wurde." (Herr K., 33/4-5) Als Beispiel wird eine Situation nach dem Tod eines Kollegen, der als konservativ eingeschätzt wurde bzw. der CDU nahestand, geschildert, in der ein handschriftlicher Zettel am Schwarzen Brett auftauchte, auf dem nichts weiter stand als „P. ist tot." (Herr K., 33/6). „Es griff ein ziemlich rüder Ton ein und die feindlichen Gruppierungen, (…), waren subversiv, waren die schon da. Und das merkt man eben an diesem Umgang miteinander. Das hat mich schon auch zeitweise bedrückt." (Herr K., 33/20-22). Herr N. äußerst sich diesbezüglich so: „Es hat noch eine Zeit gegeben, das waren so beinahe Kriegszeiten. Keiner hat richtig Krieg gemacht, aber eine Vollversammlung jagte die nächste." (Herr N., 33/24-25)[6].

An diesen Äußerungen wird deutlich, dass die politischen Kontroversen auch mit persönlichen Kränkungen und tiefen, über Jahre anhaltenden Abneigungen verbunden waren. Dass sich an dieser Stelle ein Riss zeigte, wie Herr K. feststellte, weist darauf hin, dass dieser Riss nicht nur inhaltlicher Natur war, sondern das Kollegium auch menschlich in Lager dividierte und zu einer konstruktiven fachlichen Zusammenarbeit nur noch bedingt in der Lage war.

Herr S. erlebte dies zum Teil anders: „Also verglichen mit diesen Auseinandersetzungen [an seiner vorherigen Hochschule; D.R.], die ich damals erlebt habe, war das wunderbar friedlich und einvernehmlich. Ganz toll. Also da gibt es ja auch Gründe dafür." (Herr S., 1/40-42). Und weiter: „Also es waren in dem Sinne keine wirklichen Lagerkämpfe, wie ich Lagerkämpfe in Wiesbaden und Marburg erlebt habe. Da habe ich das wirklich voll erlebt und da ging es wirklich hoch her und mit persönlichen Feindschaften und so weiter. Das habe ich hier überhaupt nicht erlebt. Ich habe auch bei den Kollegen, die nicht sozusagen meine politischen Positionen, die ja bekannt waren, geteilt haben, mit denen habe ich immer ein persönlich sehr gutes Verhältnis gehabt, sogar zu dem Kollegen, der damals meine Berufung verhindern wollte, weil er versuchte zu sagen, ein Marxist ist kein Wissenschaftler, kann deshalb nicht berufen werden." (Herr S., 3/14 ff.) Anders beurteilt das Frau K., selbst, wie Herr S., eher dem linken Lager zugehörig: „… dieser Fachbereich war ziemlich gespalten, also aus politischen Gründen oder aus politisch-ideologischen Gründen und da hat man so etwas fast wie ein Reißverschlussverfahren gemischt, mal kriegte die eine Fraktion den ihren Lieblingskandidaten und die andere Fraktion und das war irgendwie auch der Auftakt dazu, wie sich das dann weiterentwickelt, also diese Spaltung, die hat ziemlich durchgehend viele Jahre lang, also diesen Fachbereich auch bestimmt, also auf der einen

---

6   Die politischen Auseinandersetzungen waren tiefgreifend und werden daher drastisch beschrieben, jedoch relativieren sich solche Begriffsnutzungen vor dem Hintergrund aktueller (und auch damaliger tatsächlicher Kriege) (vgl. auch Stamp 2017)

Seite die jungen Kollegen und die linken und auf der anderen Seite die älteren und die nicht ganz so linken." (Frau K., 2/7 ff.)

Herr K. beschrieb es, seiner Erinnerung nach Anfang der 1980er, so: „... denn ich wollte ja nun eigentlich als damals auch noch junger Dozent auch etwas beitragen zu dem geliebten Beruf Sozialarbeit. Und das wurde doch alles sehr boykottiert. Studenten liefen in großen Massen zu den Kolleginnen und Kollegen, die politische Inhalte mehr oder weniger vertreten. Also sehr vielfach soziologische und politologische Fragen, aber Fragen wie Methoden der sozialen Arbeit oder psychologische Fragen, die waren doch sehr eher kontraindiziert aus diesem Verständnis, weil Psychologie, so wurde gesagt, immer die Vereinzelung der Menschheit betreibt, während wir doch jetzt gerade dabei sind, Studenten, die Gruppe zu finden, dass die Solidarität mit allen, vor allen Dingen Solidarität mit den Armen unterdrückten und so weiter." (Herr K., 6/10 ff.)

In den folgenden Dokumenten spiegeln sich diese politische Spannung bzw. die Diskurse wider. Sie betreffen das Berufsverbot bzw. den „Radikalenbeschluss" vom 28.02.1972, der vorsah, alle verfassungsfeindlichen Aktivitäten, die von Beschäftigten des öffentlichen Dienstes ausgingen, zu unterbinden, indem diese einer regelhaften und anlassbezogenen Prüfung unterzogen wurden (vgl. für Hamburg: Jäger 2019). „So gab es in Hamburg während der 1970er Jahre über 100 000 Anfragen beim Verfassungsschutz, 186 Verfahren wurden durchgeführt und 92 Personen abgelehnt, wobei die Ablehnungsquote unter Lehrern und Sozialpädagogen am höchsten war." (Günther 2020).

Bereits im März 1973 (66–1/21.03.1973) wurde ein bereits als Berufspraktikant vom „Radikalenerlass" betroffener Absolvent nicht als Lehrbeauftragter (auf Antrag von Frau F., die das aus sozialen, wirtschaftlichen Gründen vorschlägt) eingestellt, woraufhin eine Vollversammlung unter dem Titel „Berufsverbote für Sozialpädagogen" angekündigt und genehmigt wurde. Der Antrag von Frau F. führte dazu, dass der Fachbereichssprecher aufgefordert wurde, die Einstellung zu prüfen. Und im Mai 1973 wurde gefordert, eine entsprechende Kommission einzusetzen (Ergebnis nicht dokumentiert), weil der Hochschulsenat der Einstellung im Mai nicht zugestimmt hatte (70/16.05.1973).

Im Januar 1975 (96–1/15.01.1975) wurde im Fachbereichsrat eine Causa diskutiert, die dann im Juli 1975 erneut auf die Tagesordnung gelangte. Dort wurde ein schriftlicher Bericht (Anlage zum FBR-Protokoll 104/02.07.1975) im Fachbereichsrat abgegeben, in dem es um vier Berufspraktikant*innen ging, die der Deutschen Kommunistischen Partei angehörten. In einem Fall durfte der Student zwar sein Studium und damit auch das Berufspraktikum beenden, es wurde dann aber schon in Aussicht gestellt, dass er im öffentlichen Dienst nicht eingestellt werden würde. In den Fällen der anderen drei Berufspraktikant*innen, Name und Geschlecht sind hier nicht dokumentiert (aber im FBR-Protokoll 105/15.10.1975), blieb der Ausgang unklar. Im Bericht steht zudem, dass es „Ziel des Fachbereiches war (und bleiben wird), dass Studenten aufgrund politischer Aktivitäten und Zugehörigkeiten in der Ausbildung nicht gehindert werden, insbesondere die Ausbildung abschließen können." Dieser Beschluss wurde auf der nächsten Sitzung im Oktober 1975 dadurch verstärkt, dass sich der Stellungnahme und Forderung des akademischen Senats angeschlossen wurde, die Eingriffe der Behörden in die Autonomie der Hochschulen bzgl. der Prüfung von Berufspraktikanten untersagte (105/15.10.1975). Zuvor schrieben zwei Lehrende an den Fachbereichsrat im Juli 1975 (104/02.07.1975), dass auf einer Veranstaltung zu diesem Thema auch Ansichten vertreten wurden, die nach Ansicht der beiden nicht durch eine Fachbereichsveranstaltung, zu der vom Fachbereichsrat eingeladen wurde, legitimiert werden dürften. Eine Resolution des Fachschaftsrats auf der Novembersitzung 1975 (108/26.11.1975), in der die Forderung nach einer rein hochschulautonomen Regelung des Berufspraktikums erhoben wird, wird von den hauptamtlichen Mitgliedern ohne protokollierte Erklärung abgelehnt und nur von den Studierenden angenommen.

In der Februarsitzung 1974 (81-1/06.02.1974) ging es dagegen etwas kurioser zu, denn ein Student beklagt sich beim Fachbereichsrat darüber, dass er von seiner Anleiterin (einer Sozialpädagogin) negativ auf seine langen Haare angesprochen worden sei: „Mit mir könne man nicht zusammenarbeiten, jemand, der lange Haare habe und dreckig sei, könne kein Vorbild für Kinder sein." (81-1/06.02.1974). Der FBR beschließt daraufhin, eine Koordinierungsstelle für Praktikumsfragen einzurichten.

In der November-Sitzung 1973 (77/07.11.1973) wurde der studentische Antrag, einen Lehrbeauftragten einzustellen, mit knapper Mehrheit abgelehnt. Die vom Bewerber für den Lehrauftrag vorgetragene Generalkritik ist in Duktus und Inhalt sehr bemerkenswert, aus Gründen des Persönlichkeitsschutzes wird auf die genauere Darstellung verzichtet. Er äußert sich u. a. auch ablehnend gegenüber zwei hauptamtlich Lehrenden, da er „deren Ansichten nicht nur für unrichtig halte, sondern sie hätten auch zu einer Verfälschung der Sozialarbeit und Sozialpädagogik geführt". Der Sitzungsleiter äußert daraufhin sein Erstaunen „über den Mut (...) zum schnellen Urteil", ohne die „Verhältnisse im Fachbereich hinreichend zu kennen und verwahrt sich gegen dessen Ausführungen und weist sie als unqualifiziert zurück." Auch in der Februarsitzung 1974 wurde die Einstellung dieses Lehrbeauftragten angelehnt (81-1/06.02.1974).

In der Oktobersitzung 1974 (83/02.10.1974) wurde ein Bewerber für das Amt des Fachbereichssprechers im ersten Wahlgang nicht von den Studierenden gewählt, da er einmal geäußert habe, er können mit Kommunisten nicht zusammenarbeiten. Im zweiten Wahlgang wurde er mit knapper Zustimmung gewählt.

6 Thesendiskussion und Ausblick

Insgesamt kann festgehalten werden, dass sich die Thesen durch das gesichtete Material bestätigen lassen. Allerdings finden sich bezüglich der inhaltlichen und politischen Diskussionen weit mehr mündliche Erinnerungen an „Grabenkämpfe" als verschriftlichte Berichte darüber in den Fachbereichsratsprotokollen. In allen drei Bereichen, der Akademisierung durch die Integration und Fusion zweier Vorgängerinstitutionen, der Diskussion um das richtige Maß und die Richtung der akademischen Ausbildung in der Sozialen Arbeit wie auch den politischen Kontroversen, gab es keinesfalls von Beginn eine klar erkennbare Entwicklungsrichtung oder gar einen „Masterplan". Vielmehr standen drei, mehr lose verbundene Entwicklungen nebeneinander oder überlagerten sich. Und obwohl die gesamte Entwicklung durchaus krisenanfällig war, entstand doch ein beachtliches Ergebnis.

Ob und inwieweit das hier vorgestellte Material und die vertretenen Thesen eine durchaus typische Entwicklung darstellten, müsste in einem größeren Forschungsrahmen unter Einbezug weiteren empirischen Materials untersucht werden.

Spannend wäre es weiterhin, sich die nachfolgenden Entwicklungen und Debatten ab Ende der 1970er bis Mitte/Ende der 1990er anzuschauen, in denen sich die politischen Kontroversen zum Teil beruhigten, zum Teil neue hinzukamen, sich die Fachwissenschaft Soziale Arbeit (weiter-)entwickelte und später etablierte, der Fachbereich weiter wuchs, sich Teile wie die Pflege zu eigenen Fachbereichen entwickelten und die Hochschule insgesamt mit der Fakultätengründung eine neue Struktur bekam bzw. die Bologna-Studienreform umgesetzt wurde.

Literatur

Birgmeier, Bernd/Mührel, Eric (Hrsg.) (2016): Die „68er" und die Soziale Arbeit. Eine (Wieder-)Begegnung. Wiesbaden: Springer VS.
Buttner, Peter (2020): Ein Resultat von Konflikten: die Akademisierung der Sozialen Arbeit. In: Archiv für Wissenschaft und Praxis Sozialer Arbeit, Heft 4, hrsg. v. Deutschen Verein für öffentliche und private Fürsorge, 16–29.
Deutsches Zentralinstitut für soziale Fragen (Hrsg.) (2017): 100 Jahre Ausbildung zur Sozialen Arbeit in Hamburg. Sonderheft der Zeitschrift Soziale Arbeit, Heft 5/6. Berlin.
Günther, Frieder (2020) Alexandra Jaeger, Auf der Suche nach den „Verfassungsfeinden". Der Radikalenbeschluss in Hamburg 1971–1987. (Hamburger Beiträge zur Sozial- und Zeitgeschichte, Bd. 58.) Göttingen, Wallstein 2019. Historische Zeitschrift, Vol. 311 (Issue 1), pp. 259–261. https://doi.org/10.1515/hzhz-2020-1325 (Abfrage: 19.07.2023)
Jäger, Alexandra (2019): Auf der Suche nach 'Verfassungsfeinden'. Der Radikalenbeschluss in Hamburg 1971–1987. Göttingen: Wallstein Verlag.
Obertreis, Julia (2012): Oral History. Basistexte. Stuttgart: Franz Steiner Verlag.

Rauschenbach, Thomas (1999): Das sozialpädagogische Jahrhundert. Analysen zur Entwicklung sozialer Arbeit in der Moderne. Weinheim: Juventa.

Schambach, Sigrid (2010): Die Hochschule für Angewandte Wissenschaften und ihre Vorläufer von 1945 bis heute – ein Überblick. In: Hochschule für Angewandte Wissenschaften Hamburg 1970 – 2010. Wissen fürs Leben. Hrsg. vom Präsidenten der HAW. Hamburg. S. 28–87, https://www.haw-hamburg.de/fileadmin/PK/Publikationen/40_Jahre-HAW_Hamburg-Festschrift.pdf (Abfrage: 19.7.2023)

Stamp, Friedrich (2017): „Stellungskrieg" im Fachbereich – Frontlinien in der Studentenpolitik der 1970er-Jahre. In: standpunkt : sozial, Heft 1, 41–51

standpunkt : sozial (2017): 100 Jahre Ausbildung und Studium der Sozialen Arbeit in Hamburg. HAW Hamburg.

Thole, Werner / Wagner, Leonie / Stederoth, D. (Hrsg.) (2020): 'Der lange Sommer der Revolte' Soziale Arbeit und Pädagogik in den frühen 1970er Jahren. Wiesbaden: SpringerVS.

Quellen

Archiv SOZAHAW des Department Soziale Arbeit der HAW Hamburg:
Interview mit Herrn N. und Herrn K. vom 07.02.2017
Interview mit Herrn L. und Herrn K. vom 02.02.2017
Interview mit Herrn S. vom 08.12.2016
Interview mit Frau F. vom 09.02.2017
Interview mit Frau K. vom 12.09.2016

SOZAHAW, FSB-Protokolle (Magazin in der Fachbibliothek Soziale Arbeit und Pflege der HAW Hamburg):
Protokoll der Fachbereichsratssitzung vom 04.10.1972
Protokoll der Fachbereichsratssitzung vom 07.02.1973
Protokoll der Fachbereichsratssitzung vom 21.03.1973
Protokoll der Fachbereichsratssitzung vom 16.05.1973
Protokoll der Fachbereichsratssitzung vom 31.10.1973
Protokoll der Fachbereichsratssitzung vom 07.11.1973
Protokoll der Fachbereichsratssitzung vom 06.02.1974
Protokoll der Fachbereichsratssitzung vom 02.10.1974
Protokoll der Fachbereichsratssitzung vom 15.01.1975
Protokoll der Fachbereichsratssitzung vom 02.07.1975
Protokoll der Fachbereichsratssitzung vom 15.10.1975
Protokoll der Fachbereichsratssitzung vom 26.11.1975

IV. „Roter Fleck auf grüner Wiese" – zum Gründungsmythos der Fachhochschule Ostfriesland[1]

Carsten Müller

Den Ausspruch *Roter Fleck auf grüner Wiese* als Beschreibung für die Fachhochschule Ostfriesland (FHO), der heutigen Hochschule Emden/Leer, ist dem Autor bereits frühzeitig nach seiner Berufung 2007 an die damals fusionierte Fachhochschule Oldenburg/Ostfriesland/Wilhelmshaven (FHOOW) zu Ohren gekommen. Der Ausspruch findet sich zudem im Material, welches der Autor hier auswertet und derzeit zu einem kleinen Archiv des Fachbereiches Soziale Arbeit und Gesundheit an der Hochschule Emden/Leer zusammenträgt.

Mit dem Ausspruch *Roter Fleck auf grüner Wiese* ist zweierlei – so der erste Eindruck – angesprochen: Zum einem, dass die Fachhochschule Ostfriesland 1973 auch als regionales Entwicklungsprojekt im damals strukturschwachen Ostfriesland gegründet wurde. Dies wurde spätestens mit dem Bau des heutigen Hauptgebäudes Anfang der 1980er-Jahre augenfällig. Die Gebäude werden im damaligen Kaiser-Wilhelm-Polder und somit auf grüner Marschwiese errichtet. Sie sind in norddeutscher Backsteinbauweise in architektonischer Anlehnung an ostfriesische Steinhäuser und Gulfthöfe, einer Form des Bauernhofes, gebaut – und Backsteine sind ziegelrot.

Zum anderen hat der Terminus *roter Fleck* eine politische Konnotation. Besonders dem Fachbereich Sozialwesen wurde eine politisch linke teils radikale Orientierung nachgesagt. So zitiert die *Emder Zeitung* (EZ) vom 8.11.2003 Professor Karl-Heinz Dignas zum 30jährigen Jubiläum der Fachhochschule: „Erinnerungen an die ersten Jahre gab Karl-Heinz Dignas zum Besten. Er war einer von drei Fachhochschul-Professoren, die damals zum neugegründeten Fachbereich [Wirtschaft, d. Verf.] kamen. [...] ‚Damals tat man sich in der Stadt deutlich schwer mit uns, das ist jetzt teilweise auch noch zu spüren', merkte er an. Grund hierfür sei

---

[1] Der Beitrag ist Teil eines größeren Forschungszusammenhangs: Prof. Dr. Sylke Bartmann forscht an der Hochschule Emden/Leer zum Thema „Die Geschichte des Fachbereiches SAG [Soziale Arbeit und Gesundheit; der Verf.] an der Hochschule Emden/Leer – eine Rekonstruktion aus Sicht ehemaliger Hochschulangehöriger". Dazu wurden 12 berufsbiographische Interviews mit ehemaligen Protagonisten des Fachbereiches erhoben. Gefragt wurde nach der persönlichen Hochschulgeschichte. Im Material zeigt sich u. a., wie sich die Gründungsphase biographisch verankert hat. Es ist beabsichtigt, diese beide Forschungszugänge zukünftig zusammenzubringen und methodisch zu triangulieren.

oft der Fachbereich Sozialwesen gewesen. In der Anfangszeit habe es einige Fachhochschul-Lehrende im Bereich Sozialwesen gegeben, die die Vorstellung hatten, die Gesellschaft aus der Hochschule heraus zu verändern. Schnell wurde der Ruf laut, die Emder Hochschule sei eine ‚linke Kaderschmiede'. Darin sei landläufig auch der Fachbereich Wirtschaft, der eigentlich als ‚rechts' galt, mit eingezogen worden. ‚Wenn ich damals in Hannover[2] war, dann hieß es immer, der kommt vom roten Fleck auf der grünen ostfriesischen Wiese.'" (Lipperheide 2003, S. 4) Insofern erzeugt die Beschreibung *Roter Fleck auf grüner Wiese* eine Verknüpfung und ein Spannungsfeld zwischen Hochschule, Region und Politik, dem im Folgenden näher nachgegangen werden soll.

1 Ankerquelle und Kontext

Dazu wird als Ankerpunkt im Sinn hermeneutischer Heuristik eine Quelle ausgewählt, die besonders aufgefallen ist: der Aufkleber ‚*So geı̈t neet*' *Dor mutten wi all tegen angohn* (siehe Abbildung 1, unten).

Abbildung 1: Aufkleber

---

2   Gemeint sind Besuche im Ministerium mit Sitz in der Landeshauptstadt Hannover.

Der Aufkleber ist Teil des hier ausgewerteten historischen Materials[3] und steht im Kontext der Proteste um den Erhalt bzw. Ausbau der FHO im Jahr 1976. Nur drei Jahre nach deren Start wird bekannt, dass die Niedersächsische Landesregierung von ihrer ursprünglichen Planung eines Ausbaus der Fachhochschule auf 4000 Studienplätze im Jahr 1985 abweichen will. Nach dem Regierungswechsel auf eine CDU geführte Landesregierung unter Ministerpräsident Dr. Ernst Albrecht vermelden Mittteilungen u. a. in der EZ: Der Fachhochschule drohe ein Ausbaustopp. In einem Dienstgespräch zwischen Vertretern der Fachhochschule und dem Ministerium für Wissenschaft und Kunst (MWK) wird klar, dass die Landesregierung beabsichtige, die Fachhochschule Ostfriesland nicht weiter auszubauen. Es sei vorgesehen, „die Fachhochschule in der gegenwärtigen Größe ‚einzufrieren'", wie es im Protokoll dazu heißt, welches die teilnehmenden Hochschulvertreter verfasst haben und das sich ebenfalls im hier ausgewertet Material findet. Planziel seien, wie es weiter im Protokoll heißt, lediglich noch 750 Studienplätze; davon 400 im Sozialwesen und 200 in Wirtschaft, beide am Standort Emden, sowie 150 für Seefahrt in Leer.

Vom Ausbaustopp sind besonders die neu einzurichtenden Bereiche Natur- und Technikwissenschaften betroffen, die folglich nicht mehr kommen sollen. Durch finanzielle Einsparungen ist zudem kein Bau neuer Gebäude mit der zugehörigen Infrastruktur, z. B. Mensa und Studierendenwohnheim, vorgesehen. Die Fachhochschule befindet sich zu diesem Zeitpunkt in angemieteten Räumen der Handelsschule am Steinweg in Emden. Eine Plakatierung in den Fenstern des Gebäudes, belegt durch ein Foto im Quellenmaterial, bringt die Abbaukaskade auf den Punkt. Dort stand zu lesen: „Das will die Landesregierung: Tod der Fachhochschule auf Raten: vorgesehene Studienplätze 1984 4000 dann 3000 dann 2200 jetzt 750!!!"

2 Methodik

Zur Erforschung der oben skizzierten Phase anhand der genannten Bildquelle wird eine für die Soziale Arbeit modifizierte Methode der Bildhermeneutik angewendet (siehe Müller/Uhlig 2014). Kurz skizziert, wird wie folgt vorgegangen: Die Quelle wird zunächst beschrieben und dann befragt. Aus den gesammelten Fragen werden Cluster gebildet, um anschließend weitere Materialien hinzuzuziehen und so die Quelle zu kontextualisieren. Abschließend werden die gewonnenen Erkenntnisse miteinander abgeglichen und in Beziehung gesetzt. Ziel ist eine erste vorläufige Interpretation. Der Prozess endet mit der Entwicklung ziel-

---

3   Das Material ist am Ende des Artikels unter Quellen beschrieben. Falls nicht anders ausgewiesen, wird im vorliegenden Beitrag auf diese Quellen zurückgegriffen.

gerichteter Anschlussfragen für weitere Forschungen, die die erste Interpretation vertiefen oder auch in Frage stellen können.

3 Beschreibung der Ankerquelle

Der Aufkleber ‚*So gei't neet!* Dor muuten wi all tegen angohn – niederdeutsch für: So geht es nicht! Dagegen müssen wir uns alle wehren – basiert auf einer Zeichnung, die sich mehrfach in unterschiedlichen Varianten im Quellenmaterial findet. Die Zeichnung findet sich auf Flugblättern, als Postkarte, als Plakat und Deckblatt einer Dokumentation des Rektorats, die die Vorgänge von 1976 chronologisch zusammenstellt. Eine Fotografie zeigt sie als ca. 2 x 2m großes Banner über dem Eingang der Fachhochschule Ostfriesland.[4]

Sowohl Zeichnung als auch Beschriftungen variieren. Im Kern ist ein Wappen-Schild zu sehen. Es ist mit einem in der Heraldik sogenannten Panier überschrieben: *Eala freya Fresena*. Der Wahlspruch unter dem Schild trägt als Banderole die Beschriftung: *Upstalsboom*. Das Wappen-Schild zeigt einen stilisierten Baum, der anhand der Blätter und Früchte als Eiche erkennbar ist.

Eine Axt schlägt Äste vom Baum ab. Die Axt ist in einer vermutlich frühen Version – anhand der zeichnerischen Ausführungen lässt sich die Genese der Zeichnungen erahnen – mit *CDU* beschriftet. Der Stiel der Axt trägt die Bezeichnung *Albrecht*. Als einzige Version zeigt das Ende des Stiels die Karikatur eines Kopfes, vermutlich das Konterfei des Ministerpräsidenten. In weiteren Versionen, ist die Axt mit *Hannover*, der Stiel mit *Landesregierung* beschriftet. Beim Aufkleber, der die Schild- zugunsten einer Kreis-Form verlässt, ist die Axt mit *Hannover Landesregierung* und der Stiel mit *NDS* für Niedersachen beschrieben. Ebenfalls variiert die Anzahl der abgeschlagenen Äste. Zunächst wird ein Ast, der mit *Schulen* bezeichnet ist, abgeschlagen. Dann wird aus Schulen Hochschule. Schließlich werden vier Äste abgeschlagen: *Schulen, Fachhochschule, Ausbildung, Arbeitsplätze*. Auf dem Aufkleber weist die Umschrift *Für den Erhalt und Ausbau der Fachhochschule Ostfriesland* deutlich auf die Forderungen hin. Am Ast *Schule* kommt indes nur ein kleiner Ast mit *FHS* für Fachhochschule hinzu.

Auch die Texte variieren: *So gei't neet!* steht auch dem Aufkleber; *So geiht dat neet!* auf einer Postkarte; *So gei't nät!* bzw. *So gei't nich!* auf Flugblättern und *So geiht dat neet!* auf einem Plakat. Unterschiedliche Versionen existieren auch vom Spruch *Dor mutten wi all tegen angohn*. Auf einem Flugblatt und Plakat ist ein *mitnanner* – niederdeutsch für: gemeinsam – ergänzt. Auf der Postkarte wird aus der Aufforderung die Feststellung *Dor gohn wi all tegen an!*

---

4   Erstaunlich ist, dass seit Neubau der Fachhochschule der Bibliothekseingang ebenfalls ein Wappen trägt. Dabei handelt es sich allerdings um das Wappen der Grafenfamilie Cirksena, welches die Wappen der sechs wichtigsten ostfriesischen Häuptlingsfamilien vereint.

4 Kontextualisierungen

Die Fragen an die Ankerquelle werden hier nicht im Einzelnen aufgelistet. Sie lassen sich in Clustern zusammenfassen, die im Folgenden unter Hinzuziehung von Quellen abgearbeitet werden: Urheberschaft, Verwendung und Aktionen, Bildsprache und Text, Akteure und Solidaritäten.

4.1 Urheberschaft

Die Zeichnung konnte keiner bzw. keinem Urheber*in zugeordnet werden. Sie ist teils mit einem Kürzel versehen, das nicht entschlüsselt werden konnte. Flugblatt, Postkarte, Plakat und Presseerklärungen usw. werden von einem *Koordinierungsausschuß für den Erhalt und Ausbau der Fachhochschule Ostfriesland* ausgegeben. Laut Allgemeinem Studierenden Ausschuss Emden (ASTA), der bereits frühzeitig die Gründung eines Aktionskomitees gefordert hatte, umfasst der Koordinierungsausschuss bei Gründung zehn Studierende und zwei Dozierende. Für den Koordinierungsausschuss scheinen, was aus Unterschriften verschiedener Dokumente ersichtlich wird, unterschiedliche Personen verantwortlich. Der Ausschuss richtete auch ein Konto ein, um die Proteste durch Spenden zu finanzieren.

4.2 Verwendung und Aktionen

Aus einer Pressemitteilung des Koordinierungsausschusses geht hervor, dass ca. 12.000 Flugblätter in den ostfriesischen Städten Leer, Emden, Aurich und Norden verteilt wurden. Der Koordinierungsausschuss berichtete, dass in wenigen Stunden 3.600 Unterschriften für den Erhalt und Ausbau der Fachhochschule gesammelt wurden. Die lokale Presse berichtet, dass ca. 8.000 Postkarten (siehe Abbildungen 2 und 3) nach Hannover geschickt wurden.

Neben diesen und den oben bereits beschriebenen Verwendungsarten belegen Fotografien, dass die Zeichnung als Plakat auch bei Protestaktionen gezeigt wird, z. B. bei einer Fahrraddemo samt Autokorso sowie bei einer Versammlung.

Die geplante Chronologie der Protestaktionen geht aus einer Pressemitteilung des Koordinierungsausschusses hervor: Am 10.6.1976 soll es eine öffentliche Veranstaltung zum Thema *Tod der Fachhochschule Ostfriesland* in der Fachhochschule geben. Informationsstände in den oben genannten Städten mit Unterschriftenlisten sind für den 12.6.1976 geplant. Vom 13.6.1976 an gab es dann eine dreitägige Fahrraddemonstration von Oldenburg nach Hannover, an der sich auch Studierende der ebenfalls von Kürzungen betroffenen Carl-von-Ossietzky-Universität Oldenburg beteiligten. Laut Presse fuhren 1.000 Studierende zur zentralen Kundgebung am 16.6.1976 auf dem Klagesmarkt in Hannover ein. Am Abend

Abbildung 2: Postkarte Vorderseite

Abbildung 3: Postkarte Rückseite

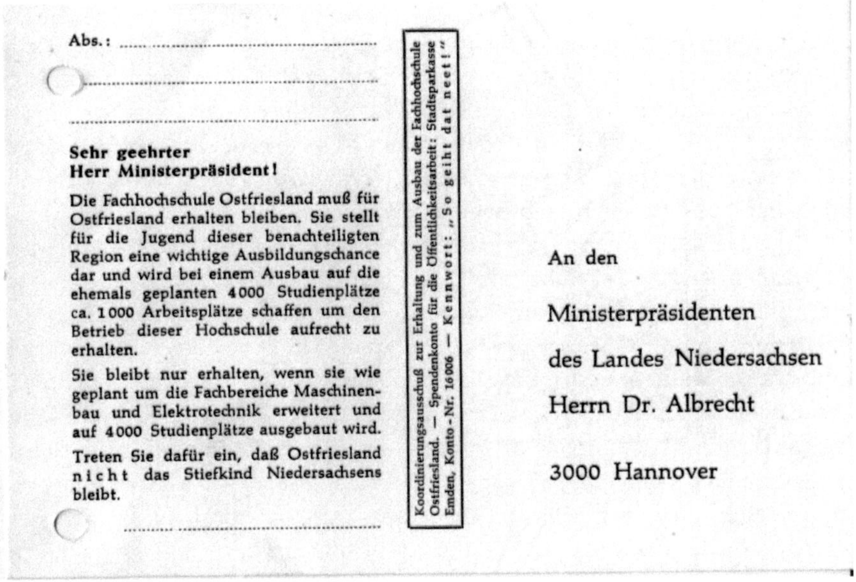

Abs.: ....

Sehr geehrter Herr Ministerpräsident!

Die Fachhochschule Ostfriesland muß für Ostfriesland erhalten bleiben. Sie stellt für die Jugend dieser benachteiligten Region eine wichtige Ausbildungschance dar und wird bei einem Ausbau auf die ehemals geplanten 4000 Studienplätze ca. 1000 Arbeitsplätze schaffen um den Betrieb dieser Hochschule aufrecht zu erhalten.

Sie bleibt nur erhalten, wenn sie wie geplant um die Fachbereiche Maschinenbau und Elektrotechnik erweitert und auf 4000 Studienplätze ausgebaut wird.

Treten Sie dafür ein, daß Ostfriesland **nicht** das Stiefkind Niedersachsens bleibt.

Koordinierungsausschuß zur Erhaltung und zum Ausbau der Fachhochschule Ostfriesland. — Spendenkonto für die Öffentlichkeitsarbeit: Stadtsparkasse Emden, Konto-Nr. 16006 — Kennwort: „So geiht dat neet!"

An den

Ministerpräsidenten

des Landes Niedersachsen

Herrn Dr. Albrecht

3000 Hannover

46

des gleichen Tages fand eine Versammlung am *Upstalsboom* bei Aurich statt, um den Erfolg „nach harten Debatten", wie es auf dem zugehörigen Flugblatt hieß, bei Tee, Kuchen und Musik zu feiern.

4.3 Bildsprache und Text

Bildsprache wie Texte nehmen deutlichen Bezug zur mittelalterlichen Geschichte Frieslands bzw. zu den dort eingelagerten Freiheits- und Widerstandsmythen. Der Spruch *Eala freya Fresena* meint *Erhebt Euch – freie Friesen*[5] und bezieht sich auf die Ideologie der Friesischen Freiheit (vgl. Schmidt 2003). Demnach soll den Friesen um 1100 von Karl dem Großen die Freiheit in den sogenannten Siebzehn Küren verliehen worden sein. Mit der Friesischen Freiheit

> „[...] schuf der König – dies meinte man im hoch- und spätmittelalterlichen Friesland zu wissen – den Friesen gewissermaßen eine neue, ihr Selbstgefühl ausfüllende und steigernde Existenz. Zuvor nämlich waren die Friesen, nach einigen ihrer Überlieferungen ‚nackt' gewesen, unfreie Leute ohne jegliche Ehre und ‚unter aller Menschen Füßen', danach aber nannte der König sie ‚Herren'. [...] Er machte sie als Freie dem Adel gleich." (ebd., S. 323–324)

Der Upstalsboom ist ebenfalls ein für die ostfriesische Geschichte nicht weniger bedeutsamer Gedächtnisort (vgl. Tielke 2003). Am Upstalsboom trafen sich mehrfach, zumindest einmal im Jahr die freien Friesen, um gemäß der ihnen verliehenen Privilegien Recht zu sprechen und Größeres zu planen. Das Flugblatt, welches die Protestierenden zur Versammlung einlud, bediente diese über die Jahre symbolisch aufgeladene Erzählung. Hier heißt es: „Ubbo Emmius, einer unserer berühmten Geschichtsschreiber, hebt hervor: Besonders, wenn die Freiheit bedroht wurde [...] eilten sie wie zu einem Altar der Freiheit, in zahlreicher Versammlung. Deshalb hieß es bei unseren Vorfahren ‚zum Upstalsboom gehen' ebensoviel als: sich versammeln zur Behauptung der Freiheit." Bezugspunkt ist vermutlich die von Ubbo Emmius 1616 verfasste *Friesische Geschichte* (*Rerum Frisicarum historiae libri*) (siehe Emmius 1981). Mit dem Verweis auf den Upstalsboom (vgl. ebd., Abschnitt 3.5) beschwor bereits der Späthumanist den hoch- bzw. spätmittelalterlichen Geist eines in Unabhängigkeit vereinten Frieslands gegen das feudale Häuptlingswesen seiner Zeit (vgl. Schmidt 2003, S. 342–343). Klar ist: „Die Bedeutung des Namens ‚Upstalsboom' ist nicht sicher und seit wann das Gelände so heißt, ist nicht bekannt. ‚Boom' meint den bearbeiteten Baum, wie z. B. bei Schlagbaum und Maibaum. Mit ‚Upstal' wurde ein eingezäuntes Flurstück der All-

---

5   „Erheben" meint keinen Aufruf zum Aufstand. Vielmehr ist das Stehen bzw. Aufstehen die konträre Geste zum Niederknien vor der Herrschaft.

mende, dem gemeinsamen Weidegebiet der Dorfgemeinschaft, bezeichnet. Hier konnte so ein Boom als Pfahl stehen, an den die Bauern ihr Vieh anbanden." (Ostfriesische Landschaft 2003, S. 13)

Dass Flugblätter, Aufkleber usw. eine Eiche zeigen, findet vermutlich ebenfalls Grund in der Geschichtsschreibung von Emmius. Dieser spricht von Eichen, die auf dem Hügel des Upstalsbooms wachsen sollen (vgl. Tielke 2003, S. 441). Historisierende Radierungen und Gegenstände vor allem aus dem 19. Jahrhundert, zeigen dann drei Eichen. Zudem verkörpert die Eiche Stärke und Beharrlichkeit.

4.4 Akteure und Solidaritäten

Der Aufkleber kann keiner Akteurin bzw. keinem Akteur direkt zugeschrieben werden. Er ist wahrscheinlich im Kontext des Koordinierungsausschusses entstanden. Über diesen hinaus organisierten sich weitere Akteur*innen und es bildeten sich Solidaritäten. Bereits am 20.4.1976 schrieb die Leitung des Fachbereichs Wirtschaft alle Mitglieder des Senats an. Am 27.4.1976 verfasste der Senat dann eine mehrseitige Entschließung u. a. mit dem Argument: „Wer für die Förderung der Region Ostfriesland ist, wer in Ostfriesland ähnliche Lebensbedingungen, wie sie in anderen Regionen der Bundesrepublik bestehen, schaffen will, muß sich für den weiteren Auf- und Ausbau der Fachhochschule Ostfriesland aussprechen. Damit würde auch der Forderung nach einer Regionalisierung der Bildungseinrichtungen entsprochen."

Am 2.6.1976 trat der Senat zu einer außerordentlichen Sitzung zusammen. Zur Sitzung waren auch Vertreter*innen von Parteien und Verbänden usw. geladen. Es wurde einstimmig eine *Resolution* gegen den Ausbaustopp beschlossen. Darin heißt es: „Der Senat wehrt sich grundsätzlich gegen die Kürzungen im Bildungssektor. [...] Es darf nicht sein, daß Ostfriesland, die strukturschwächste Region, durch diese überproportionale Kürzung auch in Zukunft keine Chance erhält, den Anschluß an den Landesstandard zu erreichen."

Nach innen stand die FHO zusammen: Rektorat und Verwaltung sowie alle Fachbereichsleitungen, ASTA und Personalrat unterstützen die Forderungen einhellig. Der Personalrat verfasste einen unterstützenden Brief an Minister und Ministerien. Die Hochschulgruppe der Gewerkschaft Erziehung Wissenschaft (GEW) verfasste ebenfalls eine Resolution. Von außerhalb der Hochschule solidarisieren sich, wie aus einem offenen Brief des Koordinierungsausschusses an Minister Albrecht im November 1976 hervorgeht, regionale Akteur*innen: Betriebsräte großer Unternehmen wie Volkswagen (VW), der Unterbezirk der SPD, die Arbeitsgemeinschaft Ostfriesland im niedersächsischen Städteverbund, die Ostfriesische Landschaft, der Förderkreis der Universität Ostfriesland usw. Zudem solidarisierten sich lokale Firmen und sozialarbeiterische Institutionen.

In den am Tag nach der Senatssitzung veröffentlichten Artikeln in EZ und *Ostfriesen-Zeitung* (OZ) zeichnet sich ein breites Bündnis ab. Die EZ titelt am 3.6.1976: *Ausbaustopp für Hochschule. MdL Bruns: Tod auf Raten. Senat verabschiedet Resolution – Für gemeinsame Aktion der Öffentlichkeit.* Der Artikel stellt die kritischen Äußerungen von Johann Bruns, Mitglied des Landtages und stellvertretender Vorsitzender der SPD-Landtagsfraktion, in den Mittelpunkt. Bruns kündigte an, eine kleine Anfrage zur Hochschulsituation an die Landesregierung zu stellen. Die Antwort des MWKs bestätigt die Kürzungen, was den Ton in den kommenden Tagen verschärfte. Am 24.6.1976 titelt die EZ: *Bruns sieht Existenz der Fachhochschule gefährdet.* Auch die Emder Ratsfraktion der CDU mit Brigitte Stoll unterstützte den Protest, wies aber laut Presseartikeln in EZ und OZ eine „schwarz-weiß-Malerei" vor dem Hintergrund des „riesigen Schuldenberg" des Landes zurück. Die Emder SPD-Ratsfraktion sowie der Deutsche Gewerkschaftsbund (DGB) schlossen sich ebenfalls dem Protest an.

5 Interpretation: Aktionismus und Identität

Die historische Forschung zum Zusammenhang von 1968 und Hochschulreform hat gezeigt, dass keine direkten Kausalitäten zwischen Studierendenprotest und Hochschulreform hergestellt werden können (vgl. Rohstock 2021). Aber die Proteste trafen auf ein gesellschaftliches Klima, ein in der Nachkriegszeit verändertes Wissenschaftsverständnis sowie bildungspolitische Akteure, deren Zusammenspiel Veränderungen erwirkt. Vergleichbares kann für Auseinandersetzung um Gründung und Bestand von Fachhochschulen gelten. Insofern spielen die oben genannten Aktivitäten möglicherweise keine alleinige, aber zumindest *eine* Rolle.

Die Akteur*innen der Proteste 1976 organisierten sich zunächst in der Fachhochschule. Sie bedienten sich dabei vielfältige Aktionsformen, u. a. Flugblätter, Infostände, Unterschriftenlisten, Postkartenaktion, Plakatierungen, Versammlungen und Demonstrationen, die dem damaligen Repertoire politischer außerparlamentarischer Aktionen entsprachen. Sie organisieren Protest eher *von unten*, aus der Belegschaft, der Studierendenschaft und der Bevölkerung heraus. Dabei nutzten sie die Selbstverwaltungsorgane der Hochschule und suchten den Schulterschluss zur Region, nicht zuletzt, indem sie an die sprachliche wie geschichtliche Eigenart Ostfrieslands anknüpften.

Eine Modernisierung erfährt dieses Vorgehen hinsichtlich der wirtschaftlichen, kulturellen wie sozialstrukturellen Situation Ostfrieslands. In Erinnerung an die Gründungsidee der Fachhochschule und hinterlegt mit kleinen sozialwissenschaftlichen Untersuchungen wird betont, dass der Ausbau der FHO der strukturschwachen Region zu Gute kommt. „Ostfriesland darf nicht das Stiefkind Niedersachsens bleiben!", hieß es auf Flugblatt und Unterschriftenliste. An andere Stelle war von Ostfriesland als „Armenhaus Niedersachsens" die Rede. Der Streit um die Fachhochschule ist folglich auch ein Streit für gute, zumindest gleichwertige Lebensverhältnisse in einer strukturschwachen Region. Eben diese Bezüge wirken anscheinend identitätsstiftenden und verbinden die unterschiedlichen Beteiligten im gemeinsamen Handeln.

6 Geschichtspolitische Narrative

Jedoch verschiebt sich die spätere Wahrnehmung. Bereits zum zehnjährigen Jubiläum 1983, nachdem die Hochschule jetzt mit 1800 Studienplätzen und neuem Gebäude gesichert scheint, greifen Grußworte u. a. des damaligen Rektors Prof. Dr. Harro Ohlenburg in der Veröffentlichung *Studium in Ostfriesland. 10 Jahre Fachhochschule* die schwierigen Anfangsjahre auf. Dort heißt es: „Grundsätzlich kann festgestellt werden, daß bereits 1976, als der Bestand der Fachhochschule gefährdet schien, ca. 8000 Eingaben aus der ostfriesischen Bevölkerung an die niedersächsische Landesregierung geschickt wurden, um den Erhalt der Fachhochschule in Ostfriesland zu gewährleisten. Weiterhin muss gesagt werden, daß die Repräsentanten dieser Region, die Studenten und Bediensteten sich sehr nachhaltig bei vielen Gelegenheiten für den Bestand bzw. den Ausbau der Fachhochschule eingesetzt haben. Über diese Kreise hinaus, die jeweils ein spezifisches Interesse an der Fachhochschule haben, zeigt in der Zeit eine immer breitere Öffentlichkeit ein hohes Maß an Aufmerksamkeit [...]." (Ohlenburg in Dignas/Koch 1983, S. 15) Merklich wird hier aus der strukturschwachen Region eine kritische wie aufmerksame Öffentlichkeit. Der vermeintliche Makel der Strukturschwäche wird auch in anderen Kommentierungen im Sinn eines Reframings umgewertet.

Zum 30sten Gründungstag der Fachhochschule 2003 berichtet die EZ in einem eigens erstellten *Wochenmagazin*: „Der Fortbestand der Fachhochschule war von Anfang an gefährdet. [...] 1975 bis 1977 leitete Dr. Rüdiger Koch die Fachhochschule. In diesen Jahren war sie akut durch eine Schließung bedroht, dann die Landesmittel waren auch damals schon knapp. [...]. Doch die Akzeptanz der Bevölkerung wuchs. Dabei war es egal, aus welcher Bevölkerungsgruppe die Menschen stammten. Der Protest setzte sich über Grenzen hinweg. Die damalige CDU-Landesregierung erreichten 8000 Protest-Postkarten. Langsam wurde klar, dass die Fachhochschule die soziale Infrastruktur in Ostfriesland und besonders in Emden stärkte. [...] Auch ostfriesische Politiker engagierten sich sehr für die Fachhochschule. Dies geschah sogar parteiübergreifend. Auf diese Weise konnte der Schließungsplan der Landesregierung vereitelt werden." (Schmehl 2003, S. 4–5)[6] Auch in dieser Textpassage kommen die oben dargestellten Aktionen und Proteste in Ihrer Breite und Vielfalt nur am Rande vor. Indes wird der Erfolg der Bevölkerung

---

6   Beim Text handelt es sich um eine schulische Facharbeit der damals 18-jährigen Schülerin des Johannes Altusius-Gymnasiums (JAG), Anika Schmehl.

allgemein und besonders Politiker*innen zugeschrieben. Im weiteren Textverlauf des Wochenmagazins aus der EZ wird die „revolutionäre Stimmung" (ebd.) der Emder Studierenden als Auslauf der 1968er-Bewegung an späteren, dann als problematisch markierten Ereignissen festgemacht.[7]

Zum 40jährigen Jubiläum berichtet die hochschuleigene Zeitschrift *Campus & Markt* in ihrer Jubiläumsausgabe vom November 2013: „Dass Niedersachsen Landesregierung die FHO in den ersten Jahren aus finanziellen Gründen permanent auf den Prüfstand stellte und die Schließung erwog, beantworteten die Menschen mit einem trotzigen ‚Jetzt erst recht!'. Zeitzeugen erinnern sich auch jetzt noch mit leuchtenden Augen an die 8000 Protestpostkarten, die nach Hannover geschickt wurden. Heute lässt sich sagen: Der Widerstand des kleinen gallischen Dorfes gegen das mächtige Rom hat sich gelohnt." (Spitzer-Ewersmann in Campus & Markt 2013, S. 1) In einem folgenden Bericht unter der Überschrift *Eine ostfriesische Hochschule* in derselben Publikation heißt es: „Zudem war es ein Glücksfall, dass sich in den Gründerjahren der Fachhochschule (FHO) zur ostfriesischen Beharrlichkeit die exzellenten persönlichen Kontakte von Brigitte Stoll und Johann ‚Joke' Bruns gesellten. Die umtriebige CDU-Politikerin und der damalige stellvertretende SPD-Fraktionschef im niedersächsischen Landtag setzen in Hannover, Oldenburg, Emden und sonstwo alle Hebel in Bewegung, um das zarte Pflänzchen der Wissenschaft zu einem starken Gewächs gedeihen zu lassen." (Schulz in ebd., S. 2) Auch hier herrscht das Narrativ vor, dass Erhalt und Ausbau der FHO der Bevölkerung und Politiker*innen zu verdanken sei.

Dieses Narrativ entpersonalisiert und personalisiert die Geschichte zugleich. Einerseits wirkt der Bezug zur Bevölkerung, der im unbestimmten Allgemeinen verbleibt, entpersonalisierend. Die Region wird per se als speziell, als beharrlich bis widerständig dargestellt, was anschlussfähig an Vorurteile über einen vermeintlich ostfriesischen Charakter ist. Andererseits kommt das Narrativ nicht umhin, gemäß einer intentionalen Geschichtsauffassung bestimmte Personen herauszustellen, die vermeintlich Geschichte schreiben. Dies dient einer bestimmten (Ent-)Politisierung. Indem die aktionistischen und kollektiven Politikformen – erstaunlicher Weise mit Ausnahme der Postkartenaktion[8] – weniger erinnert werden, wird ein geläufigeres Bild von Politik, nämlich eher parteigebunden, parlamentarisch usw. reproduziert. Dies erlaubt dann, sich von als problematisch markierten Inhalten abzugrenzen. Dabei wird teils eine vermeintliche Radikalität konstruiert, die sich indes in der damaligen Protestrealität nicht zeigt.

---

7   Im Text wird die Einladung von Klaus Croissant, einem Rechtsanwalt der Rote Armee Fraktion (RAF), zu einem Vortrag an der Fachhochschule thematisiert.
8   Die Postkartenaktion zieht sich bis heute wie ein literarisches Motiv durch die Berichterstattung (zuletzt Hanssen 2023).

7 Fazit und Anschlussfragen

Die oben dargestellten Ereignisse haben möglicherweise zum Mythos der Fachhochschule Ostfriesland beigetragen. Wie das Bild eines „roten Flecks" als „linker Kaderschmiede" entstanden ist, lässt sich aus dem hier untersuchten Material nicht herleiten. Die Proteste gegen den Ausbaustopp der FHO im Jahr 1976 bedienen sich Formen, die zwar eher einem linken Aktionsspektrum zuzuordnen sind. Sie sind aber nicht radikal, wenn unter Radikalität z. B. der Einsatz disruptiver Taktiken usw. verstanden wird.

Diesbezüglich interessant dürften auch nachfolgende Proteste hinsichtlich des Bestandes der Fachhochschule sein. Als das Ministerium 2003 abermals Sparpläne ankündigt, die die damals fusionierte Fachhochschule (FHOOW) erneut gefährden, werden die oben dargestellten Protestformen reaktiviert. Die Studierenden begeben sich diesmal zu Fuß auf einen „Trauermarsch" von Emden nach Hannover. In dieser Situation wird auch offiziell an die Aktionen von 1973 erinnert: „FH-Präsident Rainer Lohmüller macht den Protestlern Mut. Vor 25 Jahren habe die Fachhochschule schon einmal vor der Schließung gestanden. Damals war man aus Protest mit dem Fahrrad nach Hannover gefahren. ‚Die Aktion machte damals den Ausbau möglich, [...] Sie hatte Erfolg und diesen wünsche ich Ihnen heute auch auf Ihrem Marsch'. Denn für ein vernünftiges Konzept der Bildung brauche es keine Axt, sondern einen langfristigen Plan. ‚Den gibt es.' Und: ‚Es gibt wieder eine nennenswerte Studentenbewegung', stellt Lohmüller fest ..." (Hayenga 2003, S. 8)[9] Erstaunlicherweise erscheint dieser Artikel in der EZ nur zwei Tage vor eben jenem Artikel, der eingangs zitiert wurde und in dem das Bild des *Roten Flecks auf grüner Wiese* bedient wird. Dies legt die Vermutung nahe, dass der Mythos einer widerständigen Hochschule zwar erinnert wird, sich die Etikettierung als linke gar radikal Hochschule indes weniger aus der Sache her begründet, sondern vielmehr als Narrativ je nach Situation und Interessen gebraucht wird.

Woher sich der Mythos speist, muss die weitere Forschung klären. In dem Autor zugänglichen Material-Konvolut finden sich Hinweise auf weitere Ereignisse, die diesbezüglich untersucht werden könnten: etwa Proteste gegen Berufsverbote, Hausdurchsuchungen bei Studierenden und Dozierenden, Aktivitäten im Kontext der Anti-AKW-, der Umwelt- und Friedensbewegungen, Hausbesetzungen usw. Nicht zuletzt wird im Zuge der Professionalisierung Sozialer Arbeit – so ein erster Eindruck – im Fachbereich Sozialwesen mit teils harten Bandagen gekämpft und der eine oder andere Verdacht von Linksradikalität ausgeteilt (siehe Schaub 1983, 1998). Aber auch dies muss die weitere Forschung noch klären.

---

9 Ob das Sprachbild der Axt in bewusster Anspielung auf die bildlichen Darstellungen der Proteste 1976 gewählt wurde, kann nur vermutet werden.

Quellen

Die verwendeten Materialien[10] sind Teil eines durch den Autor im Aufbau befindlichen kleinen Archivs des Fachbereichs Soziale Arbeit und Gesundheit der Hochschule Emden/Leer (Zugang durch Findebuch). Die Materialien entstammen der Archiv-Box A02 „*So gei't neet!*" – *Proteste gegen den Ausbaustopp der Fachhochschule Ostfriesland (FHO) (1976)* sowie der Archiv-Box J01 *Jubiläen – 10, 25, 30, 40 Jahre*.

Die ArchivBox A02 enthält als Konvolut u. a.:

- Flugblätter, Postkarte, Aufkleber und Plakat des Protestes zur Erhaltung und zum Ausbau der Fachhochschule Ostfriesland
- Fotomaterial u. a. zu Fahrraddemonstration (nach Hannover) und Versammlung Upstalsboom
- Dokumentation zur Situation der Fachhochschule Ostfriesland (Rektorat der FHO; 15.06.1976)
- Zeitschriftenartikel u. a. aus der Emder Zeitung und der Ostfriesen-Zeitung
- Resolutionen, Briefe usw.

Die Archiv-Box J01 enthält u. a.:

- 10-Jahre: Manuskript Jürgen Kühl, Presse
- 25-Jahre: Zusammenstellung „Beiträge zur regionalen Verankerung"; Manuskript Rede Prof. Dr. Axel Schaub
- 30 Jahre: div. Presseartikel u. a. Sonderausgabe Emder Zeitung
- 40-Jahre: Artikel Campus & Markt

Literatur

Campus & Markt (Hrsg. vom Präsidium der Hochschule Emden/Leer) (2013): Jubiläumsausgabe Nov. 2014. 40 Jahre Hochschule. Emden.

Dignas, Karl-Heinz/Koch, Rüdiger (Hrsg.) (1983): Studium in Ostfriesland. 10 Jahre Fachhochschule. Emden: Fachhochschule Ostfriesland (Schriftenreihe Band 10).

Emmius, Ubbo (1981): Friesische Geschichte. Band 1. Aus dem Lateinischen übersetzt von Erich von Reeken. Frankfurt a. M.: Verlag Jochen Wörner.

Hanssen, Mona (2023): Holpriger Start für Hochschule in Emden. In: Ostfriesen Zeitung vom 7.3.2023, S. 22.

Hayenga, Wiebke (2003): Ein Kraftakt für die Bildung – Emder Studenten starten gestern ihren Protestmarsch nach Hannover. In: Emder Zeitung vom 6.11.2003, S. 8.

Lipperheide, Ute (2003): „Der rote Fleck auf der grünen ostfriesischen Wiese". Feierstunde zum 30-jährigen Bestehen des Fachbereiches Wirtschaft an der Emder Fachhochschule. In: Emder Zeitung vom 8.11.2003, S. 4.

---

10 Das Material ist dem Autor großenteils von Kolleg*innen des Fachbereiches Soziale Arbeit und Gesundheit übergeben worden. Wie an anderen Fachhochschulen, die in den 1970er-Jahren gegründet wurden, hat auch an der Hochschule Emden/Leer ein generativer Wechsel stattgefunden; in diesem Zuge hat der Autor Kolleg*innen gebeten, ihm Material zu überlassen, welches historiografisch bedeutsam sein könnte.

Müller, Carsten/Uhlig, Bettina (2014): Die Bilder hinter den Bildern. Bilder als Forschungsgegenstand in der Sozialen Arbeit. In: Mührel, Eric/Birgmeier, Bernd (Hrsg.): Perspektiven sozialpädagogischer Forschung. Wiesbaden: VS, S. 107–122.

Ostfriesische Landschaft (Hrsg.) (2003): Eala Frya Fresena. Die Friesische Freiheit im Mittelalter. Aurich: OLV.

Rohstock, Anne (2021): ‚1968' und die Hochschulreform. Universitäten zwischen gesellschaftlicher Kritik und der Rationalität des Kalten Krieges. In: Baader, Meike Sophia/Freytag, Tatjana/Sager, Christin (Hrsg.): 1968. Kontinuitäten und Diskontinuitäten einer kulturellen Revolte. Frankfurt/New York: Campus, S. 249–268.

Schaub, Heinz-Alex (1983): Kritische Glosse. In: Dignas, Karl-Heinz/Koch, Rüdiger (Hrsg.): Studium in Ostfriesland. 10 Jahre Fachhochschule. Emden: Fachhochschule Ostfriesland, S. 204–207.

Schaub, Alex (1998): „Lernort Hochschule". Zum Kollegium des Fachbereiches Sozialwesen – Überlegungen über ein soziales Phänomen. In: Fachbereich Sozialwesen (Hrsg.): Lernorte. Beitrage zu einer regionalen Verankerung von Sozialer Arbeit. (anlässlich des 25jährigen Bestehens des Fachbereichs). Emden, S. 57–61.

Schmehl, Anika (2003): „Viele glaubten damals an ein schnelles Scheitern". Die Gründung der Fachhochschule Emden. In: Wochenmagazin der Emder Zeitung vom 4.10.2003, Jg. 103, Nr. 231, S. 3–7.

Schmidt, Heinrich (2003): Zur „Ideologie" der Friesischen Freiheit im Mittelalter. In: Ostfriesische Landschaft (Hrsg.): Die Friesische Freiheit des Mittelalters. Leben und Legende. Aurich: OLV, S. 318–345.

Tielke, Martin (2003): Der Upstalsboom als Gedächtnisort. In: Ostfriesische Landschaft (Hrsg.): Die Friesische Freiheit des Mittelalters. Leben und Legende. Aurich: OLV, S. 436–461.

V. Supervisionsweiterbildungen der katholischen Akademie für Jugendfragen in Münster als Beitrag zur Professionsbildung im Vorfeld der Fachhochschulgründungen (1960–1970)

Volker Jörn Walpuski

1 Einleitung

In den 1960er Jahren lassen sich zwei Diskursstränge in der Ausbildung zur Sozialen Arbeit nachzeichnen, die miteinander verbunden und doch unabhängig voneinander sind. Dies ist einerseits der Aufwertungsprozess der Sozialen Ausbildung von Fachschulen über Höhere Fachschulen zu Fachhochschulen. Dieser Prozess konkretisierte sich innerhalb von etwa 15 Jahren. Letztlich knüpft dieser Prozess einer Akademisierung und wissenschaftlichen Absicherung der Ausbildung, also letztlich Professionsbildung, an einen Diskurs an, der von den Sozialen Frauenschulen und der ersten Frauenbewegung bereits in der Zwischenkriegszeit geführt wurde. Damals wurde erkannt, dass eine Professionsbildung über weibliche Wesensmerkmale – die sogenannte „geistige Mütterlichkeit" (Schrader-Breymann 1868) – eine Sackgasse ist. Über die Professionalisierung ist der zweite Diskursstrang verknüpft, der wissenschaftliche »neuen Methoden« in die Ausbildung einführte. Ab etwa 1950 wurden Social Casework (und Groupwork) und damit auch Supervision in die Ausbildung und Praxis der Sozialen Arbeit eingeführt (Neuffer 1990; Belardi 1992). Das gängige diesbezügliche Narrativ lautet, dass diese »neuen Methoden« aus den Vereinigten Staaten gekommen seien.[1] In diesem Zuge entstand durch den bidirektionalen transnationalen Austausch auch das Wissen im deutschsprachigen Raum, dass die Sozialarbeitsausbildung in den Vereinigten Staaten universitär verortet ist, und zahlreiche Deutsche absolvierten

---

[1] Mit diesem Narrativ setzt sich eine transnationale Untersuchung an anderer Stelle auseinander, die die durch die Emigrationsbewegungen der 1930er Jahre aus Mitteleuropa in den USA ausgelösten Einflüsse rekonstruiert. Sie kommt zu dem Ergebnis, dass die »neuen Methoden« erheblich durch die mitteleuropäische Psychoanalyse geprägt wurden und es bereits in den 1920er Jahren multiprofessionelle Arbeitsgemeinschaften in Berlin gab, die gemeinsam kasuistisch arbeiteten (vgl. Walpuski 2024). Die Emigration insbesondere zu Beginn der 1930er Jahre ist eng mit der Verfolgung von Regimekritiker*innen und politischer Opposition durch die NS-Diktatur verbunden und führte zur Auswanderung vieler dem sozialdemokratisch-sozialistischen Spektrum zugehörigen Sozialarbeiter*innen (siehe exemplarisch auch Fußnote 3 und 4).

in den USA einen Master of Social Work (MSW). Auch hier lassen sich die Diskurswurzeln bereits in der Zwischenkriegszeit finden (Walpuski 2024).

Mit diesen beiden Entwicklungen im Ausbildungsniveau und den Inhalten war zwingend die Frage verbunden, wo und wie die Lehrenden der Sozialfachschulen diese »neuen Methoden« (lehren) lernen und lehren und die dafür notwendige Wissenschaftlichkeit erreichen. Hierfür wurden spezielle Ausbildungskurse geschaffen. Beispielsweise für die Lehrenden in Nordrhein-Westfalen, das in der Bundesrepublik die »neuen Methoden« als erstes Bundesland in die Lehrpläne aufnahm und damit 1959 eine Vorreiterrolle übernahm (Ringshausen-Krüger 1977, S. 32), bei Marta Reyto-Cassirer und Edeltrud Meistermann-Seeger in Köln. Heute würden Kurse wie dieser als psychoanalytische „Train the Trainer"-Kurse benannt. Aber auch die bereits ausgebildeten Sozialarbeitenden im Feld sollten weitergebildet werden, und Modelle von Lebenslangem Lernen (damals noch französisch »éducation permanente«) wurden diskutiert.

Ein Versuch, diese Aus- und Weiterbildungsbedarfe im unmittelbaren Vorfeld der aber noch nicht beschlossenen Fachhochschulgründungen zu institutionalisieren, wurde in der Gründung von Akademien unternommen:

- 1893/1949: das evangelische Burckhardthaus Gelnhausen wandelt sich zu einer Akademie
- 1949: das von der US-Militärregierung gegründete Haus Schwalbach bietet um 1960 im Kontext der Gruppenpädagogik »Praxisanleitung« an (Kapp 1960)
- um 1960 scheitert eine Akademiegründung aus dem Arbeitskreis Soziale Fortbildung (ASF) des Arbeiter-Wohlfahrt Hauptausschusses (AdsD 4/ AWOA0003-10 & -11)
- 1960: katholische Akademie für Jugendfragen in Münster (Müller 2014; Walpuski 2024)
- 1963: Akademie für Jugendarbeit und Sozialarbeit im Deutschen Verein für öffentliche und private Fürsorge, Frankfurt am Main (Orthbandt 1972)
- 1964: Victor Gollancz-Akademie, Erlangen (Ringshausen-Krüger 1977, S. 38)
- 1966: Diakonische Akademie des Diakonischen Werkes der Evangelischen Kirche in Deutschland, Stuttgart (Müller-Schöll 1968).

Mindestens für die Akademie für Jugendfragen war dabei der Anspruch formuliert, in einer sokratisch-platonischen Tradition wirksam zu werden. Im Übrigen sind Anleihen an Entwicklungen in den Niederlanden erkennbar, wo es schon seit den 1950er Jahren Akademien für eine „voortgezette opleiding" (Weiterbildung) für sozialarbeiterische Fachkräfte gab, darunter auch das im Oktober 1954 in Nijmegen gegründete katholische »Studiecentrum Maatschappelijk Werk« unter der Leitung von Cora Baltussen (o. V. 1954). In den niederländischen Akademien wurden Casework, Supervision und Sozialverwaltung gelehrt und mit einem anerkannten Abschluss graduiert (ib.; Baltussen 1955). In der Person von Renate Strömbach (2011) wird der transnationale Transferpfad sichtbar, weil sie zunächst im niederländischen Nijmegen eine Akademie besuchte und Supervision erlernte, ehe sie am Burckhardthaus in Gelnhausen selbst als Referentin die dortige Supervisionsausbildung aufzubauen begann.

In diesen Kontexten und Diskursen soll nun die katholische Akademie für Jugendfragen in Münster näher betrachtet werden.

2 Die Akademie für Jugendfragen in Münster

Bereits Ende der 1950er Jahre wurde im Bund der Deutschen Katholischen Jugend (BDKJ) über eine Akademie diskutiert, die dann 1960 als Sektion des Deutschen Instituts für wissenschaftliche Pädagogik (DIP) in Münster gegründet wurde. Träger der Akademie waren zu gleichen Teilen das Jugendhaus Düsseldorf für den BDKJ und der Deutsche Caritasverband (DCV); die Deutsche Bischofskonferenz (DBK) und der Münsteraner Bischof unterstützten die Gründung (Müller 2014). In dieser Trägerstruktur unterschied sich die Akademie von den explizit »Katholischen Akademien«, die in dieser Phase ins Leben gerufen wurden. Denn jene waren als Diözesaneinrichtungen in letzter Instanz jeweils dem örtlichen Bischof unterstellt (Schütz 2004: 536 ff.), während diese weitaus unabhängiger agieren konnte. Aufgabe der Katholischen Akademien war, im Dialog mit der Wissenschaft Orientierungswissen zu produzieren. Damit fand eine tiefgreifende Wandlung im Bildungsverständnis der katholischen Kirche statt: Ausgehend von einer jahrhundertealten Tradition einbahnstraßenartiger, dogmatischer Instruktion wandelt sich das Bildungsverständnis nun über eine dialogisch-symmetrische Kommunikation, die erst gegenseitiges Verstehen ermöglicht, sogar bis dahin, dass Kirche von ihren Gliedern lernte (Eicher-Dröge 2003, S. 12 f.31; Schütz 2004, S. 560 f.). Diese übergreifende Beschreibung wird auch für die Akademie für Jugendfragen gegolten haben, auch wenn in ihrem Fokus die hauptberufliche Arbeit mit der Jugend stand. Denn für die katholische Jugendarbeit wurde – so die ersten Forderungen nach einer Gründung – eine Akademie benötigt, die forschte und wissenschaftlich hauptamtliche Führung ausbildete Sie wandte sich damit an die Eliten und bildete sie, denn „[f]reie Jugendarbeit steht und fällt mit der Qualität der Führung" (Pöggeler o. J. [1957a]; vgl. 1957b; 1963). Neben diesem elitenbildenden und hierarchischen Konzept sollte die Akademie zudem ein *„pädagogisches Gewissen* des BDKJ" (Pöggeler o. J. [1957a]; vgl. 1957b) sein, das zu einem theoriegeleiteten, erlernten, bekenntnisorientierten Führungshandeln führte. So war die Akademie als wissenschaftlich-reflexive Instanz darauf angelegt, zur Professionalisierung beizutragen.

Franz Pöggeler kam nicht nur die Rolle eines Vordenkers der Akademie zu, sondern er übernahm auch bald ehrenamtlich deren Führung. Selbst reflektiert er später, dass für „die Gründungsgeschichte der Akademien [...] evident ist, ‚daß eher die Persönlichkeit die Institution als die Institution die Persönlichkeit beeinflußt hat'" (Schütz 2004, S. 558 f. mit Pöggeler 1980, S. 97). Deshalb sollen diese Persönlichkeiten hier benannt werden, da sich mit Pöggelers Weggang und Dreiers Kommen die Akademie in ihrer Ausrichtung deutlich wandelte.

Abbildung 1: Liste der Direktoren anhand der Jahresberichte der Akademie für Jugendfragen.

Zeitraum	Name	Lebensdaten
1960–1962	Pfarrer Dr. theol. Heinz Loduchowski (kommissarischer Leiter)	1920–2007
1962	Dr. rer. pol. Teresa Bock (interimsweise, Quelle: Müller (2014))	1927–2012
1963–1966	Prof. Dr. phil. Dr. jur. Franz Pöggeler	1926–2009
1967	Dr. phil. Paul Hastenteufel	1932–1987
ab 1968	Prof. Dr. rer. soc. Dr. theol. Wilhelm Dreier	1928–1993

Dieser personelle Wechsel, abgefedert durch ein kurzes Intermezzo von Paul Hastenteufel, entsprach den großen Umwälzungen im globalen Katholizismus, die mit dem II. Vaticanum initiiert wurden, und ist keine Generationenfrage. War die Akademie unter Pöggeler noch am Neothomismus[2], der Naturrechtslehre und einer explizit katholischen Pädagogik orientiert, wandte sich die Akademie unter Dreier den Sozialwissenschaften und dem Aggiornamento des II. Vaticanums zu.[3] Fast parallel wechselte auch der Vorsitz im Trägerverein: Der Mitinitiator und seinerzeitige Bundespräses des BDKJ, Pfarrer Willy Bokler (1909–1974), wandte sich neuen Aufgaben in der Pastoraltheologie zu, und der bisherige zweite Vorsitzende, der Sozialpädagoge Hans Wollasch (1903–1975) vom DCV, übernahm den Vorsitz.

Wie setzte die junge Akademie nun die gesteckten Ziele um? Zunächst hatte die Akademie neben aktuellen Tagungen im Wesentlichen zwei Zielgruppen für Langzeitfortbildungen: Erstens „Studenten der Theologie und Jungpriester mit den Schwerpunkten: Jugendkunde, Praxis der Jugendarbeit, wissenschaftliche Grundlage der Jugendhilfe [... sowie zweitens; V.W.] Sozialarbeiter zur Einübung in bestimmte Methoden der Sozialarbeit: Soziale Einzelfallhilfe (casework) und Soziale Gruppenarbeit (groupwork)" (BT-Drucks. V/2453, S. 127). Weiter soll diese zweite Zielgruppe betrachtet werden, für die die Professionsbildung ein unerreichtes Ziel war. „Teilnehmer für ihre Veranstaltungen konnte die Akade-

---

2   Katholische Lehre, die auf der Erneuerung der Philosophie Thomas von Aquins OP (1225–1274) und damit aristotelischem Denken beruht. Sie wurde 1879 durch die päpstliche Enzyklika Aeterni patris zur offiziellen Lehre erklärt und prägte den Katholizismus für rund ein Jahrhundert.
3   Aggiornamento (aus dem Italienischen „auf den Tag bringen") ist eine von Papst Johannes XXIII. eingeführte Bezeichnung für die notwendige Öffnung der katholischen Kirche (besonders ihrer Liturgie und ihrer äußeren Erscheinung) zur Welt. Es wurde als Leitmotiv zur Einberufung des Zweiten Vatikanischen Konzils interpretiert, das von 1962 bis 1965 tagte.

mie nur dadurch gewinnen, daß sie Themen aufgriff, die die Mitarbeiter der Jugendhilfe in ihrer Berufsausbildung noch nicht kennengelernt hatten, so etwa neue Methoden von Supervision, Gesprächsführung, Gruppenarbeit, ferner neue Aussagen über den Wertewandel im Jugendleben, die Einstellung der Jugend zu Gesellschaft, Staat und Kirche. Die Akademie war finanziell so gut dotiert, daß sie zu ihren Tagungen namhafte Experten engagieren konnte" (Pöggeler 1993, S. 180 f.), zum Teil aus dem Ausland. So wurden innovative Wissensbestände im transnationalen Transfer erschlossen. Über ihre Strukturen und Beiräte war die Akademie in große katholische Sozialverbände und die (Pädagogischen) Hochschulen hinein vernetzt. Mitte der 1960er Jahre wurde eine Publikationsreihe gegründet, in der in loser Reihenfolge zunächst Tagungsdokumentationen erschienen. Ein Langzeitfortbildungskurs für Sozialarbeiter*innen wurde eingerichtet, der mit einem »Akademie-Diplom« abgeschlossen werden konnte. Bei aller Einführung neuen sozialwissenschaftlichen Wissens blieb die Akademie für Jugendfragen im gesamten Jahrzehnt sehr darum bemüht, ihr katholisches Profil zu schärfen und auf katholischer Lehrmeinung aufbauend fortzubilden.

3 Supervisionsweiterbildungen der Akademie

Aus den „Fortbildungssemestern" (Loduchowski 1961) der Anfangsjahre entwickelten sich ab 1966 (Baltussen 1967) Langzeitfortbildungen in den »neuen Methoden«. Da im katholischen Milieu darüber wenig Kenntnis vorlag bzw. das potenzielle Lehrpersonal bereits anderweitig gebunden war, wurde die katholische Niederländerin Cora Baltussen 1964 als Studienleiterin gewonnen. Sie hatte zuvor bereits an der Höheren Fachschule für Sozialarbeit der katholischen Arbeitsgemeinschaft Sozialpädagogik und Gesellschaftsbildung e. V. (ASG) in Düsseldorf Casework gelehrt, auf einer Konferenz des Sozialministeriums in Aachen über „Wesen und Aufgabe der Supervision" (Baltussen 1963) und auf einer internationalen Konferenz der Union Catholique Internationale de Service Sociale (UCISS) in Rapallo 1959 über die „Formation des superviseurs – Rôle et responsabilités des écoles et des Agences de Service Social" (Baltussen 1962) referiert. Von 1954 bis 1962 hatte Baltussen als Direktorin des katholischen Studiecentrum Maatschappelijk Werk in Nijmegen Casework und Supervision in den Niederlanden gelehrt. Selbst hatte sie sich das diesbezügliche Wissen in den USA mit einem Stipendium der Vereinten Nationen insbesondere bei Charlotte Towle in Chicago angeeignet. In ihr fand sie eine Lehrerin, die selbst die Professionalisierung der Sozialen Arbeit vorantrieb und deren Konzepte für die Ausbildung (Towle 1954) von Baltussen intensiv genutzt wurden. Erst Baltussens dortige Begegnung mit Carl Rogers und dessen pastoralpsychologischen Ansätzen half letztlich, die katholische Ablehnung der psychoanalytischen Anteile im Casework zu überwinden (Walpuski 2021; 2024). Und vermutlich lernte sie in dieser Zeit auch Louis Lowy aus Boston (USA) kennen, den sie als Dozenten für Groupwork ebenfalls an die Akademie für Jugendfragen vermittelte.

Dort initiierte Baltussen neben kleinen Fortbildungen (Walpuski 2024) zunächst einen zweijährigen „Aufbaukurs für Casework und Supervision" (Baltussen 1967; BT-Drucks. V/2453, S. 85), dem dann ab 1969 Aufbaukurse in Supervision für Casework bzw. Groupwork folgten. Supervision im 14-tägigen Rhythmus, die zum Teil bei niederländischen Supervisor*innen stattfand, weil dort bereits ein Wissens- und Erfahrungsvorsprung herrschte, war Bestandteil dieser Fortbildungen (vgl. Strömbach 2011).

In diesen Kursen kooperierte Baltussen mit den schweizerischen Experten Professor Dr. Norbert Luyten OP[4], der auf dem neothomistischen Menschenbild fußende Anthropologie lehrte, und Dr. Anton Hunziker, einem führenden Sozialarbeitstheoretiker der Zeit. Gleichzeitig wurden auch die Verbindungen zu den umliegenden Sozialfachschulen genutzt: Dr. Anton Maas von der ASG-Schule in Düsseldorf dozierte, und Margareta Breuer, Dozentin des Meinwerk-Instituts Paderborn, sowie Dr. Veronica Kircher, Dozentin der Westfälischen Wohlfahrtsschule Münster, arbeiteten im Kurs als Supervisorinnen mit. Kircher argumentiert mit der Erfahrung des Kurses und im Prozess der Ausbildungsakademisierung dafür, dass „Fortbildungslehrgänge in Form von Seminaren, Kursen und langfristigen Aufbauausbildungen [...] auch in Zukunft notwendige Ergänzungen zur Ausbildung an den Fachhochschulen sein" (Kircher 1969, S. 402) werden. Sie verortete Supervision dabei als notwendig im Theorie-Praxis-Transfer, der mit der Ausbildung nicht abgeschlossen sei. Im Sinne einer »éducation permanente« sei die Verstetigung dieses Lernortes sinnvoll.

Exkurs: Supervision in den 1960er Jahren

Supervision in den 1950er und 1960er Jahren unterschied sich von der heutigen Supervisionspraxis. Zunächst ließ sie sich kaum vom Casework (Soziale Einzelhilfe) trennen, war gewissermaßen ein Casework zweiter Ordnung: Die Casework-Prozesse zwischen Sozialarbeiter:in und Klient:in wurden mit ähnlicher Logik, Theorie und Methodik zwischen Supervisor:in und Sozialarbeiter:in reflektiert.

Supervision war dabei für viele Sozialarbeiter*innen etwas »Sagenumwobenes«, »geheimnisvolles Expertenwissen« oder ein »Seelenstündchen«, das – aufgrund der starken tiefenpsychologischen Prägung in den Denktraditionen Siegmund Freuds (Psychoanalyse) oder Otto Ranks (Ich-Psychologie) – häufig angstauslösend wirkte (vgl. Caemmerer/Schiller 1953). Zugleich galt es als einzige mögliche Weise, Casework richtig zu erlernen. Dafür fand in der Regel Einzelsupervision im 14-tägigen Rhythmus statt, für die die Supervisand*innen häufig vorher schriftliche Falldarstellungen einzureichen hatten. Durch die starke Verflechtung mit der Sozialarbeitsausbildung waren die ersten Supervisor*innen überwiegend

---

4   OP als Namenszusatz zeigt im Katholizismus die Ordenszugehörigkeit zum Predigerorden (auch: Dominikaner, von lateinisch Ordo (fratrum) Praedicatorum) an.

weiblich und insbesondere in den Anfangsjahren auch oft deutsche Exilantinnen, die temporär aus den USA zu Lehrzwecken kamen, beispielsweise Hilde Braunthal[5] (1952) oder Anne Fischer[6] (vgl. Walpuski 2020; 2024). Supervision beinhaltete dabei nach dem US-amerikanischen Vorbild Aspekte von Kontrolle, Ausbildung, Anleitung und Persönlichkeitsentwicklung (vgl. Kadushin/Harkness 2014), aber auch von unabhängiger kritischer Reflexion.

4 Ein transnationales katholisches Akteursnetzwerk trägt die Professionalisierung

Aus akteurstheoretischer Perspektive betrachtet lässt sich ein starkes transnationales katholisches Netzwerk unter dem Dach der Union Catholique Internationale de Service Sociale (UCISS) nachzeichnen, in dem vor allem der einer jüdisch-katholischen Familie entstammende Louis Lowy (Gardella 2011) eine Ausnahme darstellt. Insbesondere für die ersten Casework-, Groupwork- und Supervisions-Weiterbildungen gilt dies, waren doch auch die Dozierenden Anton Hunziker und Norbert Luyten OP aus der Schweiz explizit katholisch.

So lassen sich aus dem Akademie- und Kurspersonal als auch den Teilnehmenden der ersten Kurse über kurz oder länger zahlreiche neue Fachhochschullehrende finden, unter anderen Dr. Teresa Bock (Gründungsrektorin Katholische Hochschule (Katho Aachen; Bock 1999), Margareta Breuer (Professur Katho Paderborn), Dr. Veronica Kircher (Professur Katho Münster), Dr. Elmar Knieschewsky (Professur FH Münster), Dr. Martha Fehlker (Professur Katho Münster), Aloys Schepers (Lehrkraft für besondere Aufgaben Katho Münster), Dr. Dr. Hermann Steinkamp (Professur Universität Münster), Dr. Wolfgang Weigand (Professur FH Bie-

---

5   Hilde Braunthal geb. Elkan (1903–2001) entstammte der jüdischen Familie Elkan aus Wien. Sie heiratete Dr. Alfred Braunthal, der in den 1920er Jahren die Heimvolkshochschule Tinz in Gera leitete. 1929 zog die Familie nach Berlin, wo Alfred Braunthal in der Forschungsstelle für Wirtschaftspolitik des Allgemeinen Deutschen Gewerkschaftsbundes (ADGB) mitarbeitete. 1933 Flucht aus dem Deutschen Reich über Österreich nach Belgien, Großbritannien und schließlich in die USA. Dort erlernte Braunthal das Casework und die Psychotherapie. 1949 temporäre Rückkehr nach Brüssel. Von dort wirkte Braunthal als UN-Expertin für Casework und bildete im Mannheimer Jugendamt in Casework aus (vgl. Walpuski 2024).
6   Anne Fischer geb. Rosenberg (1902–2008), Tochter eines sozial engagierten Arztes in Stuttgart, heiratete 1925 den Frankfurter Arzt und späteren Professor Ernst Fischer. Da beide jüdischen Familien entstammten, verlor Ernst Fischer 1933 seine Stelle. Die Familie emigrierte mit ihren beiden Kindern in die Vereinigten Staaten. Ernst Fischer erhielt eine Professur in Richmond VA. Anne Fischer studierte dort Soziale Arbeit und erwarb 1944 den Master of Social Work. Neben verschiedenen Tätigkeiten in Richmond lehrte sie anschließend wiederholt Casework in der Bundesrepublik und half, in Mannheim eine Erziehungsberatungsstelle aufzubauen (vgl. Walpuski 2024; Hecker 1995).

lefeld), Dr. Hilda-Maria Lander (Professur TH Nürnberg) oder Dr. Heinz J. Kersting CO (Professur Katho Aachen, Katho Köln, HS Niederrhein; Kersting 2002). Diese nahmen nicht nur das katholisch geprägte Wissen um Casework, Groupwork und Supervision mit an die Hochschulen, sondern auch das gelingende Aufstiegsprojekt einer katholischen Elitenbildung (Pöggeler 1957; 1963) bis in staatliche Bildungsinstitutionen hinein wird in diesen Lebensverläufen sichtbar. Auch in der Biographie von Margareta Breuer wird das deutlich, wenn ihr sowohl Louis Lowy Leistungen bescheinigt, die einem US-Masterstudium äquivalent seien, als auch Christa Deichmann MSW ihr aufgrund der absolvierten Fortbildungen die Eignung zur Hochschullehrerin bestätigt (BU 1976; CD 1976).

Cora Baltussen und Louis Lowy wurden über die Arbeit an der Akademie hinaus in die Gründungsdiskurse und Curriculumsentwicklungen der Katholischen Hochschule Nordrhein-Westfalen eingebunden (KFHNW 1974; BU 1976), wo am Standort Köln kurzzeitig die erste akademische Supervisionsausbildung stattfand (Kersting 2002, S. 96 f.).

5 Beitrag zur Professionsbildung

Im Diskurs der Zeit müssen die Bemühungen der Akademie für Jugendfragen auch als Beitrag zur Professionsbildung gesehen werden, denn die »neuen Methoden« wurden als intellektuelle und reflexive Form von Arbeit, als Anwendung wissenschaftlicher Methoden auf Einzelfälle (Kasuistik), als hochspezialisierte, wissenschaftliche Ausbildung auf Akademieniveau, als Orientierung an gesellschaftlichen Werten und Normen, als Selbstorganisation und Autonomie der Berufsausübung in einem klar definierten gesellschaftlichen Aufgabenbereich gesehen. Damit erfüllen sie wichtige Kriterien des Professionsbegriffs.

Bereits kurze Zeit später zog dies jedoch die Kritik Hans-Uwe Ottos nach sich: „Der häufige Versuch, diesen fehlenden Rückgriff auf Theoriewissen auf dem Gebiet der Methodenlehre der Sozialarbeit kompensieren zu wollen, zeugt von einem diffus-naiven Theorieverständnis. Schließlich handelt es sich bei den sogenannten Methoden nicht um eine spezifische Forschungslehre, sondern um Lösungstechniken für bestimmte praktische Probleme, die auf einer anderen Ebene liegen. Die Methoden der Sozialarbeit mögen in ihren Grundwerten die Auflösung autoritärer Hilfestrukturen und vieles mehr anstreben. [...] Eine eindeutige Akzentverschiebung aber von der Verfeinerung diagnostischer Kategorien zur theoretischen Durchdringung therapeutischer Handlungsvollzüge zum Beispiel steht noch aus. [...] Die Verfeinerung der Methoden beschränkt sich im gegenwärtigen Stadium auf eine Verfeinerung der »extra-professionalen Fertigkeiten« (Techniken der Gesprächsführung, Verhandlungsgeschick, Erhebung von Hintergrunddaten über den Klienten, Abwicklung eines Hausbesuchs usw.). Das ihnen zugrundeliegende Wissen ist überwiegend kasuistisch gesammeltes

Erfahrungswissen. Selbst wenn es sich dabei um typische Facherfahrung handelt, kann deswegen nicht von einem systematisch reflektierten »theoretischen Wissen« gesprochen werden" (Otto 1971, S. 90).

Sicherlich ist Otto letztlich zuzustimmen. Dennoch ist das Wirken der Akteure an der Akademie für Jugendfragen als ein Hinarbeiten auf die Professionalisierung zu bewerten, auch wenn es noch ungenügend war (und bis heute an vielen Stellen geblieben ist). Und im zeitgenössischen Diskurs wurden diese »neuen Methoden« trotz Ottos Kritik als Professionalisierungsbeitrag sehr wohl geschätzt.

6 Fazit

Die Akademie für Jugendfragen war in den 1960er und 1970er Jahren ein vor allem regional im nordrhein-westfälischen (o. V. 1984, S. 90) und katholischen Milieu wirkender »Durchlauferhitzer« an der Schnittstelle zwischen Universität und Praxis im Vorfeld der Fachhochschulgründungen. Sie stand für einen wissenschaftlichen Anspruch mit katholischem Profil, grenzte sich aber von Linkskatholizismus oder gar sozialistischen Positionen deutlich ab. Mit diesem Anspruch wirkte sie vor allem im Milieu der katholischen Kirche modernisierend. Im Polygon USA–Schweiz–Niederlande–Belgien–Bundesrepublik generierte bzw. verteilte sie transnational Wissen. Dieses Wissen wurde vor allem anfänglich in den Dienst einer Elitenbildung gestellt und bot Aufstiegschancen. Hier trafen verbandliche Nachwuchsförderung auf an einem sozialen Aufstieg interessierte. Relativ schnell übernahmen Männer das vorher weiblich geprägte Arbeitsfeld, sowohl in der Theorievermittlung als auch im Theorie-Praxis-Transfer in Form der Supervision. In den 1970er Jahren gewannen dann gruppenpädagogische und -dynamische Konzepte starken Einfluss und prägten die weitere Lehre (e.g. Lehmenkühler/Leuschner 1977). Welcher Einfluss innerhalb der katholischen Sozialarbeit und Kirche tatsächlich von der sehr überschaubaren Anzahl ausgebildeter Supervisor*innen – bis 1983 waren es 169 Abschlüsse (o. V. 1984, S. 94) – durch Multiplikations- und Netzwerkeffekte ausging, ist weiterer Forschung überlassen. Die Akademie für Jugendfragen kann aber darüber hinaus als Beispiel für den Professionalisierungsbeitrag der weiteren genannten Akademien gesehen werden.

Literatur

Baltussen, Cora W. M. (1962): Formation des superviseurs – Rôle et responsabilités des écoles et des Agences de Service Social. In: Scuola Residenziale Assistenti Sociali (Hrsg.): La formation pratique et la supervision dans le service social. Genova, S. 65–75.

Baltussen, Cora W. M. (1963): Wesen und Aufgabe der Supervision. Referat. In: Arbeits- und Sozialminister Nordrhein-Westfalen (Hrsg.): Studientagung über Fragen der Einzelfallhilfe (Social

Casework) in Unterricht und Praxis: vom 24. bis 27. September 1962 in der Sozialen Frauenschule Aachen. Düsseldorf: Selbstverlag.

Baltussen, Cora W. M. (1967): Bericht über die berufsbegleitende Aufbauausbildung für Sozialarbeiter. Anhang im Jahresbericht der Akademie für Jugendfragen Münster 1966. Hg. v. Akademie für Jugendfragen Münster. Münster, S. 20–21.

Belardi, Nando (1992): Supervision. Von der Praxisberatung zur Organisationsentwicklung. Paderborn: Junfermann.

Bock, Teresa (1968): Merkmale heutiger Sozialarbeit. In: Nachrichtendienst des Deutschen Vereins für Öffentliche und Private Fürsorge (NDV) 48 (10/11), S. 277–280.

Bock, Teresa (1999): Teresa Bock. In: H. Heitkamp, A. Plewa (Hrsg.): Soziale Arbeit in Selbstzeugnissen. Band 1. Freiburg: Lambertus, S. 55–84.

Braunthal, Hilde (1952): A Casework Training Course as a Group-Therapeutic Experience. In: International Journal of Group Psychotherapy 2 (3), S. 239–244.

[BT-Drucks. V/2453] Der Bundeskanzler (1968): Zweiter Bericht über die Lage der Jugend und die Bestrebungen auf dem Gebiet der Jugendhilfe gemäß § 25 Abs. 2 des Jugendwohlfahrtsgesetzes – Jugendbericht. Deutscher Bundestag 5. Wahlperiode. Bonn

Caemmerer, Dora von / Schiller, Heinrich (1953): Aufbaulehrgänge für Berliner Sozialarbeiter. In: Soziale Arbeit 2 (6), S. 252–263.

Eicher-Dröge, Elisabeth (2003): Im Dialog mit Kirche und Welt? Katholische Akademien in Deutschland. Identität im Wandel von fünf Jahrzehnten (1951–2001). Münster: Lit.

Gardella, Lorrie Greenhouse (2011): The Life and Thought of Louis Lowy. Social Work through the Holocaust. Syracuse: Syracuse University Press.

Hecker, Margarete (1995): Anne Fischer: »Glauben Sie, daß ‚Alles verstehen' identisch ist mit ‚Alles verzeihen'?«. In: J. Wieler, S. Zeller (Hrsg.): Emigrierte Sozialarbeit. Freiburg: Lambertus, S. 89–99.

Kadushin, Alfred; Harkness, Daniel (2014): Supervision in Social Work. 5. Aufl. New York: Columbia Univ. Press.

Kapp, Gertrud (1960): Praxisberatung. Bericht über einen Zweijahreskurs für Gruppenpädagogik des Hauses Schwalbach. In: Unsere Jugend 12 (11), S. 518–521.

[KFHNW] Katholische Fachhochschule Nordrhein-Westfalen (Hrsg.) (1974): Lehrplanentwicklung für Sozialarbeiter und Sozialpädagogen. Freiburg: Lambertus, S. 12–20.

Kersting, Heinz J. (2002): Heinz J. Kersting. In: H. Heitkamp und A. Plewa (Hrsg.): Soziale Arbeit in Selbstzeugnissen. Band 2. Freiburg: Lambertus, S. 81–146.

Kircher, Veronica (1969): Zum Problem einer praxisbezogenen Ausbildung für den Beruf des Sozialarbeiters. In: Unsere Jugend 21 (9), S. 397–403.

Lehmenkühler, Angelica; Leuschner, Gerhard (1977): Konfliktanalyse und Konfliktbearbeitung in einer Großgruppe. Methodenkombination aus gruppendynamischen und psychodramatischen Verfahren. In: Gruppenpsychotherapie und Gruppendynamik. Ergebnisse und Berichte 11 (2), S. 171–182.

Loduchowski, Heinz (1961): Die Akademie für Jugendfragen. In: Katechetische Blätter 86, S. 471–472.

Müller, Markus (2014): Das Deutsche Institut für Wissenschaftliche Pädagogik 1922–1980. Paderborn: Schöningh.

Müller-Schöll, Albrecht (1968): Die Diakonische Akademie – Fortbildungsstätte für Mitarbeiter. In: Blätter der Wohlfahrtspflege 115, S. 100–102.

Neuffer, Manfred (1990): Die Kunst des Helfens. Geschichte der sozialen Einzelhilfe in Deutschland. Weinheim: Beltz.

Orthbandt, Eberhard (1972): Die Leitungskraft in der Sozialen Arbeit. Bericht über einen Prototyp spezifischer Erwachsenenbildung als Beitrag zur Berufsbildungsforschung. In: Archiv für Wissenschaft und Praxis der sozialen Arbeit 3, S. 115–138.

Otto, Hans-Uwe (1971): Zum Verhältnis von systematisiertem Wissen und praktischem Handeln in der Sozialarbeit. In: H.-U. Otto, K. Utermann (Hrsg.): Sozialarbeit als Beruf. Auf dem Weg zur Professionalisierung? München: Juventa, S. 87–98.

o. V. (1984): Supervision. Sonderheft 1984: Weiterbildung zum Supervisor an bundeszentralen Fortbildungsinstitutionen für Jugendarbeit und Sozialarbeit. Entwicklungen, Konzepte, Daten. 1964 bis 1984, Münster.

Pöggeler, Franz (o. J. [1957a]): Zum Plan einer Akademie für Jugendführung. Deutsches Institut für Erwachsenenbildung, POE24. Typoskript.

Pöggeler, Franz (1957b): Für Jugendakademie der Katholischen Jugend. Anregung und Vorschläge zum jüngsten Beschluss der Hauptversammlung in Altenberg. In: Die Allgemeine Sonntagszeitung 2, 24.11.1957 (47), S. 7.

Pöggeler, Franz (1963): Elitebildung und Nachwuchsförderung in familienpolitischer Sicht. In: Ordo socialis 11 (1), S. 6–20.

Pöggeler, Franz (1993): Macht und Ohnmacht der Pädagogik. 1945 bis 1993: Im Spannungsfeld zwischen Erziehung, Politik und Gesellschaft. München: Olzog.

Ringshausen-Krüger, Margarete (1977): Die Supervision in der deutschen Sozialarbeit: Entwicklung von Konzeptionen, Methoden und Strukturen 1954–1974. Unveröffentlichte Dissertation. Universität, Frankfurt am Main.

Schrader-Breymann, Henriette (o. J. [1930]): Zur Frauenfrage (1868). In: Erika Hoffmann (Hg.): Henriette Schrader-Breymann. Langensalza: Beltz, S. 8–18.

Schütz, Oliver (2004): Begegnung von Kirche und Welt. Die Gründung Katholischer Akademien in der Bundesrepublik Deutschland 1945–1975. Paderborn: Schöningh.

Strömbach, Renate (2011): Toleranz, Wertschätzung und innere Unabhängigkeit – Im Gespräch mit Anette Voigt. In: FoRuM Supervision 19 (37), S. 33–37. DOI: 10.4119/fs-2145.

Towle, Charlotte (1954): The Learner in Education for the Professions as Seen in Education for Social Work. Chicago: The University of Chicago Press.

Walpuski, Volker Jörn (2020): Supervision als neues Element von Fachlichkeit in der Fürsorge nach 1945. Ein Beitrag zur historisch-kritischen Rekonstruktion der Einführung in Deutschland und Europa. In: S. Businger, M. Biebricher (Hg.): Von der paternalistischen Fürsorge zu Partizipation und Agency. Zürich: Chronos, S. 59–78.

Walpuski, Volker Jörn (2021): Cora Baltussen in den USA: Lernerfahrungen für die Supervision in den Niederlanden und Deutschland. In: FoRuM Supervision 29 (56), S. 76–97. DOI: 10.11576/fs-4067.

Walpuski, Volker Jörn (2024): Zwischen Restauration und Inneren Reformen. Cora Baltussens transnational kontextualisiertes Leben und Wirken als Beitrag zur Entwicklung der Supervision in der Bundesrepublik Deutschland in den 1960er Jahren (Edition Soziale Arbeit). Weinheim: Beltz Juventa.

Archivalien

[AdsD] Archiv der sozialen Demokratie, Friedrich-Ebert-Stiftung, Schriftverkehr zwischen Lotte Lemke (Hauptausschuss der Arbeiter-Wohlfahrt, Bonn) mit Ruth Bang (Arbeitskreis Soziale Fortbildung, Bremen), in: 4/AWOA0003-10 & -11.

[BU] Boston University School of Social Work, Gutachten über die fachliche Qualifikation als Fachhochschullehrerin für Frau Margarete [sic!] Breuer, erstellt von Louis Lowy am 21.6.1976, Privatbesitz.

[CD] Christa Deichmann, Gutachten über die fachliche Qualifikation als Fachhochschullehrerin, 21.6.1976, Privatbesitz.

Entwicklung der Wissenschaft
Sozialer Arbeit/der Sozialpädagogik

VI. Das Wissen des kritisch-alternativen pädagogischen Milieus um 1968

Friederike Thole

1 Einführung

Inwiefern die neuen pädagogischen Projekte um 1968, Auswirkungen auf pädagogische Handlungsfelder und Institutionen hatten wurde schon von unterschiedlichen Erziehungswissenschaftler*innen nachgezeichnet. Meike Baader beschreibt beispielsweise die Enthierarchisierung des Erwachsenen-Kind-Verhältnisses als „unhintergehbare Errungenschaft" der ‚68er-Bewegung' (Baader 2008, 21) und Manfred Kappeler legt dar, wie die Heimkampagnen das System der institutionellen Unterbringung von Kindern und Jugendlichen veränderten (vgl. Kappeler 2011).

Jedoch, und dies mag die Spezifität des pädagogisch kritisch-alternativen Milieus um 1968 sein, wurden in engem Austausch mit den Praxisprojekten auch eigene Theoriediskussionen geführt. Diese fanden außerhalb der etablierten erziehungswissenschaftlichen Publikationsorgane statt und somit bildete sich ein eigener theorieaffiner Diskussionsraum der pädagogischen und politischen Handlungspraxis.

Dieser Beitrag stellt sich der Frage, wie dieser Diskussionsraum, der im Folgenden das kritisch-alternative pädagogische Milieu genannt wird, auch Einfluss nahm auf die etablierte Erziehungswissenschaft.[1]

So soll dargestellt werden, welche Wissensbewegungen sich zwischen dem kritisch-alternativen pädagogischen Milieu und der etablierten Erziehungswissenschaft nachzeichnen lassen, welche Wissensfragmente sich etablierten, welche abgestoßen wurden aber auch wie Wissen in diesen unterschiedlichen Diskursräumen zirkulierte und sich Wissensfragmente in der Konfrontation beider Diskursräume transformierte.

So wird im Folgenden zunächst der theoretische Zugang über Ludwik Flecks Denkstile und Denkkollektive dargestellt, im Anschluss daran die methodologische sowie methodische Rahmung erläutert, bevor dann ein empirischer Teil

---

[1] Diesem Fragekomplex näherte ich mich über neun biographische Interviews mit Personen, die zum einen um 1968 Teil des kritisch alternativen pädagogischen Milieus waren und dann einen Karriereweg in der Erziehungswissenschaft einschlugen und somit als Akteur*innen in beiden Sphären präsent waren. Das Material und auch die Schlussfolgerungen, die hier im Beitrag dargestellt werden, entstammen meiner Dissertationsschrift (vgl. Thole i. E.)

folgt, der ausgewählte Beispielaspekte der sich dokumentierenden Wissensbewegungen beschreibt und analysiert. Der Schluss wird die dokumentierten Wissensbewegungsprozesse versuchen einzuordnen und ihre Relevanz für die Erziehungswissenschaft aufzeigen.

2 Theoretische Rahmung – Eine Erweiterung Ludwik Flecks Modells von Denkstilen und Denkkollektiven

Das theoretische Grundgerüst für die folgenden Analysen bildet das Flecksche Modell von Denkstil und Denkkollektiv. Dieses geht davon aus, dass sich wissenschaftliche Diskursgemeinschaften in Denkkollektiven formieren, welche geprägt sind durch geteilte Annahmen und Bezugsgrößen oder eben durch geteiltes Wissen und geteilte Wissensordnungen (vgl. Fleck 1935/2015). Diese Denkstile und Wissenskollektive konstituieren folglich auch gemeinsam geteilte wissenschaftliche Zugänge und gemeinsam erarbeite Theoriefolien. Diese werden in anderen wissenschaftstheoretischen Beiträgen als ein spezifisches Verständnis von Paradigmen bezeichnet und präsentiert (vgl. Kuhn 1973).

Individuen, die auch als Medium der Wissensbewegung fungieren, können dabei Teil von unterschiedlichen Denkkollektiven sein, Denkstile können als unterschiedliche Denkkollektive übergreifend fungieren. Folgt man Ludwik Fleck stringent, ist nur das wissenschaftliche Feld mit seinen Akteur*innen in Denkkollektiven formiert und durch Denkstile geprägt. Äußere Einflüsse, die Fleck folgend durchaus maßgeblich das Feld prägen, werden jedoch als „exogene Faktoren" gelesen (vgl. Fleck 1935/2015).

An diesem Punkt weicht der theoretische Zugang, der hier als Analyserahmung dient deutlich von der Fleckschen Vorstellung ab, denn das Wissenschaftssystem wird – angelehnt an Foucault – als ein Feld ohne eine klare Abgrenzung zu einem Außen entworfen (vgl. Foucault 1981, S. 262). Diese Aufweichung ermöglicht auch Diskursräume außerhalb des wissenschaftlichen Feldes über die Fleckschen Terminologien des Denkkollektivs und Denkstils mitzufassen. Dies scheint insbesondere für den Forschungsgegenstand lohnenswert, da von vielen Wissenschaftler*innen der unterschiedlichsten geisteswissenschaftlichen Disziplinen immer wieder betont wurde, wie eng das kritisch-alternative Milieu um 1968 Theorie und Praxis verzahnte (vgl. z. B. Hodenberg 2018; Nassehi 2018; Marx Ferree 2018).

Es wird also davon ausgegangen, dass unterschiedliche pädagogische, politische und wissenschaftliche Denkkollektive existieren. Da beide Sphären nicht als hermetisch abgegrenzt gefasst werden, fungieren Denkstile übergreifend, Akteur*innen bewegen sich in unterschiedlichen Denkkollektiven und beeinflussen somit maßgeblich Prozesse der Wissensbewegung. Denkkollektive und Denkstile, denen eine Dynamik unterstellt sei, entwickeln sich die Sphären übergreifend. Individuen, wie exemplarisch die neun Interviewpartner*innen, deren biographische Erzählungen die Datengrundlage dieser Analysen bilden, fungieren hierbei als Akteur*innen, welche Prozesse der Wissensbewegung initiieren, prägen, beschleunigen, ausbremsen oder auch blockieren können.

3 Methodologische Rahmung und methodische Umsetzung – Herausforderung der Kopplung von Biographieforschung und Diskursanalyse

Da, wie im theoretischen Zugang versucht wurde zu zeigen, Individuen eine so prägende Rolle im Kontext der Wissenstransformation und -zirkulation zugeschrieben werden kann, liegt eine empirische Annäherung über eine biographisch-narrative Perspektiven nahe.

Der wissensgeschichtliche Zugang der Arbeit und der Fokus auf Denkkollektive und Denkstile verlangt jedoch nach einer methodologischen Perspektive, welche zulässt aus den Biographien Rückschlüsse auf diskursive Wissensstrukturen ziehen. So wurde für den analytischen Zugang die wissenssoziologische Diskursanalyse mit der Biographieforschung gekoppelt.

Die biographischen Erzählungen wurden dabei als Diskursfragmente gelesen, anhand derer sich Wissensbewegungen dokumentieren. Vorausgesetzt wird, dass Biographien eine Form der „Partizipation an der Zeit" (vgl. Transkript Michael-Sebastian Honig) widerspiegeln und in einem engen Interaktionszusammenhang mit dem gesellschaftlich prägenden Gesamtdiskurs, aber auch mit den einzelnen Spezialdiskursen stehen, in denen sich ihre Akteur*innen bewegen.

Die Einzelbiographien in ihrem Verlauf rückten dabei in den Hintergrund, sodass forschungspraktisch auch die spezifischen Sprecher*innenpositionen der Interviewpartner*innen nicht in ihrer Komplexität Teil des Auswertungsprozesses waren, sondern nur partiell Einbindung fanden. Versucht wurde trotzdem sich abbildende Hegemonien sowie Loyalitäten und Kontexte der Generierung von Anerkennung mit zu berücksichtigen und als kritische Reflexionsfolie fortlaufend in die Analysen miteinzubeziehen.

Um die induktiv identifizierten Passagen einer Feinanalyse zu unterziehen, wurden angelehnt an die Soziologin Ina Schmid-Knittel vier Analyse-Dimensionen zugrunde gelegt, die jeweils auf die einzelnen Themenstränge angelegt worden sind und dabei sowohl zur inhaltlich-konzeptionellen Strukturierung als auch zur pragmatischen Eingrenzung dienten. So wurden die einzelnen Themen in ihrer Karriere, ihrer inhaltlichen Struktur in Bezug auf ihre Akteur*innen und in Bezug auf ihre Verbreitung untersucht (vgl. Schmied-Knittel 2013, S. 166). Die Wahl dieser vier Dimensionen zeigte sich für die Analyse der Wissensbewegungen im kritisch-alternativen Milieu als besonders anschlussfähig, da sie auch auf einen Prozess und ein in diesem angelegten diskursiven Wandel ausgerichtet sind. Die fokussierten Themen, die sich durch die induktive Klassifizierung ergaben, sollen somit in

1. ihrer Entstehung und Verbreitung,
2. in ihrem Erkenntnis- und Bewertungszusammenhang,
3. im Kontext ihrer Diskursgemeinschaft und den ihr zugehörigen Denkkollektivem mit den dazugehörigen Akteur*innen und Motiven
4. sowie in ihrer weiteren Karriere und Verbreitung im etablierten erziehungswissenschaftlichen Diskursraum

untersucht werden (vgl. Schmied-Knittel 2013, S. 166).

Über diesen Zugriff soll eine Form der Wissensgeschichte dargestellt werden, die Wissen verortet, danach fragt, wer Zugriff zu diesem Wissen hat und somit das Wissen mitgestaltet und warum dieses Wissen für welche Kontexte relevant ist, sowie wie es sich in unterschiedlichen Settings ausgestaltet und entwickelt.

4 Ergebnisse der Arbeit

Im Folgenden sollen vier ausgewählte Themen präsentiert werden, mit denen versucht wird die besonderen Wissensaustauschbewegungen im theoretischen sowie praktischen pädagogischen und erziehungswissenschaftlichen kritisch-alternativen Milieu aufzuzeigen. Zunächst erfolgt mit den „Bedingungen der Wissensproduktion" eine Beschreibung und Analyse der Arbeits- und Forschungsumgebung um 1968. Anschließend mit den „Neuen Klassiker*innen" eine Präsentation neuer theoretischer Bezüge. Die Kapitel zu „Gewalt" und zum „Labeling Approach" zeigen dann abschließend Einblicke in zwei Themenbereiche die um 1968 Konjunktur hatten und an Kontur gewannen.

4.1 Bedingungen der Wissensproduktion

Die 1960er und beginnenden 1970er Jahre waren geprägt von einer enormen Expansion der Erziehungswissenschaft. Mit der Einführung des Diplomstudienganges 1969 und der Etablierung der Sozialen Arbeit als Studium seit Ende der 1960er Jahre kam es nicht nur zu einem Anstieg der Studierendenzahlen, sondern mit dem Aufwuchs an Dozierenden auch zu einem Mehr an Qualifizierungsarbeiten und Drittmittelförderungen (vgl. Leschinsky, 2008; Lüders, 1997; Schulze-Krüdener, 2005).

Neben diesem quantitativen Ausbau stand die Erziehungswissenschaft jedoch auch inhaltlich schon spätestens seit Mitte der 1960er Jahre vor neuen

Herausforderungen durch die Anforderungen der Bildungsreformen. Sie bemühte sich seit Beginn der 1960er Jahre in einer aufkommenden Selbstkritik um eine Öffnung gegenüber sozialwissenschaftlichen Theorien und ab 1964 wurden diese Modernisierungsprozesse auch innerhalb der Deutschen Gesellschaft für Erziehungswissenschaft (DGfE) ausgetragen (vgl. Tenorth 1986, S. 145). Somit entstanden auch langsam die Teildisziplinen der Erziehungswissenschaft und waren vorher nur systematisch-historische Arbeiten oder Arbeiten, die sich dem institutionellen Bildungswesen widmeten, als Qualifizierungsarbeiten angesehen, eröffnete sich ein weiteres Forschungsfeld, welches kreativen Raum für innovative Forschungsansätze und Fragestellungen bot (vgl. Tenorth 1986, S. 152)

In dieser Zeit wuchs eine Generation im Wissenschaftssystem heran, die sich durch eine besondere Theoriearbeit profilierte (vgl. Felsch 2015) und deren Qualifizierungsphase geprägt war durch das Klima der „langen 68er" (Hodenberg/Siegfried 2006) im Kontext der „Kritischen Universität" (Bude 2018). Diese Zeit der Kritik und der gleichzeitigen Expansion stellte somit auch für Wissenschaftler*innen in Qualifizierungsphasen eine besondere Disziplinumgebung dar. Sie war geprägt von neuen Finanzierungsmöglichkeiten, neuen Thematisierungsweisen von Problemlagen, die sich durch soziale Bewegungen aufdrängten, und einem breit aufgestellten Stellenmarkt. In dieser Umgebung bewegten sich auch die neun Interviewpartner*innen, deren biographische Erzählungen als Analysematerial dienen.

Als erstes sollen Einblicke gegeben werden in die Perspektiven, welche die Interviewpartner*innen – zumindest aus der Retrospektive – auf das wissenschaftliche Feld hatten.

Das wissenschaftliche Feld in den 1960er und 1970er Jahren zeichnete sich insbesondere darüber aus, dass es – zumindest bezogen auf einen kritisch-alternativen Diskursraum – eng verknüpft war mit politischen Diskursen. An wissenschaftliche Arbeit, in Theorie und Empirie, wurde der Anspruch gestellt, mit ihr gesellschaftliche Gegebenheiten verändern zu können.

Eine solche Wahrnehmung der wissenschaftlichen Arbeit spiegelt sich auch in den biographischen Erzählungen wider. So lässt sich an ausgewählten Passagen deutlich rekonstruieren, dass aus der Perspektive der Forscher*innen innovative Themen bearbeitet werden konnten, für welche sie sich persönlich interessierten. Beispielsweise hier bei Donata Elschenbroich:

> „[…] dass wir wirklich neue (.) Inhalte entwickeln können und dann einfach neue (.) Maßstäbe setzen können und uns da auch wirklich total einbringen […]" (Transkript Donata Elschenbroich)

Somit werden die Grenzen zwischen wissenschaftlichem und privatem Raum als fluide gekennzeichnet. Der wissenschaftliche Raum wird hier beschrieben als ein Ort, der Kreativität, der das Verfolgen eigener Ideen zulässt.

Und auch in einer weiteren biographischen Erzählung, von Wilma Aden-Grossmann, wird die wissenschaftliche Umgebung, besonders bezogen auf Frankfurt/M. als etwas Besonderes beschrieben. Sie erzählt:

> *„Aber ich denke das war ein ganz spezifisches Klima in Frankfurt auch eben die enge Verbindung und auch die Offenheit an der Uni sich auf diese Themen Kinderladen, Kinderladenbewegung einzulassen. Das waren sehr offene Fragen, die offen diskutiert wurden."* (Transkript Wilma Aden-Grossmann)

Auch hier ist deutlich eine Verbindung zwischen persönlichem Engagement, exemplarisch hier als die Kinderladenbewegung, und der wissenschaftlichen Arbeit verankert.

In einer weiteren Passage in einer anderen Erzählung klingt es fast nach einer Glorifizierung, mit der der Interviewpartner Manfred Liebel seine Tätigkeit an der PH in Berlin beschreibt:

> *„Also es gibt so verschiedene, diverse, man hat das dann irgendwie Reformprojekte genannt, die wurden damals praktiziert, die wurden dann irgendwann wieder sukzessive abgebaut, aber trotzdem hat dieser (.) hat dieser (.) sozusagen ungeheuer kreative und auch politisch sehr akzentuierte, ohne doktrinär zu sein, Sozialpädagogikstudiengang, der hat ziemlich, (.) ziemlichen Einfluss gehabt. Und der war ein, (.) ein wundervolles Betätigungsfeld."*
> (Transkript Manfred Liebel 2018)

Mit den Beschreibungen „kreativ, politisch akzentuiert" und der Zuspitzung auf ein „wundervolles Betätigungsfeld" wird eine Umgebung beschrieben, in der sich das Bild des klassischen Gelehrten, der seine Zeit seiner eigenen Forschung opfert, konstruiert.

Die enge Verknüpfung des persönlichen, politischen Engagements und wissenschaftlicher Arbeit, sowie auch der wissenschaftlichen Karriere zeigte sich schon in Ansätzen in den letzten drei Passagen. Die folgenden Passagen sollen aufzeigen, dass die Form der Verbindung von politischem Engagement und wissenschaftlicher Betätigung auch zu einer besonderen Disziplinumgebung führte.

So berichtet Carol Hagemann-White über Grenzen und Vorsicht in der Vereinbarkeit von politischem Engagement und wissenschaftlicher Karriere:

> *„Ich hatte mich eindeutig als feministische Frauenforscherin profiliert. Und ich kannte Kolleginnen in der Sektion Frauenforschung, die eher vorsichtig waren, ja, da wollen wir aber öffentlich nicht auftreten damit, weil dann sind wir sozusagen verbrannt für den beruflichen Werdegang."* (Transkript Carol Hagemann-White 2018)

Sie beschreibt wie die eindeutige Profilierung als Frauenforscherin aus Perspektive einiger Kolleginnen als sehr negativ für den Karriereweg eingeschätzt wurde.

Und auch in der biographischen Erzählung mit Timm Kunstreich lässt sich diese Unsicherheit bezüglich der politischen Orientierung und einer wissenschaftlichen Karriere finden. Er erzählt, wie sein Engagement für den Info-Dienst Soziale Arbeit, der heute die Zeitschrift Widersprüche ist, aus seiner Perspektive für eine Zeit lang verhinderte, dass er eine Anstellung bekam.

> *„Also mir gelang es nicht, zumal ich war ja auch damals schon im sozialistischen Büro, also im Verbreitungsdienst Sozialarbeit und später dann ‚Widersprüche' (.) und zumindest an zwei Hochschulen weiß ich, dass ich deshalb keine Chance hatte, weil ich war für die SPD-Fraktion im Lehrerkollegium zu links war und der DKP-Fraktion zu links-radikal."*
> (Transkript Timm Kunstreich 2018)

Die biographische Darstellung des sich Engagierens trotz bestehender Widerstände und das „In-Kauf-Nehmen" von negativen Konsequenzen für die eigene Karriere *könnte* sich als Heroisierung der eigenen Person in der Biographie niederschlagen. Jedoch ist es ein anderes Argumentationsmuster, welches in Verbindung mit der Problematisierung des politischen Engagements auftaucht.

Auffällig wird, dass nicht die biographische Heldenerzählung in den Mittelpunkt rückt, sondern die Solidarität der Anderen thematisiert wird. So erzählt beispielsweise Carol Hagemann-White an anderer Stelle über ihren Habilitationsvortrag, wie viele Frauen gekommen waren, um diesen zu hören. Und wie dieser solidarische Akt dafür sorgte, dass „der Alt-Marxist" gar nichts mehr sagen konnte:

> *„Und (.) das war auch schon ganz interessant, ich hatte meinen Vortrag gemacht über (.) Psychoanalyse und Frauenbewegung und der Raum war platzte fast mit Frauen, die dann auch zu diesem öffentlichen Vortrag kamen und hinterher wurde ganz lange drüber beraten, ich habe hinterher gehört, der eine Altmarxist hat gesagt, (.) hat gar nichts gesagt und sagte er konnte gar keine Frage stellen, er fühlte sich von meinen vielen Vasallen bedrängt oder (lachend)(lacht) überwältigt."* (Transkript Carol Hagemann-White)

Diese hier beschriebenen Formen des Zusammenhaltes und der breiten Unterstützung als explizit zeithistorische Besonderheit werden darüber hinaus noch in einer dritten biographischen Erzählung aufgegriffen. Hier erzählt Manfred Kappeler über die Zeit seines 15 Jahre andauernden Berufsverbotes und wie er dank der Unterstützung seiner Freunde immer die Möglichkeit hatte, weiterzuschreiben und freiberuflich zu arbeiten.

> *„So. (.) Ja und (..) meine ganzen Freunde, waren inzwischen Professoren an pädagogischen Hochschulen, (.) nur ich hatte mein Berufsverbot, ne. Und die natürlich immer (.) mich unterstützt. Ich habe eine unglaubliche Solidarität erfahren, also deswegen bin ich ja auch nie mundtot geworden. Ich habe immer weitergeredet, geschrieben, veröffentlicht und konnte über alle möglichen Aufträge, freiberufliche Supervisionsaufträge, (.) kleine Forschungsprojekte, wo*

> *immer überall der Staat nicht eingreifen konnte, meine Familie und mich über Wasser halten, sodass es irgendwie keinen sozialen Absturz gab, ne."*
> (Transkript Manfred Kappeler 2018)

Neben dieser Solidarität im wissenschaftlichen Feld wird bei Manfred Liebel noch die Solidarität durch die Soziale Bewegung deutlich. Er erzählt, dass sich die Regierung nicht traute, bei ihm ein Berufsverbot zu verhängen:

> *„Bei mir war das so, ich war dann als die Berufsverbote so en vogue waren, hatte ich immer noch den Job und dann wollten die mich loswerden, haben mich rausgeworfen, aber ich war schon so bekannt in dem Moment auch so ein bisschen da hinein in die Regierung hier in Berlin zumindest, dass die sich nicht getraut haben mich einfach rauszuwerfen. Weil die haben befürchtet, dass die dann, das dann das pädagogische Zentrum angezündet wird oder irgendwie.*
> *I: Mhm (bejahend)*
> *Also verstehse, das war einfach eine zu breite Bewegung da, die da irgendwie an die Decke gegangen wäre."*
> (Transkript Manfred Liebel 2018)

Diese sich in den Passagen präsentierende spezifische Disziplinumgebung, die geprägt war von einem guten Stellenmarkt, Innovationsbereitschaft, Offenheit und der sich in den letzten Passagen präsentierenden Solidarität bot einen Nährboden. Einen Nährboden, der eben möglich machte, dass die jetzt im Nachfolgenden beispielhaft vorgestellten Themen verfolgt werden konnten und eventuell auch gegen einige diskursive Widerstände Fuß fassten.

4.2 Die Etablierung neuer Klassiker*innen in der Erziehungswissenschaft

Durch die enge Verzahnung von Theorie und Praxis waren es natürlich nicht nur die neuen Gestaltungsversuche, die Pädagogik und 1968 eng begleiteten, sondern insbesondere auch das Neu- und Wiederentdecken als relevant angesehener theoretischer Bezüge.

Insgesamt ließ sich über die Passagen aus den biographischen Erzählungen nachvollziehen, zumindest in der retrospektiven Überlegung der Interviewpartner*innen, dass ein bestehender (sehr wohl bekannter) Kanon erziehungswissenschaftlichen Klassiker existierte, für den man sich jedoch nicht interessierte.

So sagte Manfred Kappeler schon über seinen Doktorvater C. W. Müller, an dem er sich auch orientierte:

> *„[...] der hat mit diesem klaren gesellschaftlichen Bezug immer eine kritische Distanz gehabt zu diesen geisteswissenschaftlichen Pädagogen. Zu diesem ganzen philosophisch (.) überbordenden (.) Geschwafel wie er das nannte (lacht)"*

(Transkript Manfred Kappeler)

Und minimal kontrastieren mit dieser Passage lässt sich auch eine Aussage von Thomas Ziehe, der auch erzählte, dass die klassische geisteswissenschaftliche Pädagogik für ihn keine Relevanz gehabt habe:

> „Und ich habe diese klassische Pädagogik dann (.) links liegen lassen, muss ich sagen. Man kann ja nicht alles machen.
> [...] Während es in Tübingen oder so da gibt es große Studiengänge, die alle mit dieser klassischen Pädagogik zu tun haben von Nohl bis sowieso und die ganzen großen Namen, das war nie meine Spur eigentlich." (Transkript Thomas Ziehe)

Diese deutliche Abgrenzung, die formuliert wird, wird begleitet von einer Hinwendung zu sozialwissenschaftlicher und insbesondere auch klassisch gesellschafts- und kapitalismuskritischer Literatur. So erzählt Timm Kunstreich:

> „Das Alte Testament sind die Marx-Engels Werke, Neue Testament ist Watzlawick Menschliche Kommunikation und Dreitzel, Das Leiden an der Gesellschaft und gesellschaftliches Leiden heute gar nicht mehr so bekannt, aber das waren damals sozusagen die heißen Renner (...) und alles, was danach kommt sind die Apokryphen."
> (Transkript Timm Kunstreich)

Neben der Sozialwissenschaft als Bezugspunkt, war es jedoch auch die Psychoanalyse und hier insbesondere wiederentdeckte Literatur aus den 1920er Jahren, die im kritisch-alternativen pädagogischen Milieu auf Begeisterung stieß.

So erzählt beispielsweise Wilma Aden-Grossmann:

> „Ich habe mich ja (.) nicht nur mit den aktuellen Fragen der Kinderladenbewegung befasst, sondern ich habe mich ja sehr viel vertiefter befasst mit der psychoanalytischen Pädagogik, wie sie so in den 20er Jahren entwickelt wurde. Auch da ist wieder Simonsohn zu nennen. Simonsohn hatte als Einziger in Deutschland die komplette Ausgabe der Zeitschrift für psychoanalytische Pädagogik." (Transkript Wilma Aden-Grossmann)[2]

Das Suchen, Finden, Entdecken und Etablieren von (neuen) Klassiker*innen im Kontext der Disziplin aus Perspektive der jungen Wissenschaftler*innen Ende der 1960er und Anfang der 1970er kann also als ein Zusammenspiel von Neu- und Wiederentdecken von marginalisierten Positionen aus Psychoanalyse und Sozialwissenschaft interpretiert werden. Es zeigte sich auch – hier nur kurz exemplarisch bei Manfred Kappeler und Wilma Aden-Grossmann – dass sich in Teilen deutlich an den wissenschaftlichen Vorbildern orientiert wurde, in Teilen hatte also eine

---

2   Zu Simonsohn siehe auch den Beitrag von Norman Böttcher in diesem Band

Abgrenzung von der Geisteswissenschaftlichen Pädagogik schon vor der bewegten Zeit der langen 1968er begonnen.

Es zeigt sich somit auch, dass es keine exklusiven, autarken Produktionsstätten von Wissen gibt, sondern die Produktion neuen Wissens oder neuer Bezüge immer eingebettet ist in schon bestehende Wissensformen und Denk- und Diskursräume (vgl. Behm/Tilman/Glaser/Reh 2017, S. 8).

4.3 Gewalt als Thema in der (sozial)pädagogischen Praxis

Die Thematik Gewalt hier exemplarisch vorzustellen, schien wichtig und sinnvoll, da dieses Thema momentan sehr aktuell und kontrovers im erziehungswissenschaftlichen Diskurs diskutiert wird und es deswegen lohnenswert ist sich Teilen den diskursiven Ursprüngen anzunähern.

Seit den 1960er Jahren geriet der Begriff der Gewalt in einen neuen Fokus und die Debatten drehten sich um Gewalt als ein komplexes Phänomen mit einer beträchtlichen Ambiguität. Auch Fragen um die angemessene Bestimmung, die inhaltliche Differenzierung, die gesellschaftspolitische Einschätzung und die moralische Bewertung wurden in unterschiedlichen Fachdisziplinen diskutiert (vgl. Bonacker/Imbusch 2010, S. 81). Dennoch bleibt der Begriff der Gewalt nur schwer in eine klare Definition zu fassen und verschiedene Wissenschaftsdisziplinen nähern sich diesem auf unterschiedliche Art und Weise an (vgl. Imbusch 2018, S. 151).

In der Pädagogik spielte zwar das Thema Strafe oder Züchtigung schon vor Jahrhunderten eine wichtige Rolle (vgl. Richter 2018), jedoch war der Begriff der Gewalt einer, der im bisherigen Diskurs nicht explizit auftauchte.

Vielleicht inspiriert durch einen wachsenden gesellschaftlichen Diskurs um legitime Formen von Gewalt, aber bestimmt auch inspiriert durch neuen kritische Theorieimpulse wie Erving Goffmans „Totale Institution" (vgl. Goffman 1973) wurden gewaltvolle Zustände in Heimen, Kinderbetreuungsstätten und auch der Psychiatrie thematisiert.

Und insbesondere angestoßen durch die Frauenbewegung erhielt dann, auch Gewalt als expliziter Begriff Einzug in pädagogische und erziehungswissenschaftliche Diskussionen.

Deutlich lässt sich dieser Prozess anhand von Passagen aus der biographischen Erzählung von Carol Hagemann-White – einer der ersten Frauenforscher*innen der zweiten Frauenbewegung in Deutschland – dokumentieren.

Eindrucksvoll zeigt sich an ihren Erzählungen auch, wie die Theorieentwicklung eng verzahnt war mit den praktischen Entwicklungsprozessen der ersten Frauenhäuser. So berichtet Carol Hagemann-White:

> „Weil ich hatte viel aus der Begleitforschung gelernt. Unter anderem, dass man eigentlich nur Informationen bekommt, wenn man zum Austausch bereit ist, wenn man auch was anbietet.
> I: Mhm (bejahend)
> [...]
> Aber es ist durchaus eine Form von aus der Praxis heraus, auch vertiefte und differenzierte Erkenntnisse zu bekommen." (Transkript Carol Hagemann-White)

Es zeigt sich an dieser Passage das enge Verhältnis und die Konfrontation in der Praxis als Impulsgeber für Wissensbewegungen in Forschung und Theorie. An anderer Stelle in ihrer biographischen Erzählung lassen sich dann schon Hinweise auf die Besonderheit, die Thematik Gewalt wissenschaftlich zu fassen, finden. Sie erzählt über die Komplexität der Gewaltthematik:

> „Ja (…) weil es einerseits (..) eigentlich ein Thema ist, das bis in die Grundlagen in der Gesellschaft und in das Zusammenleben der Menschen hineinreicht.
> Interviewerin: Mhm (bejahend)
> Und ein großes Theoriepotenzial hat um zu verstehen, was da geschieht und warum es geschieht." (Transkript Carol Hagemann-White)

Anknüpfend daran argumentiert auch Michael-Sebastian Honig:

> „Das ist ein Thema, über das sich wahnsinnig schwer in einem distanzierten Modus sprechen lässt. (.) Weil Distanz keine Erkenntnisposition ist, sondern eine moralische Frage ist. Eine Frage der Legitimität, darf man darüber sprechen in dieser Weise? Und dieses Thema, als ein wissenschaftstheoretisches Thema, als ein wissenschaftspolitisches Thema, das ist eigentlich die Tiefenschicht, die mich an dieser Gewaltfrage immer besonders interessiert hat." (Transkript Michael-Sebastian Honig)

Er beschreibt hier den Versuch Gewalt metaperspektivisch zu fassen, rekurriert jedoch aber sogleich auf die Frage der Legitimität. Die Frage nach dem „Dürfen" zeigt hier, wie sehr das Thema durch existierende Normen geprägt ist. Somit ist die Art und Weise der Beschäftigung mit diesem auch in besonderem Maße abhängig von der eigenen Sprecher*innenposition und im Feld existierenden Loyalitäten und Tabus (vgl. Behm/Rohstock 2020).

Für diesen Themenstrang ist somit jenseits der Neusetzung eines Begriffes für die Pädagogik auch insbesondere in der Analyse der biographischen Erzählungen deutlich geworden, dass die wissenschaftliche Herausforderung, die bis heute die Debatten innerhalb der Erziehungswissenschaft prägt, sich schon damals anbahnte. Carol Hagemann-White formuliert die hohe gesellschaftliche Relevanz des Themas und die Notwendigkeit, der Stimme der Betroffenen Gehör zu verschaffen. Jedoch betont sie auch das hohe Theoriepotenzial der Thematik und somit ihr Interesse einer wissenschaftlichen Bearbeitung.

Ähnlich auch Michael-Sebastian Honig, welcher neben seinem wissenschaftstheoretischen und wissenschaftspolitischen Interesse auch an anderer Stelle erzählt, wie ihn „*die Dramen die sich in den Familien abspielten*" mitgenommen haben.

Diese Frage nach der Art und Weise der Beschäftigung mit der Gewaltthematik begann somit in den Debatten der frühen 1970er Jahre und entwickelte sich bis heute zu einer Suchbewegung nach der disziplinären Verantwortung und Verortung. Diese Debatten schlugen sich unter anderem auch in Zeitschriften nieder und bis heute geraten die divergierenden Positionen im Kontext der Auseinandersetzungen mit sexualisierter Gewalt innerhalb der Fachgesellschaft aneinander.

Pointiert formuliert Jens Brachmann diese Herausforderung in einem Artikel von 2017. Er beschreibt diese als Konflikt

„[...] zwischen der Verantwortung gegenüber der Gesellschaft (hier insbesondere: gegenüber den Betroffenen) und dem identitätsstiftenden Habitus der notwendigen Wahrung fachwissenschaftlicher Standards abwägen zu müssen." (Brachmann 2017, S. 82).

4.4 Labeling Approach

Dafür den Labeling Approach in diesem Beitrag als Beispiel vorzustellen, war ausschlaggebend, dass sich anhand eines spezifischen Ansatzes, welcher bemerkenswerter Weise in vier der neun biographischen Erzählungen auftauchte, besonders gebündelt Wissensverortungen darstellen lassen.

Der Labeling Approach ist ein Gegenentwurf zu klassischen in der Kriminologie lange vorherrschenden ätiologischen Perspektiven, die Devianz vornehmlich als eine in der physischen oder psychischen Struktur des*der Täter*innen vorfindliche Qualität betrachten (vgl. Boogart 2000). Seinen Ursprung hat der Ansatz in der Kriminalsoziologie und der soziologischen Strömung des symbolischen Interaktionismus, einer Denkschule, welche der zwischenmenschlichen Kommunikation und Beziehungen eine hohe Bedeutung bezogen auf die Ich- und Weltkonstruktionen zuschreibt.

Noch bevor der Labeling Approach unter dieser Bezeichnung Fuß fasste, sind Ansätze zu erkennen, die verdeutlichen, warum es zu so einer Erfolgsgeschichte kommen konnte. Gut zeigen lässt sich dies an der biographischen Erzählung von Timm Kunstreich. Dieser berichtet über ein Seminar während seines sozialpädagogischen Zusatzstudiums an der Universität in Hamburg, bei welchem sie eine Erhebung durchführen sollten:

„*Also was machen wir hier eigentlich? Also wir sind dabei Kinder zu Kaninchen zu machen und zu beobachten und denen Sachen zuzuschreiben, die nichts mit ihrem Selbstbild zu tun haben. Da ist mir zum ersten Mal die Diskrepanz zwischen Labeling, den kannte ich da noch gar nicht den Ansatz, aber sozusagen der Tatsache des Labelings und der Selbstwahrnehmung, dass das völlig konträr ist, aufgefallen. Und dann haben wir gesagt, nee das machen wir nicht. Das war eine sehr intensive Diskussion."* (Transkript Timm Kunstreich)

Er verweist auf den Begriff des „Labelings" fügt aber direkt dazu an, dass er diesen damals noch nicht kannte. Im Anschluss an diese Passage erfolgt dann ein Verweis auf die Staffelberg Revolte.[3] Es lässt sich aus dieser Passage schließen, dass auch durch schon ein diffuses erworbenes Wissen über Heimkritik im Kontext der Studierendenrevolte sich auch ein kritischer Blick auf stigmatisierende Praktiken entwickelte. Dieser führte dann dazu, eine Praxis, die mit Zuschreibungen von abweichendem Verhalten arbeitete, abzulehnen.

Ähnlich lässt sich eine schon vor der Adaption des Labeling Approaches in den deutschen Raum entwickelte „Haltung" bei Heide Kallert finden:

„So hieß dann meine Arbeit Arbeits- und Waisenerziehung im 17. und 18. Jahrhundert oder Waisenhaus und Arbeitserziehung, so rum. [...] Also ein durchaus völliges völlig sozialpädagogisches Thema, wo auch schon in den (.) Arbeiten, die ich dazu verwenden konnte aus den 20er Jahren. Da war schon ganz viel Kritisches drin.
I: Mhm (bejahend)
Nich, wie jemand auch dazu wird stigmatisiert wird, zu einem Zuchthäusler oder (.) eben Menschen mit abweichendem Verhalten. (.) Ja." (Transkript Heide Kallert)

Sie beschreibt in der Passage, wie sie ein Thema für ihre Dissertation suchte und fand. So ist auch bei Heide Kallert eine dann mit dem Labeling Ansatz konkret werdende Perspektive schon deutlich vor der Etablierung des Ansatzes im deutschen Raum zu erkennen.

Diese Stellen zeigen, dass es nicht der theoretische Ansatz des Labeling Approachs war, der zu einem Perspektivwechsel in der Auseinandersetzung mit abweichendem Verhalten führte, sondern dass – wenn diesen retrospektiven Einschätzungen der Interviewpartner*innen gefolgt wird – eine diffuse oder sogar schon konkret kritische Perspektive auf die vorherrschenden Ansätze zu Devianz schon vorher gegeben war. In der Terminologie von Fleck können diese vorher existierenden Perspektiven, wie sie in den Passagen erwähnt wurden, als „Präideen" oder „Urideen" (vgl. Fleck 1935/2015, S. 35) bezeichnet werden.

5 Zusammenfassung und Ausblick

Bei der Zusammenfassung soll noch einmal auf die im methodologisch-methodischen Teil vorgestellten vier Analyseebenen eingegangen werden. So werden die

---

3   Heimausbrüche und Befreiungen von „Heimzöglingen" 1969 in Hessen.

Themen im Folgenden anhand ihrer Entstehung und Verbreitung, ihres Erkenntnis- und Bewertungszusammenhanges, die beteiligten Diskursgemeinschaften und Akteur*innen betreffend und ihrer Karriere hin resümiert.

Betrachtet man die erste Analyseebene ist der dominantester Impulsgeber für die Setzung neuer Themen und somit auch den Anstoß für Wissensbewegungen das gesellschaftskritische Klima der Studierendenbewegung sowie die gesellschaftlichen Liberalisierungsprozesse. Zwar existierten oft, wie hier bei den Klassiker*innen oder beim Labeling Approach gezeigt, „Präideen" oder „Urideen" (vgl. Fleck 1935/2015, S. 35), jedoch können die Diskursräume des kritischalternativen Milieus mit den ihr zugehörigen Denkkollektiven als wichtiger Antriebsmotor eingeordnet werden. Andere wichtige geschichtliche und zeitgenössische Kollektiveinflüsse (vgl. Fleck 1935/2015, S. 61), wie beispielsweise die Bildungsreform oder das Infragestellen der bis dahin praktizierten Verdrängung der NS-Zeit können somit auch als mitverantwortlich markiert werden.

Bezogen auf die zweite Analyseebene, zeigten die Beispiele, wie wichtig das direkte Einbeziehen der gesellschaftlichen Strukturen und der pädagogischen Praxis ist. So spielte gleichsam klassische kapitalismuskritische Literatur, wie auch Problemdimensionen, die in den Institutionen der pädagogischen Praxis aufgetan wurden, eine große Rolle.

Das Ob-Überhaupt und die Art und Weise, wie Wissen aus dem kritischalternativen pädagogischen Milieu in Kontakt trat mit einem wissenschaftliche Diskursraum, und somit die dritte Analyseebene, ist natürlich maßgeblich geprägt, durch Hegemonien und damit einhergehenden Loyalitäten (vgl. Behm/Rohstock 2020). Und geprägt von diesem Spannungsfeld verorten sich auch immer die Sprecher*innenpositionen meiner Interviewpartner*innen. So wirkten Disziplinierungen im Wissenschaftssystem wohl auf zwei Ebenen.

Auf der vierten Analyseebene hat sich gezeigt, dass neue Wissensfragmente auch in Teilen zunächst Ablehnung im etablierten Diskurs erfuhren. Jedoch existierte auch schon ein diskursiver kritischer Raum, dem Wissenschaftler*innen der älteren Generation angehörten, der den Themen Rückhalt bot. So konnte herausgestellt werden, dass sich im kritisch-alternativen Milieu auch machtvolle Sprecher*innenpositionen befanden, die für die Etablierung neuer Wissenselemente sorgten und existierende Loyalitäten als produktiver für Wissensbewegungen wirkten. Diese wirkten gleichsam auch auf die spezifischen Sprecher*innenpositionen der Interviewpartner*innen und machten vieles erst sagbar.

Auf der anderen Seite wurden Manifestationsprozesse auch immer wieder durch Abwehrmechanismen anderer mächtiger vorherrschender Diskurspositionen gebremst, diese können eben folgerichtig auch als regulierend für die Sprecher*innenpositionen der Interviewpartner*innen charakterisiert werden.

Es konnte herausarbeitet werden, dass das Wissenschaftssystem unterschiedliche Reaktionsmechanismen zeigte. Abhängig sind diese häufig davon, inwiefern der wissenschaftliche Diskursraum Macht einbüßen könnte oder sogar die Chance hätte durch das Aufnehmen neuer Wissensfragmente und somit der (Neu-)Besetzung eines Themengebiets seine Reichweite zu maximieren, also eben auch beeinflusst über das im vorangegangenen Punkt formulierte hegemoniale Spannungsfeld.

So kam es zu Teilaufnahme, Transformation, Abwehr oder auch Absorption dem sich dem wissenschaftlichen Feld demonstrierenden Wissen gegenüber.

Von Teilaufnahme kann bei den hier beispielhaft dargestellten Themen in Bezug auf die neuen Klassiker gesprochen werden: Bernfeld gehört mittlerweile zum gängigen Kanon erziehungswissenschaftlicher Literatur, andere freudomarxistische Pädagog*innen gerieten in Vergessenheit und auch die Klassiker des Marxismus haben an Bedeutung eingebüßt.

Von Abwehr und Transformation kann im Kontext der Thematik Gewalt gesprochen werden: Der erziehungswissenschaftliche Diskurs entzog sich lange Zeit der selbstreflexiven Auseinandersetzung und wehrte somit das Thema, was sich schon in den 1970er Jahren als konflikthaft aufdrängte, ab. Zu einer Transformation im Kontext der Thematisierungsweisen kam es erst in jüngster Vergangenheit, heute steht auch stärker die Rolle der Erziehungswissenschaft als Disziplin und der pädagogischen Institutionen als Akteure von Gewalt im Zentrum einer Metadiskussion über das Thema.

Von Absorptionsmechanismen kann im Kontext der Debatten um Teilhabe, denen auch der Labeling Approach zuzuordnen ist, gesprochen werden. Die Grundideen des Ansatzes gehen in aktuelle theoretische Auseinandersetzungen der Erziehungswissenschaft um Inklusion auf, beispielhaft sei hier das Etikettierungs- und Ressourcendilemma zu nennen.

Selbstverständlich konnten die vorgestellten Ergebnisse nur einen Einblick in einen Beitrag zu einer Wissensgeschichte zwischen politischen, pädagogischen und erziehungswissenschaftlichen Diskussionsräumen zeigen. Durch den Zuschnitt der Fragestellung und die Wahl der biographischen Erzählungen als zu analysierende Diskursfragmente bieten sie nur einen von vielen Einblicken in eine hochdynamische und von Ambiguitäten und Ambivalenzen geprägte Zeit der Disziplingeschichte.

Was jedoch gezeigt werden konnte, ist ein *möglicher* Einblick in und eine *mögliche* Form der Dokumentation von Wissensbewegungen im Kontext von 1968.

Es ließ sich dokumentieren, wie Wissen des Diskursraums des kritisch-alternativen pädagogischen Milieus sich durch seine diskursiven Verschränkungen mit der etablierten Erziehungswissenschaft veränderte. Und auch die etablierte Erziehungswissenschaft selbst hat sich über die Auseinandersetzung mit den neuen Wissensformen in einem kommunikativen Prozess der Öffnung begeben und veränderte.

Für die Erziehungswissenschaft können die Ergebnisse und dokumentierten Prozesse eine Kontemplationsfolie bieten, um sich im Kontext heutiger Prozesse der Theoriebildung oder der Forschung selbstreflexiv auf diese zu beziehen. Disziplinäre Kontinuitäten und Diskontinuitäten konnten sichtbar gemacht werden und so ist es möglich über die wissensgeschichtlichen Erkenntnisse der Arbeit Trends oder Abgrenzungen gegenzulesen.

Literatur

Baader, Meike Sophie (Hrsg.) (2008): „Seid realistisch, verlangt das Unmögliche!" Wie 1968 die Pädagogik bewegte. Weinheim/Basel: Beltz.

Behm, Britta/Drope, Tilman/Glaser, Edith/Reh, Sabine (2017): Wissen machen – Beiträge zu einer Geschichte erziehungswissenschaftlichen Wissens in Deutschland zwischen 1945 und 1990. Einleitung zum Beiheft. Zeitschrift für Pädagogik, 63 (Beiheft), S. 7–15.

Behm, Britta/Rohstock, Anne (2020): Loyalität. Zur verdeckten Regulierung von Denk-Bewegungen in wissenschaftlichen Feldern. Eine Sondierung am Beispiel der Geschichte westdeutscher Bildungsforscher. In: van Ackeren, Isabelle/Bremer, Helmut/Kessel, Fabian Koller, Hans Christoph/Pfaff, Nicole/Rotter, Caroline/Klein, Dominique/Salaschek, Ulrich (Hrsg.): Bewegungen – Beiträge zum 26. Kongress der Deutschen Gesellschaft für Erziehungswissenschaft. Opladen/Berlin/Toronto: Barbara Budrich, S. 51–70.

Boogart, Hilde van den (2000): Labeling approach. In: Stimmer, Franz (Hrsg.): Lexikon der Sozialpädagogik und Sozialarbeit. München/Wien: Oldenbourg Verlag, S. 407.

Bude, Heinz (2018): Adorno für Ruinenkinder. Eine Geschichte einer Revolte. München: Hanser Verlag.

Brachmann, Jens (2017): Pädosexuelle Gewaltverbrechen – Erwartungen an die „wissenschaftliche" Aufarbeitung. Erziehungswissenschaft, 28(54), S. 75–84.

Felsch, Philipp (2015): Der lange Sommer der Theorie. Geschichte einer Revolte 1960–1990. München: C. H. Beck.

Fleck, Ludwik (1980/2015): Entstehung und Entwicklung einer wissenschaftlichen Tatsache. Einführung in die Lehre vom Denkstil und Denkkollektiv. Frankfurt a. M.: Suhrkamp.

Foucault, Michel (1981/1988b): Die Archäologie des Wissens. Frankfurt a. M.: Suhrkamp.

Goffman, Ervin (1973): Asyle. Über die soziale Situation psychiatrischer Patienten und anderer Insassen. Frankfurt a. M.: Suhrkamp.

Hodenberg, Christina/Siegfried, Detlev (2006): Wo »1968« liegt. Reform und Revolte in der Geschichte der Bundesrepublik. Göttingen: Vandenhoeck & Ruprecht.

Hodenberg, Christina von (2018): Das andere Achtundsechzig. Gesellschaftsgeschichte einer Revolte. München: C. H. Beck.

Imbusch, Peter (2018): Gewalt. In: Johannes Kopp/Anja Steinbach (Hrsg.): Grundbegriffe der Soziologie. Wiesbaden: Springer VS, S. 151–154.

Kappeler, Manfred (2011). Fürsorge- und Heimerziehung – Skandalisierung und Reformfolgen. In: Baader, Meike Sophia/Herrmann, Ulrich (Hrsg.): 68 Engagierte Jugend und Kritische Pädagogik. Impulse und Folgen eines kulturellen Umbruchs in der Geschichte der Bundesrepublik. Weinheim/München: Juventa, S. 65–87.

Leschisky, Achim (2008): Die Ausdifferenzierung und Weiterentwicklung der Schulforschung seit den 1970er Jahren. In: Helsper, Werner/Böhme, Jeanette (Hrsg.): Handbuch Schulforschung. Wiesbaden: Springer VS, S. 69–88.

Lüders, Manfred/Meseth, Wolfgang (2018): Einleitung: Theorieentwicklungen in der Erziehungswissenschaft. In: Dies. (Hrsg.): Theorieentwicklungen in der Erziehungswissenschaft. Befunde – Problemanzeigen – Desiderata (). Bad Heilbrunn: Verlag Julius Klinkhardt, S. 7–16.

Marx Ferree, Myra (2018): Feminismen. Die deutsche Frauenbewegung in globaler Perspektive. Frankfurt/New York: Campus Verlag.

Nassehi, Armin (2018): Gab es 1968? Eine Spurensuche. Hamburg: kursbuch.edition.

Richter, Sophia (2018). Pädagogische Strafen. Weinheim und Basel: Beltz.

Sehmer, Julian/Simon, Stephanie/Thole, Friederike/Leinfellner, Stefanie (i. E.): Prekarisierung von (Erziehungs-)Wissenschaftler*innen jenseits unbefristeter Professuren als Bedingung des Innovativen? In: Dies. (Hrsg.): #acertaindegreeofflexibility „Bedingungen der Wissensproduktion zwischen Qualifizierung, Selbstoptimierung & Prekarisierung". Leverkusen-Opladen: Barbara Budrich.

Schmied-Knittel (2013): Satanismus und rituelle Gewalt: Wissenssoziologische Analyse eines okkulten Gefahrendiskurses. In: Keller, Reiner/Truschkat, Inga (Hrsg.): Methodologie und Praxis einer wissenssoziologischen Diskursanalyse. Wiesbaden: Springer VS, S. 163–186.

Schulze-Krüdener, Jörgen (2005): Fort- und Weiterbildung für die Soziale Arbeit. In: Thole, Werner (Hrsg.): Grundriss Soziale Arbeit. Wiesbaden: Springer VS, S. 1067–1082.

Tenorth, Heinz-Elmar (2017): Pichts „Bildungskatastrophe". Falsche Diagnose oder Anstoß zur notwendigen Modernisierung? Verfügbar unter: https://www.kas.de/de/web/die-politische-meinung/artikel/detail/-/content/pichts-bildungskatastrophe (Abfrage: 13.01.2022).

Tenorth, Heinz-Elmar (1986): Transformationen der Pädagogik. 25 Jahre Erziehungswissenschaft in der Zeitschrift für Pädagogik. Zeitschrift für Pädagogik, 20(Beiheft), S. 21–85.

Tenorth, Heinz-Elmar (2003): Klassiker der Pädagogik. München: C. H. Beck.

VII. Staatliche Unordnung und Zähmung des Individuums
Zur Bedeutung der Psychoanalyse für Berthold Simonsohns Begriff der Sozialpädagogik

Norman Böttcher

1 Randgänge: Aus der Praxis jüdischer Sozialer Arbeit in die Wissenschaft

Berthold Simonsohn war maßgeblich am seit 1952 stattfindenden Wiederaufbau der *Zentralwohlfahrtsstelle der Juden in Deutschland* (ZWST) beteiligt und wurde sogleich bis Ende 1961 ihr Geschäftsführer (Aden-Grossmann 2007, S. 202 ff.). Als er Jahrs darauf an die Goethe-Universität in Frankfurt am Main auf den Lehrstuhl für „Sozialpädagogik und Jugendrecht" berufen wurde, stellte dies nicht nur personell ein Bindeglied von jüdischer Praxis Sozialer Arbeit und einer aus ihr hervorgegangen Theorie der Sozialpädagogik dar. Die Berufung kann durchaus als erster, zaghafter Versuch angesehen werden, die seitens der Nationalsozialisten und Nationalsozialistinnen „erzwungene Deprofessionalisierung" (Böttcher 2022a, S. 122) ein Stück weit zu überwinden und an das einstige, jüdisch-intellektuelle Erbe der Disziplin wieder anzuknüpfen. Simonsohn, der einst als Sozialist und Jude an seiner akademischen Karriere gehindert wurde und erst dadurch – stellvertretend für viele andere, nach der Shoa aktive Professionelle – in das Arbeitsfeld der Sozialen Arbeit geriet, holte so gewissermaßen den „von Jugend an gehegten Wunsch, als Wissenschaftler und Hochschullehrer zu arbeiten" (Aden-Grossmann 2007, S. 15), mit großer zeitlicher Verzögerung nach. Doch dieser Weg war nicht ganz einfach. Noch im damals recht reformorientierten Hessischen Hochschulwesen scheiterte er bspw. am Vorhaben, andere einstige Kollegen aus seiner Arbeit in der ZWST, die ihm aus fachlichen Gründen bestens für die Lehre geeignet schienen, an der Goethe-Universität anstellen zu lassen. Als u. a. ihre, durch die Shoa bedingten Brüche in der Berufsbiografie seitens der Verwaltung Hindernisse angeführt wurden, reifte bei ihm die Überzeugung, diese seien „nicht alle nur Zufall, sondern einige Herren könnten auch heute noch nicht über ihren Schatten der Vergangenheit springen und finden, mit zwei Juden sei der Numerus clausus schon überschritten" (Simonsohn, zit. n. ebd., S. 285). Hinsichtlich seines, von ihm nur in Fragmenten entwickelten Verständnisses der Sozialpädagogik hält Wilma Aden-Grossmann fest, dass seine „umfassenden praktischen Erfahrungen in der sozialen Arbeit während der Zeit der Verfolgung und nach Kriegsende [...] das Fundament [darstellte], auf dem Simonsohn seinen theoretischen sozialpädagogischen Ansatz entwickelte. Durch seinen *psychoanalytischen und gesellschaftskritischen Ansatz*, mit dem er Sozialisationsverläufe von Kindern und Jugendlichen analysierte, gab er dem Fach Sozialpädagogik an der Frankfurter Universität ein besonderes Profil" (Aden-Grossmann 2012, S. 12 f.; Herv. N.B.). Im Folgenden möchte ich genau diesen beiden, hier von mir hervorgehobenen Grundbestimmungen seines Denkens anhand einzelner Schriften näher nachgehen und dabei aufzeigen, dass diese teils different zum damaligen sozialpädagogischen Fachdiskurs sind.

2 Autoritärer Staat, postnationalsozialistische Relikte und Rehabilitierungsversuche psychoanalytischer Sozialpädagogik ab Mitte der 1960er Jahre

Aufgrund seines eigenen Studiums und der sozialrechtlichen Expertise, die sich Simonsohn sich insbes. in den Auseinandersetzungen um die sog. Wiedergutmachung aneignete, spielte die juristische Dimension auch in seinem Verständnis von Sozialpädagogik stets eine große Rolle. Doch während es Simonsohn in seiner ZWST-Zeit v. a. darum ging, jene spezifischen Probleme jüdischer Jugendlicher, die über die ‚normalen' Probleme der Industriegesellschaft hinauswiesen (JS 1960, S. 49 f.), zu analysieren und zu bearbeiten, war er ab Mitte der 1960er Jahre immer deutlicher darum bemüht, diese Fragestellungen innerhalb eines allgemeineren Begriffs der Sozialpädagogik zu berücksichtigen. Dabei war es sein erklärtes Ziel, den Autoritarismus innerhalb Deutschlands, der sich für ihn v. a. im Zwangscharakter der Jugendfürsorge zeigte, zu überwinden. Auf kurze Sicht sollte dieser durch eine vollständig reformierte Jugendhilfe (mitsamt gestärkter Jugendarbeit) ersetzt und auf lange Sicht sogar das gesonderte Jugendstrafrecht gänzlich abgeschafft werden. Im Begriff des Jugendrechts, dem seine Denomination galt, waren diese Ziele angelegt.[1] In „Der junge Mensch vor Gericht. Gedanken zur Neugestaltung des Rechts im Geiste demokratischer Erziehung. Ein internationaler Blick" (Simonsohn 2012 [1964], S. 101–112) rekonstruierte Simonsohn nicht nur historisch die Entwicklungen in der Weimarer Republik, sondern machte auch den Stand der bundesrepublikanischen Demokratie daran fest, inwiefern im internationalen Vergleich „Strafen im herkömmlichen Sinne

---

1   Unter Simonsohn wurde bereits in der ZWST das Jugendfürsorgereferat primär als allgemeine „Jugendförderung" eingerichtet und im Jahr 1964 forderte Simonsohn (2012 [1964], S. 108) „alle älteren Jugendlichen und Heranwachsenden dem Jugendrecht zu unterstellen", was an Reformforderungen (inkl. der Abschaffung des Jugendstrafrechts) von Helen Simon, der jüdischen Vordenkerin der AWO, aus dem Jahr 1915 anknüpfte (ebd. [1973], S. 113).

zugunsten von Erziehungsmaßnahmen" (ebd., S. 106 f.) zurückgedrängt worden sind. Dieser Text basierte auf einem Vortrag bei der *Arbeiterwohlfahrt* (AWO). Dass er hierbei stets das Verhältnis von Pädagogik und Politik im Blick hatte, wird daran deutlich, dass er die Durchsetzbarkeit nichtrepressiver, pädagogischer Maßnahmen immer auch als „Opfer der öffentlichen Meinung" (ebd., S. 107) zu verstehen wusste. Vor diesem Hintergrund erscheinen mir Kontext und Form des Texts fast entscheidender als der eigentliche Inhalt. Simonsohn, der sonst durch seinen sachlichen Stil bestach und sich mit politischen Aussagen in der Öffentlichkeit bis etwa Mitte der 1960er Jahre eher bedeckt hielt, eröffnete diesen Vortrag mit einer deutlichen Kritik am deutschen Staatsapparat unter positivem Rekurs auf die Weimarer Republik. Seine Grundhaltung, dass sich im Strafen zeige, „in welchem Maße es [das Volk] auf der Höhe der Kultur überhaupt steht" (ebd., S. 101), prüfte er anhand der bundesrepublikanischen Verwaltung und Justiz (resp. ihrer Ideologie). „Es ist wahr, dass sich das deutsche Jugendgerichtsgesetz sehen lassen kann, aber es ist ebenfalls wahr, dass es vielfach nicht im Sinne seiner Schöpfer angewandt wird, dass wir überhaupt in Halbheiten stecken geblieben sind, dass durch administrative Engherzigkeit vielfach sein Sinn ins Gegenteil verkehrt wird." (ebd., S. 101)[2] Im Kreise der AWO zeigt er sich als strategisch denkender Reformpolitiker, der weiß, dass seine radikale Forderung der Abschaffung jeglichen Strafvollzugs für Jugendliche (damals bis 21 Jahre) an der öffentlichen Meinung in Deutschland scheitern würde (ebd., S. 107). Insgesamt schließe Deutschland im internationalen Vergleich gegenüber USA, England, Schweden und sogar Italien in Bezug auf die Herauslösung des Jugendrechts aus dem Strafrecht (für ihn Kennzeichen demokratischer Erziehung) schlecht ab (ebd., S. 109). Seine Gesellschafts- und Staatskritik verpackt Simonsohn dabei in

---

2 Simonsohn missbilligt hierbei explizit die Haltungen des damaligen Bundesjustizministers Ewald Bucher und des ehemaligen Generalbundesanwalts Max Güde, die beide unterschiedlich tief in den Nationalsozialismus verstrickt waren. Mit Blick auf diese resümiert er: „Heute wird oft behauptet, dass die Ideen der Reform gescheitert seien […]. Sie wissen, dass […] diejenigen, die die Welt verändern wollen, als Reaktionäre bezeichnet werden. Sie treten nämlich gegen die Idee der zwanziger Jahre, zu denen ich mich voll und ganz bekenne, die also die Ideen von gestern und vorgestern sind, mit den Ideen des Mittelalters an und dünken sich deshalb auf der Höhe der Zeit. […] So meint der Justizminister Bucher, die Entwicklung vor allem der sogenannten Wohlfahrtskriminalität gehe darauf zurück, dass man die jungen Menschen nicht mehr in die Verantwortung stellt und sie nur noch behandelt, statt sie zu bestrafen. Logische Folgerung: Wieder her mit dem Prügeln! Und wenn vielleicht auch rein äußerlich gesehen in den Schulen und Heimen nicht mehr so viel geprügelt wird wie früher, so eigentlich nur deshalb, weil es nicht mehr nötig ist, weil wir in einer jahrhundertelangen autoritären Erziehung hier in Deutschland den Prügel ‚verinnerlicht' haben." (Simonsohn 2012 [1964], S. 101 f.) Daher wandte sich der von Simonsohn ins Leben gerufene ‚Arbeitskreis Sozialpädagogik' auch Anfang der 1970er Jahre, als die katastrophalen Zustände in den Heimen öffentlich wurden und die Student*innen dagegen protestierten, an die Hessische Landesregierung mit der Einschätzung, dass die Heime nicht von innen heraus reformierbar seien und es sozialpolitischer Initiativen und langfristiger wie tiefgreifender Reformen bedürfe (Aden-Grossmann 2007, S. 270 f.).

Erinnerungen an einstige, d. h. vornationalsozialistische und *früh*weimarerische Reformprojekte, von denen die meisten bereits die psychoanalytisch orientierte Pädagogik anwendeten. Sie alle fielen

> „in den Anfang der zwanziger Jahre [...], das heißt in die Zeit, in der der *staatliche Apparat noch etwas durcheinander und noch nicht bürokratisch wieder perfektioniert war. Staatlicher Organisationsperfektionismus und Pädagogik sind leider sich ausschließende Gegensätze.* Und wie Flanagan, Makarenko konnten Wilker und Aichhorn nur wirken und arbeiten *in einem begrenzten Zeitraum, solange der ‚Apparat' noch nicht wieder ‚in Ordnung' war.*" (ebd., S. 108 f.; Herv. N.B.)

Simonsohn war also weit davon entfernt, die eigenen (sozial)politischen Hoffnungen in die Hände staatlicher Steuerung zu legen. Zugleich war ihm bewusst, dass der Nationalsozialismus noch bis in die tiefsten Triebregungen hinein nachwirkte und er daher, was ihn von zahlreichen deutschen Fachkolleg*innen seiner Zeit unterschied, auch nur wenig Hoffnungen in die enthemmte Spontaneität (auch der Jugendlichen) legte. Es verwundert angesichts des von Simonsohn diagnostizierten Autoritarismus weiter Teile der deutschen Bevölkerung wie des Staatsapparats daher kaum, dass er in fast all seinen Schriften – so auch hier – die Bedeutung der Psychoanalyse hervorhebt, deren Tradition durch den Nationalsozialismus bis in seine Gegenwart verschüttgegangen war:[3]

> „Alle Erkenntnisse und alle Erfahrungen der Praxis lehren uns, dass man so früh wie möglich den Anfängen charakterlicher Fehlentwicklungen begegnen muss. Aber ich habe oft den Eindruck, wenn ich vom akademischen Bereich spreche, dass im Grunde die Meinung, die im Jahre 1911 ein Professor an der Universität in Hamburg ausge-

---

3   Die Psychoanalyse nahm schon bei fast allen Protagonist*innen des Wiederaufbaus der ZWST eine zentrale Bedeutung ein, neben Simonsohn selbst bspw. auch bei Fred Ziegellaub, Walter Jacob Oppenheimer Harry Maòr, Thea Baer oder Esther Biron-Bransdorfer (vgl. Böttcher 2023). Wie wichtig sie für Simonsohns Denken war, wird etwa daran deutlich, dass er direkt nach seiner Berufung in Frankfurt trotz erheblicher Beschaffungsschwierigkeiten selbst verloren gegangene, psychoanalytische Bücher in Antiquariaten zu suchen und sie in der Bibliothek bereitstellen zu lassen. Direkt im Sommersemester 1963 beginnt er in seinem Seminar über ‚Freiheitliche Erziehungsversuche' das einst vom Psychoanalytiker Aichhorn geführte Erziehungsheim zu behandeln. Die Befassung mit der Psychoanalyse in seiner Lehre ist Kontinuum: „im Wintersemester 1964/65 kündigte er ein Seminar an mit dem Titel ‚Sozialpädagogik und Tiefenpsychologie – ihre Bedeutung für die Erziehung im Elternhaus, Schule und Jugendhilfe'" (Aden-Grossmann 2007, S. 307). Seinem Reader zur Vorlesung ‚Psychoanalytische Aspekte der Pädagogik und Sozialpädagogik' aus dem Sommersemester 1974 (Simonsohn 1974) ist einerseits zu entnehmen, dass er sich in seinem theoretischen Zugang sehr eng an der Freud'schen Terminologie (und nicht etwa an den sog. revisionistischen Schulen) orientierte, ohne dabei, wie an seiner Einleitung und den Literaturempfehlungen ersichtlich, die Darstellung anderer tiefenpsychologischer Schulen zu vernachlässigen. Andererseits behandelt er zugleich zahlreiche sozial- bzw. gesellschaftskritische Werke, wobei er gerade Mitscherlichs ‚Auf dem Wege zur vaterlosen Gesellschaft' (1963) besonders hervorhebt.

sprochen hat, dass die Psychoanalyse kein Gegenstand wäre, den man in Hörsälen der Universität behandeln kann, es sei eine Schweinerei, für die die Polizei zuständig sei, noch heute nachwirkt. Das sagt man heute nicht mehr, man denkt es aber, sonst hätten wir heute Lehrstühle für Tiefenpsychologie" (ebd., S. 103).

3 Die Zähmung des Individuums als Kernelement der Sozialpädagogik Simonsohns

Etwa zur gleichen Zeit, 1966, verfasste er daher den Artikel ‚Die Aggression als soziales und erzieherisches Problem' (2012 [1966], S. 122–134) für die wenig bekannte *Diskussion – Zeitschrift für Probleme der Gesellschaft und der deutsch-israelischen Beziehungen*. Hierin wird m. E. nach sehr gut deutlich, warum Simonsohn die Problematik der Aggression derart beschäftigte. Unter Bezug auf Freud und den jüdisch-kommunistischen Juristen und Publizisten Alfred Kantorowicz beschreibt Simonsohn, was es für ihn bedeutete, dem Selbstvernichtungstrieb Herr zu werden, nämlich

> „der Gewalttätigkeit, des Machtmissbrauchs der Herrschenden, der Entmenschlichung des Staates Einhalt zu gebieten [...]. Dem Opfer der Aggression wird man nicht beweisen müssen, dass die *Beherrschung des Aggressionstriebes die zentrale Aufgabe aller derer ist, die eine menschlichere Gesellschaft erstreben.* Wir alle haben erst lernen müssen, dass der Satz Freuds, der *uns einst wie eine Blasphemie erschien*, nicht der müden Resignation eines kranken und alternden Mannes entsprang, sondern eine tiefe Wahrheit enthält: ‚Es wird den Menschen offenbar nicht leicht, auf die Befriedigung dieser Aggressionsneigung zu verzichten; sie fühlen sich nicht wohl dabei.' *Die Verkennung dieser tiefen Einsicht ist uns allen nicht gut bekommen.*" (Simonsohn 2012 [1966], S. 122; Herv. N.B.)

Simonsohn spielt hier nicht nur ganz offensichtlich auf seine eigene nationalsozialistische Verfolgung an, sondern räumt mit dem Bezug auf die Blasphemie zugleich eine frühere Fehleinschätzung (wahrscheinlich aus seiner eigenen jugendbewegten Weimarer Zeit) ein, welche die Aggression als ein gar positiv veränderndes Potential verklärte. Deutlich wird dies auch anhand einer persönlichen Enttäuschung, die mit der sog. Befreiung vom Nationalsozialismus am 8. Mai 1945 einherging. Anstelle der

> „hochgespannte[n] Erwartung, dass nunmehr eine Zeit gekommen wäre, eine gerechtere Ordnung zu schaffen und die gesellschaftlichen und politischen Verhältnisse in Deutschland [...] von Grund auf neu zu gestalten [...], mussten wir *trotz einiger hoffnungsvoller Ansätze eine gefährliche Enttäuschung und den Rückfall in Verhältnisse erleben, die erst zu Krieg und Barbarei geführt hatten.* [...] *Wir würden unumstößlich psychologische Tatsachen übersehen, wenn wir die Ursachen nur in der unzureichenden politischen Bildung und in der mangelnden Ordnung der Gesellschaft suchten.* Haben wir uns schon

ernsthaft mit dem auseinandergesetzt, was die Menschen erst dazu befähigen würde, diesen Zerstörungstrieb einzudämmen oder ihn in positiv-schöpferische Kräfte umzusetzen?" (ebd.; Herv. N.B.)

Er konstatiert also (v. a. in Richtung der politischen Bildung), was auch Adorno (1971 [1959, S. 25) einst aufgegriffen hatte, nämlich das Fortleben der nationalsozialistischen Barbarei in den Tiefenstrukturen der demokratischen Gesellschaft, was zugleich auf die Grenzen von Sozialpädagogik und -politik verweist. In diesem Sinne ist auch die von Simonsohn formulierte Kritik am Rationalitätsbegriff der „fortschrittlichen Kräfte" (ebd., S. 123) zu verstehen, die zugleich seine, diesen Artikel strukturierende Theorieperspektive darstellte:

> „Wenn wir darum wirklich die Welt verändern wollen, müssen wir *nicht nur die sozialen und politischen Voraussetzungen* dafür *schaffen;* vor allen Dingen stellt sich *unübersehbar das Problem der Bewältigung der Aggressivität, der ‚Zähmung' des Individuums.* Wenn es nicht gelingt, gleichzeitig auch die psychologischen Voraussetzungen hierfür zu schaffen, laufen wir Gefahr, dass, bei der gewaltigen Steigerung der Zerstörungsmittel, die Welt, die wir bessern wollen, vorher zugrunde geht." (ebd.)

Diese „Zähmung" sei eben auch eine Frage danach, ob „Ventile" zum „Dampf ablassen" zur Verfügung stünden. Bei alledem steht Simonsohn noch zwanzig Jahre nach seinem Ende stets der Nationalsozialismus und seine Nachgeschichte vor Augen:

> „was wir jeden Tag von den KZ-Prozessen lesen und hören, ist ein Beispiel dafür, dass [...] der angestaute Ärger, die Unlust und die Lebensenttäuschung breiter Massen von Zeit zu Zeit immer wieder in Explosionen münden, deren sich Machthaber für ihre Zwecke bedienen können. [...] Dem stürmischen Fortschreiten der intellektuellen Kräfte in Wissenschaft und Technik, zu einer immer weitergehenden Beherrschung der äußeren Natur [...] führend, entspricht nicht das Tempo der Entwicklung seiner inneren Kräfte, der affektiven Befriedigung und seiner sozialen Moral. Sie bleiben hoffnungslos zurück, stürzen ihn in Unsicherheit, in Selbstentfremdung. Dies führt immer wieder zu einem Durchbruch der Aggressivkräfte in Massensituationen." (ebd., S. 125 f.)

Und genau in solchen Situationen leiten sich Simonsohn zufolge „die Aggressionen der Massen nach außen oder gegen Minoritäten ab[]. So ist aber keine dauerhafte Neutralisierung der Aggression möglich. Der Hass, der nur auf einen anderen projiziert wird, kann wohl zu einem Bindemittel nach innen werden, er muss aber ständig reproduziert werden" (ebd., S. 127). Deutlich wird nicht nur die Angst vor erneuter Abfuhr gesellschaftlicher Aggressionen an Minoritäten. Am Vorabend des 6-Tage-Krieges in Israel sowie der 68er Revolten ist es ihm scheinbar auch ein Anliegen, auf die Dialektik des Fortschritts und dabei auf die Kehrseiten von Aufbruch und Enthemmung hinzuweisen.⁴ Diese Skepsis gegenüber der halbblinden Freisetzung von Energien und ‚Potentialen', wie sie etwa in Kentlers (1986 [1964], S. 57) „Explosionsmethode" progressiver Jugendarbeit angedacht war, unterscheidet m. E. Simonsohns Sozialpädagogik diametral von seinen damaligen Fachkolleg*innen.

4 Simonsohns öffentlich-politisches Interesse und die halböffentliche Meinung in der BRD gegen Ende der 1960er Jahre

Es scheint mir zudem bedeutsam, dass Simonsohn seine radikale Kritik zu diesem Zeitpunkt, also Mitte der 1960er Jahre, noch immer nur im halb-öffentlichen Kreise der Opfergemeinschaft artikulierte, wie etwa bei der AWO-Tagung oder in der israelsolidarischen Zeitschrift *Diskussion*. Denn in der deutschen Öffentlichkeit war v. a. als Jude längst nicht alles sagbar – ein Umstand, der seinerzeit aus das Frankfurter *Institut für Sozialforschung* beschäftigte (Pollock 1955; Becker 2022). Simonsohns Vortrag auf der AWO-Tagung im Jahr 1964 wurde erst 1969 in eigener Herausgeberschaft einer breiteren Öffentlichkeit zugänglich gemacht, und zwar kurz nachdem erstmals seit der Gründung der BRD ein Sozialdemokrat zum Bundesminister der Justiz berufen wurde: Gustav Heinemann (SPD), der kurz darauf zum Bundespräsidenten gewählt wurde, nutzte das Vorwort, um

---

4   Diese Zeit war für Simonsohn in politischer Hinsicht besonders schwierig. Mit Wolfgang Abendroth führte er Debatten über den im *Sozialistischen Deutschen Studentenbund* (SDS) aufkommenden Antizionismus (Aden-Grossmann 2007, S. 248 ff.) und sah sich selbst dazu veranlasst, an der Frankfurter Universität entsprechend politisch aktiv zu werden (ebd., S. 253; Simonsohn 1967). Zur „Verwirrung der Linken" (Simonsohn 2012, S. 44 ff.) bemerkt Simonsohn in der Zeitschrift *Diskussion* mit Verweis auf Isaac Deutschers Bonmot des „Antiimperialismus der dummen Kerls" (ebd., S. 51 f.), dass sie die „antisemitische Pogromhetze [...] im Stil des ‚Stürmer'" in arabischer Presse, Rundfunk und Schulbüchern nicht wahrnehmen wollte und dass „manche Studenten [...] an der Arbeiterbewegung und der Sowjetunion verzweifeln und deshalb ihre ganze Hoffnung auf den antiimperialistischen Kampf der zurückgebliebenen Massen setzen" (ebd., S. 52). Indem Simonsohn (2012, S. 152 ff.). Im Gegensatz zu einigen, sich als sozialistisch verstehenden Pädagog*innen seiner Zeit, wendete er seinen internationalen Blick nie von der realen Situation in den sozialistischen Ländern ab. Simonsohn konnte aber zugleich auch vor Ort selbst eine Kritik an den Blindstellen und Projektionen der real existierenden Arbeiter*innen- in Form der Gewerkschaftsbewegung formulieren, der er sich dennoch zugehörig fühlte. Trotz allem lösten sich seine Sympathien für die Studierendenproteste nie vollständig auf, er verbarg sie auch nicht (Aden-Grossmann 2007, S. 303 ff.). Für seinen, sich ebenfalls als Linken verstehenden Ex-Kollegen Maòr war diese Zeit gleichermaßen herausfordernd, was ich an anderer Stelle (ebenfalls für die bewegenden Jahre um 1968) dargelegt habe (Böttcher 2022b) Eine Anekdote, die mir sein Sohn Maimon Maór dazu erzählte, war, dass sich um 1967 einstige Kolleg*innen und Verbündete, wie bspw. der zuvor von der Kibbutz-Bewegung begeisterte Horst Stemmler (Stemmler/Falkenberg 1967), plötzlich abwendeten. „Das war ein Phänomen." Auch in Heidelberg, dem damaligen Wohnort der Maòrs, sei bspw. zu dieser Zeit die zuvor enge Verbindung des SDS mit der *Deutsch-Israelischen-Gesellschaft* (DIG) zerbrochen.

sich politisch gegen seine Vorgänger zu positionieren. Die Dokumentation gehe gegen „die Unvernunft eines Strafrechtssystems, das sinnlose Härten metaphysischen Spekulationen zuliebe in Kauf nimmt", und gegen die „Wortführer[] eines kriminalpolitischen Rückwärtskurses" (Heinemann 1969) vor. Letztlich zeichnet dieser Band dabei geschickt den Weg nach, wie seine eigene sozialpolitische wie -pädagogische Position innerhalb des bundesrepublikanischen Diskurses (wieder) verhandelbar wurde.[5] Kurz danach, im Jahr 1970, publizierte Simonsohn den Artikel „Sozialpolitik ist die beste Kriminalpolitik. Zur Denkschrift der Arbeiterwohlfahrt ‚Vorschläge für ein erweitertes Jugendhilferecht'" (Simonsohn 2012 [1970], S. 135–142) in den *Gewerkschaftlichen Monatsblättern*. Während er bis dahin alle diese Denkschrift betreffenden Texte mit einem Zitat des sozialdemokratischen Justizministers der Weimarer Republik, Gustav Radbruch, einleitete, zitierte er nun eingangs aus Fritz Bauers (1957) Abhandlung ‚Das Verbrechen und die Gesellschaft'. In seinem Artikel zeigte sich Simonsohn sichtlich darüber besorgt, „[d]ass dissoziale wie neurotische Fehlentwicklungen rapid zunehmen, dass sich das Ausmaß an Gewalttätigkeit und Bindungslosigkeit bei Teilen der jüngeren Generation steigert […]. Erscheinungen, die in allen hochindustrialisierten Staaten zu beobachten sind und mit der Entwicklung der Gesellschaftsstruktur in einem direkten Zusammenhang stehen." (ebd., S. 135) Während Simonsohn psychische Fehlentwicklungen aus der Arbeit mit der jüdischen Jugend kannte, weil diese vielfach als Folgeerscheinungen der Shoa auftraten (Böttcher 2022a, S. 125 f.), diagnostizierte er nun zum Teil andere Symptome, insbesondere Aggressionen, und führte diese auf Ursachen zurück, die über die ‚normalen' Randerscheinungen der Industrialisierung (Überreizung etc.) hinausgingen. Nach Simonsohn seien die psychischen Konflikte weitestgehend berechtigter „Ausdruck der Entfremdung vieler Jugendlicher von überholten

---

5   Seine eigene Position verdeckt Simonsohn dabei keinesfalls. Nach einer Marx-Entwendung („Ein Gespenst geht um in der Welt, das Gespenst der Jugendkriminalität.") versucht er anhand historischer Dokumente die seit Beginn der Einführung des Jugendstrafgesetzes geführten Diskussionen um die Aufhebung des Straf- zugunsten des Erziehungsgedankens zu rekonstruieren. Dass in dem Band auch weniger reformorientierte Stimmen zu Wort kommen, begründet Simonsohn damit, „daß bei den älteren, hier abgedruckten Abhandlungen die Auswahl nach dem Gesichtspunkt des Zusammenhangs mit den Vorschlägen der AW-Denkschrift vorgenommen wurde." (ebd., S. 19) Es ging ihm also in historiografischer Hinsicht nicht nur um das Bergen verschüttgegangener (progressiver) Ideen (wie etwa von Helene Simon oder August Aichhorn), sondern auch um die Sichtbarmachung der Kontinuität dieser Kontroverse (resp. ihrer konservativen Anteile). Seine eigene Position macht er dabei immer wieder deutlich, etwa wenn er bemerkt, dass – hier Nohl zitierend – „[n]icht der verwahrloste Jugendliche […] die Gesellschaft [bedroht], die Gesellschaft selbst bedroht den Jugendlichen mit Verwahrlosung." (ebd., S. 27) Simonsohn lässt den Band mit der AWO-Denkschrift zur Erweiterung des Jugendhilferechts, die von der Jugendrechtskommission, in welcher Simonsohn Mitglied war, erarbeitet wurde, enden und sieht in ihr damit den (erhofften) Endpunkt der gesellschaftlichen Entwicklung.

gesellschaftlichen Lebensordnungen und Wertvorstellungen. In solchen Zeiten ertönt sehr schnell der Ruf nach strengerem und hartem ‚Durchgreifen' und es ist bedrückend, dass er nicht nur von den Verteidigern alter Machtstrukturen erhoben wird." (Simonsohn 2012 [1970], S. 135 f.). Er erkannte also nicht nur in der konservativen Ecke ein entsprechendes Strafbedürfnis gegenüber der Jugend. Daher argumentierte er bzgl. der Frage, „[w]arum sich die Gewerkschaften mit dem Problem befassen müssen" (ebd., S. 137), damit, dass „[l]eider [...] gerade auch in großen Teilen der Arbeiterschaft Verständnislosigkeit, wenn nicht gar Ablehnung, gegenüber allen Bemühungen [besteht], an dieses Problem [...] mit Methoden heranzugehen, die den Anspruch jedes noch so jungen Menschen, auf freie Entfaltung seiner Persönlichkeit und Menschenwürde [...] ernst nehmen." (ebd.) Und trotz dessen, dass Simonsohn hier auch um den Autoritarismus in der jungen wie alten Arbeiter*innenschaft besorgt war, hielt er am Prinzip der „Sinnlosigkeit des Strafvollzugs" (ebd.) in jeglicher Hinsicht fest und plädierte stattdessen für „Jugendhilfe statt Strafe", „Erziehungskurse statt Jugendarrest", für „Bewährungshilfe" und „Vorbeugende Jugendhilfe" (ebd., S. 138–142). Am Ende betont er „ausdrücklich [...], dass im neuen Gesetz nicht die Erziehungshilfen im Vordergrund stehen sollen [...]. Vielmehr soll der aus Art. 2 des Grundgesetzes hergeleitete Rechtsanspruch auf Erziehung und Hilfe zur freien Entfaltung der Persönlichkeit" (ebd., S. 142) in über die Familienerziehung und Schulbildung hinausweisenden Institutionen gewahrt werden. Er schreibt daher, dass die bestehende Jugendhilfe „von Grund auf neu zu durchdenken" und als „[a]llgemeine Förderung der Jugend" zu konzipieren wäre. Nach Simonsohn sollte

> „gegenüber dem nicht mehr zeitgemäßen Begriff ‚Jugendpflege' zum Ausdruck kommen, dass es sich hier um einen dynamisch zu verstehenden Wandel des Erziehungs- und Bildungsauftrages handelt; er soll den jungen Menschen helfen, den entpersönlichenden und enthumanisierenden Tendenzen in Beruf und Freizeit, Gesellschaft und Politik zu widerstehen und *nicht ‚Anpassung' bezwecken, sondern Lernprozesse* in Gang setzen, die *notwendige gesellschaftliche Veränderungen* erst *möglich machen*. Diese Veranstaltungen sollen die *von der Jugend ausgehenden Impulse annehmen und in neuen Aktivitäten sichtbar machen*." (ebd.; Herv. N.B.)

Wenngleich Simonsohn dabei grundsätzlich in die Jugend Deutschlands einige Hoffnung legte, sei ihre gesellschaftspolitische Kraft nicht einfach nur zu entfesseln, wie es weite Teile der Reformpädagogik der 1920er Jahre und ihrer Derivate innerhalb der neu aufgekommenen ‚progressiven' Sozialpädagogik der 1960er Jahre insinuierten, sondern eben heraus*zubilden*.

5 Die „Erziehung der Erzieher" und eine eigenständige wie -willige Theorie der Sozialpädagogik

Immer wieder betonte er daher, dass mit diesem Bildungsverständnis nicht nur eine Sozialpädagogik gegenüber den Heranwachsenden, sondern zuvörderst sogar eine solche gegenüber den Erwachsenen selbst gemeint sei, weshalb er sich verhältnismäßig früh und nachdrücklich für eine breite und wissenschaftlich qualifizierte Ausbildung von Sozialpädagog*innen und Lehrer*innen einsetzte. Diese sollte dabei nicht nur psychoanalytisch, sondern zugleich (gemessen am damaligen Stand der Akademisierung an einer Universität) ungewöhnlich handlungsorientiert ausgerichtet sein (z. B. durch sozialpädagogische Praktika, vgl. Aden-Grossmann 2007, S. 269 ff.). Dass auch angehenden Lehrer*innen sozialpädagogische Grundlagen vermittelt werden sollten, war Simonsohns Begriff der Sozialpädagogik innerhalb des gesellschaftlichen und damit auch des wissenschaftlichen Gefüges geschuldet:

> „*Sozialpädagogik ist heute nicht mehr nur Fürsorge* für Benachteiligte, Gefährdete und Gestrauchelte, sei es auf Grund von Schwächen und Mängeln in der Anlage oder Umweltbedingungen, *sondern ein integrierender Bestandteil der gesamten Pädagogik für alle Kinder und Jugendlichen*. Es bedarf besonderer pädagogischer Bemühungen, um die Schäden und Gefahren, die die Entwicklung zur industriellen, technisierten und bürokratisierten Gesellschaft mit sich bringen, auszugleichen und ihnen nach Möglichkeit vorzubeugen. [...] Die [...] Erkenntnis, dass es sich *nicht mehr* um *besondere Nöte Einzelner oder besonders gefährdeter Gruppen, sondern um eine allgemeine existentielle Not der heranwachsenden Generation* handelt, macht die Sozialpädagogik nicht mehr zu einem besonderen Gebiet neben der Schulpädagogik, sondern zu einem untrennbaren Bestandteil der gesamten Pädagogik." (Simonsohn, 2012 [1968], S. 97; Herv. N.B.)

Ähnlich wie Mollenhauer (1991 [1964]) denkt er die Sozialpädagogik zwar ebenfalls von der Jugendhilfe aus, welche wiederum aufgrund der Verwerfungen *dieser* Form der bürgerlichen Gesellschaft notwendig wurde. Bei Simonsohn verliert sie jedoch gänzlich ihren Status des Sonderfalls (bzw. seiner professionellen Kompensation) dadurch, dass sich die Beschädigungen tief in all ihre Subjekte einschreiben. Normativ betrachtet ist sein politisches Anliegen dadurch, die gesellschaftliche Entwicklung in ihrer Gänze – durch den Blick, den die Sozialpädagogik gewährt – zu kritisieren. Die sozialpädagogische Bildungs- und Erziehungsaufgabe bestehe für ihn so lange fort, wie diese gesellschaftlichen Verhältnisse existieren. Es gelte also nach Simonsohn nicht, die Sozialpädagogik als eigenständige Institution vorschnell aufzulösen, sie sollte aber auch die anderen Institutionen nicht einfach ergänzen. Vielmehr sollte sie so konzipiert werden, dass sie, wie Simonsohn für die Schule ausführte, deren instrumentelle Rationalität zu brechen verhilft, indem sie als grundlegendes „Denkprinzip" (Aden-

Grossmann 2007 S. 265) einen allgemeinen, gesellschaftlichen Auftrag erhält. Die arbeitsteilige Differenzierung der Gesellschaft wie ihre wissenschaftliche Spezialisierung, die unumgänglich seien, machten „eine Zusammenfassung des Wesentlichen, seine theoretische Durchdringung und Analyse" (ebd., S. 275) notwendig und beförderten „das Bedürfnis nach einer eigenständigen wissenschaftlichen Disziplin der Sozialpädagogik" (Simonsohn, zit. n. Aden-Grossmann, 2007, S. 275). Hier stehe Deutschland, vom internationalen Fachdiskurs aus gesehen, v. a. aufgrund der durch den Nationalsozialismus abgebrochenen Reformentwicklungen (resp. der mit ihm vertriebenen Personen) noch weit zurück, was sich auch in der damals noch ausstehenden, breiten Akademisierung zeige. Zugleich hob er mit seinem Begriff der Sozialpädagogik hervor, dass Bildung als Vorbedingung für Politik gelten müsse, dass also Aufbegehren und Selbstorganisation der Jugend mit Blick auf die gesellschaftliche Triebstruktur nicht ohne Bewusstwerdung von dieser erfolgen könne. Autonomie wird nach Simonsohn nur durch Übertragungsleistungen (der Gesellschaft auf die Rolle der Erziehenden) und libidinöse Besetzungen im Erziehungsverhältnis aktiviert. Während Zwang hierbei nur Abwehr und Regression befördere, könne für den Bildungsprozess „die enge Bindung zur Stärkung des Ichs mittels Selbstverwaltung und Selbstbestimmung benutzt werden" (Simonsohn 2012 [1970], S. 131). Im Deutschland der 1960er Jahre sei dabei jedoch zuvörderst eine „Erziehung der Erzieher" (ebd.) nötig – ein Topos, der sich nicht nur wortgetreu bei Adorno (1971 [1959], S. 25), sondern in ähnlicher Weise auch bei Maòr (1963, S. 18) und seinem Begriff der „Nacherziehung" findet (Maòr 1975, S. 110; vgl. Böttcher 2022b). Aber auch später, etwa in den Schriften Brumliks (2004 [1992], S. 282 ff.), haben aus jüdischer Perspektive ganz in ähnliche Motive Anklang erzeugt. Während Eigenverantwortung und (politische) Entscheidungsprozesse nach Simonsohn immanenter Bestandteil jeder (sozialistisch-humanistischen) Pädagogik sein müssten, ging es ihm mit seinem Begriff der Sozialpädagogik also nicht nur um die Überwindung materieller Nöte. Er visierte viel mehr noch eine Subjektkonstitution an, die frei von Ängsten und Autoritarismus ist. Die tiefenpsychologische Bearbeitung dieser bereits in der frühen Kindheit erworbenen Charakterstrukturen war für ihn die Vorbedingung für das, was seinerzeit als politische Bildung und Jugendarbeit popularisiert, dort aber vernachlässigt wurde. Gerade weil Simonsohn dieses Erziehungs- zugleich als generationales und gesellschaftliches Konfliktverhältnis begriff, war für ihn dabei ein radikalantiautoritäres Pädagogikverständnis, welches die Jugend lediglich vom Einfluss ihrer Erzieher*innen freizuhalten versuchte, noch längst keine (pädagogische) Lösung des Aggressionsproblems.

Literatur

Aden-Grossmann, Wilma (2007): Berthold Simonsohn. Biographie des jüdischen Sozialpädagogen und Juristen (1912–1979). Frankfurt/Main: Campus.

Aden-Grossmann, Wilma (2012): Einführung. In: dies. (Hrsg.): Berthold Simonsohn. Ausgewählte Schriften 1934–1977. Kassel: university press, S. 7–15.

Adorno, Theodor W. (1971 [1959]): Was bedeutet: Aufarbeitung der Vergangenheit. In: ders.: Erziehung zur Mündigkeit. Frankfurt/Main: Suhrkamp, S. 10–28.

Bauer, Fritz (1957): Das Verbrechen und die Gesellschaft. München, Basel: Ernst Reinhardt Verlag.

Becker, Michael (2022): Soziologie und Postnationalsozialismus. Die Bedeutung des Nationalsozialismus für die Entwicklung der westdeutschen Soziologie 1945–1968. (bisher unveröffentlichte Dissertation, Jena)

Böttcher, Norman (2022a): Jüdische Jugendarbeit nach der Shoa. In: Amthor, Ralph-Christian/Bender-Junker, Birgit/Kuhlmann, Carola/Steinacker, Sven (Hrsg.): Kontinuitäten und Diskontinuitäten Sozialer Arbeit nach dem Ende des Nationalsozialismus. Band 2. Weinheim, Basel: Beltz Juventa, S. 119–133.

Böttcher, Norman (2022b): Deutsche Sozialpädagogen, werft eure sozialen Schrullen ab! Harry Maòrs Verhältnis zur ‚progressiven' Sozialen Arbeit in der postnationalsozialistischen Gesellschaft. Distanz-Magazin, 7/2022, S. 123–146. https://www.distanz-magazin.de/magazin/7-distanz/ (Abfrage: 16.5.2023)

Böttcher, Norman (2023): "Die Beherrschung des Aggressionstriebes ist die zentrale Aufgabe" – Zur Bedeutung der Sozial- und Jugendpädagogik jüdischer Protagonist:innen in der postnationalsozialistischen Bundesrepublik. In: Medaon, 2/2023.

Brumlik, Micha (2004 [1992]): Bildung zur Gerechtigkeit. Über Moralpädagogik und Jugendarbeit. In: ders. (Hrsg.): Advokatorische Ethik. Zur Legitimation pädagogischer Eingriffe. Berlin, Wien: Philo, S. 274–288.

Heinemann, Gustav W. (1969): Vorbemerkung. In: Simonsohn, Berthold (Hrsg.): Jugendkriminalität, Strafjustiz und Sozialpädagogik. Frankfurt/Main: Suhrkamp, S. 5.

JS – Jüdische Sozialarbeit. Mitteilungsblatt der ZWST (1956–1965). Frankfurt/Main: ZWST.

Kentler, Helmut (1986 [1964]): Versuch 3. In: Müller, Carl Wolfgang et al. (Hrsg.): Was ist Jugendarbeit? Vier Versuche zu einer Theorie. München: Juventa, S. 37–88.

Maòr, Harry (1963): Impulse für Gemeinschaftsarbeit. In: JS – Jüdische Sozialarbeit. Mitteilungsblatt der ZWST, Jg. 8, Nr. 3–4, Frankfurt/Main: ZWST, S. 18.

Maòr, Harry (1975): Soziologie der Sozialarbeit. Stuttgart, Berlin, Köln & Mainz: Kohlhammer.

Mitscherlich, Alexander (1963): Auf dem Weg zur vaterlosen Gesellschaft. München: Piper.

Mollenhauer, Klaus (1991 [1964]): Einführung in die Sozialpädagogik – Probleme und Begriffe der Jugendhilfe. Weinheim: Beltz.

Pollock, Friedrich (1955): Gruppenexperiment. Ein Studienbericht. Frankfurt/Main: Europäische Verlags-Anstalt.

Simonsohn, Berthold (1967): Frieden im Nahen Osten. Frankfurt/Main: Europäische Verlagsanstalt.

Simonsohn, Berthold (1969) Vom Strafrecht zur Jugendhilfe. Ein geschichtlicher Überblick. In: ders. (Hrsg.): Jugendkriminalität, Strafjustiz und Sozialpädagogik. Frankfurt/Main: Suhrkamp, S. 7–29.

Simonsohn, Berthold (1974). Texte zur Vorlesung „Psychoanalytische Aspekte der Pädagogik und Sozialpädagogik". Frankfurt/Main: ohne Verlag.

Simonsohn, Berthold (2012): Ausgewählte Schriften 1934–1977. In: Aden-Grossmann, Wilma (Hrsg.): Berthold Simonsohn. Ausgewählte Schriften 1934–1977. Kassel: university press, S. 16–195.

Stemmler, Horst; Falkenberg, Walmot (1967): Der Konflikt im Nahen Osten (I). In: Neue Kritik, 42–43/1967, S. 54–68.

VIII. Ein Resultat von Konflikten: die Akademisierung der Sozialen Arbeit[1]

Peter Buttner

1 Einleitung

Dieser Beitrag stellt die Akademisierung der Ausbildung von Sozialarbeiter/innen und Sozialpädagog/innen als Gründungskontext des „Archivs für Wissenschaft und Praxis der sozialen Arbeit" vor. Er geht den Spannungen und Spaltungen nach, die den Prozess der Akademisierung begleiteten, und fragt nach aktuellen Perspektiven für die Ausbildung der Sozialberufe.

Die Akademisierung von Sozialarbeit und Sozialpädagogik gehört zum Gründungskontext des „Archivs für Wissenschaft und Praxis der sozialen Arbeit". Schon der Name zeugt davon: Die Paarformel „Wissenschaft und Praxis" ist für Akademisierungsprozesse[2] symptomatisch. Mit ihr ist der Rückbezug der Wissenschaft an die Erfordernisse der Praxis angesprochen und zugleich der Anspruch, das berufliche Erfahrungswissen zu wissenschaftlichem Wissen weiterzuentwickeln. Einerseits bedarf die sich modernisierende Praxis der wissenschaftlichen Durchdringung, andererseits braucht Wissenschaft die Praxis als Erfahrungsreservoir. Dies zusammengenommen kann als eine Grundformel der Akademisierung (nicht nur der Sozialberufe) gelten, und so dürften sich auch der Gründer und die Förderer des Archivs verstanden haben.

Allerdings kann das wissenschaftliche Wissen nur Bestand haben, wenn es auch zur Lösung realer (praktischer und berufsbezogener) Probleme Substanzielles beitragen kann. Zur Frage, ob dies zutrifft, gab es damals durchaus divergierende Ansichten. Dass sich dies bis heute nicht ganz erledigt hat, könnte nun selbst eine Spätfolge der Akademisierung sein, denn durch die Umwandlung der Höheren Fachschulen in Fachhochschulen Anfang der 1970er-Jahre waren gerade die Lehrenden, die die eigentliche sozialberufliche Erfahrung mitbrachten, zu einem Lehrpersonal zweiter Klasse geworden: die Sozialarbeiterinnen und Sozi-

---

1   Bei diesem Beitrag handelt es sich um einen unveränderten Nachdruck des gleichnamigen Beitrags im Archiv für Wissenschaft und Praxis der sozialen Arbeit 4/2020. Wir danken dem Deutschen Verein für öffentliche und private Fürsorge, namentlich Frau Dr. Sabine Schmitt, für die freundliche Genehmigung.
2   Das gilt für so unterschiedliche Felder wie die Agrarwissenschaft, kirchliche Wissenschaften oder die Kriminalistik, vgl. z. B. Uekötter, 2010, S. 47.

alarbeiter. Weil sie in der Regel nicht promoviert waren, wurden sie nicht in den Professorenstand erhoben. So wurde eine Ressource in der Ausbildung an den Rand verwiesen: Sie wurde als Quelle und Korrektiv für die Wissenschaft nicht in dem Maße genutzt, wie es möglich gewesen wäre. Und anderseits gibt es auch gewisse Vorbehalte der heutigen Praktiker/innen (die ja selbst einmal studiert haben) gegenüber den jüngeren Akademiker/innen.

Im vorliegenden Beitrag soll die Akademisierung der Sozialen Arbeit vor allem in ihrem zeitgeschichtlichen Kontext dargestellt werden.[3] Mein Anliegen besteht nicht darin, einfach ein Loblied auf die Akademisierung zu singen. Das wäre nicht allzu schwer, bedeutsamer scheint mir aber, den Blick mehr auf die Spannungen zu lenken, die sie begleiten. Auf diese Weise lässt sich besser darüber reden, wie die Ausbildung der Sozialberufe heute ggf. weiterentwickelt werden kann.

2 Die Geburt der Fachhochschulen

Die Akademisierung der Ausbildung von Sozialarbeit und Sozialpädagogik war eine wichtige Wende auf dem Weg der Professionalisierung dieser beiden Berufe bzw. der Sozialen Arbeit. Der Startschuss dafür war das „Abkommen zwischen den Ländern der Bundesrepublik zur Vereinheitlichung auf dem Gebiet des Fachhochschulwesens" vom 31. Oktober 1968 (KMK 1968). Ein erster, wenn auch quantitativ nicht so markanter Schritt war dann die „Rahmenordnung für die Diplomprüfung in Erziehungswissenschaft" vom März 1969 (KMK 1969), auf deren Basis später an mehreren universitären Standorten und an Pädagogischen Hochschulen auch die Studienrichtung Sozialpädagogik gewählt werden konnte. Dieser Schritt war Frucht längerer Bemühungen um eine Akademisierung der Sozialpädagogik. Der für die Praxis gewichtige große zweite Schritt war bald darauf die Etablierung der Studiengänge Sozialarbeit und Sozialpädagogik an den neu gegründeten Fachhochschulen auf Basis der Fachhochschulgesetze der Länder ab Juni 1969.[4]

---

3   Zur Diskussion um das formale Ausbildungsniveau, also die „Höhenlage" (Salomon 1927, S. 61), der Wohlfahrtsschulen in den Tagen Alice Salomons und zu den Nachkriegsentwicklungen bis hin zu den Höheren Fachschulen siehe Kruse 2004.
4   Das erste Fachhochschulgesetz wurde am 9. Juni 1969 vom schleswig-holsteinischen Landtag beschlossen, kurz darauf folgte Nordrhein-Westfalen. Bayern, Berlin, Bremen, Hamburg, Hessen und das Saarland erließen ihre Fachhochschulgesetze 1970. Neben den erziehungswissenschaftlichen Studiengängen mit der Vertiefungsmöglichkeit Sozialpädagogik und den Studiengängen an den Fachhochschulen entstand mit den Berufsakademien in Baden-Württemberg eine dritte und Gesamthochschulen in Hessen und Nordrhein-Westfalen eine vierte Variante (vgl. Kruse 2004, S. 107 ff.). Zwischenzeitlich waren, u. a. in Baden-Württemberg, auch Akademien als Institutionen zwischen Schule und Hochschule vorgesehen. Im Februar 1971 wies Gukelberger (1971, S. 52) darauf hin, dass im Hochschulgesamtplan der Landesregierung von

Für die Anhebung der sozialen Ausbildung auf die tertiäre Bildungsstufe standen allerdings nicht primär sozialberufliche, sondern wirtschaftspolitische Bestrebungen Pate, auch wenn es kontroverse Diskussionen um die Gleichstellung der Sozialarbeiterausbildung mit der der Ingenieure seit Mitte der 1960er-Jahre gegeben hatte (vgl. Bock 1999, S. 68). Bei der Schaffung der Fachhochschulen aber ging es in erster Linie um die Statusangleichung der deutschen Ingenieurschul-Ausbildung an die Anerkennungsvoraussetzungen innerhalb der Europäischen Wirtschaftsgemeinschaft (EWG; vgl. Buttner 2019, S. 497f.). Neben den Ingenieurschulen wurden auch höhere Fachschulen nichttechnischer Bildungswege wie Wirtschaftsschulen, Akademien für Gestaltung und eben die höheren Fachschulen für Sozialpädagogik und Sozialarbeit in die neu zu gründenden Fachhochschulen einbezogen – was ihnen mancherorts seitens der Ingenieure die Bezeichnung „Trittbrettfahrer" eintrug (Brockhausen 2011, S. 12; Pfaffenberger 1996, S. 38). Tatsächlich waren es die Leiter der Ingenieurschulen gewesen, die mit ihrer Forderung nach Akademisierung der Ausbildung seit den frühen 1960er-Jahren Druck aufgebaut hatten und schließlich die Ingenieurschul-Studierenden, die mit öffentlichen Protesten den Druck erhöht hatten. Dass also der Akademisierungserfolg in erster Linie den Ingenieuren zuzuschreiben war und „die deutschen Sozialschulen auf diesen Zug aufsprangen" (Steinmeyer 1971, S. 207), wurde auch im Sozialwesen so gesehen. Im Juli 1968 setzt sich der Bayerische Studentenverband der Höheren Fachschulen für Sozialarbeit (HFS) in einem Brief an den Ministerpräsident Goppel dafür ein, dass die HFS gleichberechtigt in die Akademiegesetzgebung einbezogen werden (Jacobsen/Dollinger 1969, S. 64). Der Wunsch blieb zunächst unerhört. Wie unklar die Einbeziehung der Sozialen Arbeit in die Fachhochschulen für lange Zeit blieb, kann man an der Broschüre „Sozialarbeit heute und morgen" des Bundesinnenministeriums vom Juni 1969 sehen (BMI 1969). Dort war im Abschnitt „Soziale Ausbildung – Soziale Berufe" noch nichts von Fachhochschulen zu lesen. Eine Besonderheit der sozialen gegenüber der technischen Ausbildungswelt waren die vielen kirchlich getragenen Ausbildungsstätten. Viele von ihnen wurden zu kleinen eigenständigen Fachhochschulen in kirchlicher Trägerschaft.

Die Gründung der Fachhochschulen war auch die Antwort auf ein grundsätzliches Bildungsproblem der Zeit: der Anstieg der Studentenzahlen seit Ende der 1950er-Jahre. Unter anderem im Gefolge der von Georg Picht (1964) beschworenen „Bildungskatastrophe", also dem prognostizierten eklatanten Mangel an Lehrern und Abiturienten sowie überfüllten Hörsälen in den Universitäten, wurden Hochschulfragen öffentlich als Problem wahrgenommen (Teichler 2009, S. 424f.; Turner 2004, S. 24f.). 1965 wurde der Deutsche Bildungsrat errichtet, der sich mit den quantitativen und qualitativen Mängeln des deutschen Bildungssystems

---

Baden-Württemberg noch Akademien vorgesehen seien, zweifelte aber schon an der Umsetzung.

auseinandersetzte. Der Wissenschaftsrat hatte schon 1960 in seinen „Empfehlungen zum Ausbau der wissenschaftlichen Einrichtungen" empfohlen, „die Studentenzahl nicht zu beschränken, sondern allen geeigneten Studenten Ausbildungsmöglichkeiten zu bieten, diese daher so zu erweitern, daß sie den zu erwartenden Studentenzahlen entsprechen" und auch „den Lehrkörper der wissenschaftlichen Hochschulen in allen Stellengruppen wesentlich zu verstärken" (Wissenschaftsrat 1960, S. 408 f.). Zehn Jahre später legte er die kontrovers diskutierten „Empfehlungen zur Struktur und zum Ausbau des Bildungswesens im Hochschulbereich nach 1970" vor, in denen er die stark ansteigenden Studentenzahlen[5] auf eine neue Weise thematisierte. Er stellte fest, dass sich die Zahl der Studierenden an den wissenschaftlichen Hochschulen weithin ungeplant entwickelt habe, und sieht es wegen der „Inkongruenz zwischen der Aufnahmefähigkeit der Hochschulen und der Zahl der zum Studium zugelassenen Studenten" in manchen Fächern geboten, „neue Wege zu gehen" (Wissenschaftsrat 1970, S. 29). Die Aufgabe könne „nicht nur durch einen personellen und materiellen Ausbau der Hochschulen gelöst werden" (ebd., S. 13). Der zentrale organisatorische Vorschlag des Wissenschaftsrats war, die hochschulischen Bildungsgänge in Studiengänge verschiedener Länge im Rahmen eines Gesamthochschulkonzepts zu gliedern. Diese Gedanken gingen auf den von Ralf Dahrendorf verantworteten „Hochschulgesamtplan Baden-Württemberg" (KMBW 1967) zurück, in dem die Universitäten zusammen mit den Pädagogischen Hochschulen, den Ingenieurschulen und den Höheren Fachschulen ein einheitliches, in sich durchlässiges System bilden sollten (Buttner 2019; vgl. Bartz 2007, S. 95).

Die Vorschläge von Dahrendorf und dem Wissenschaftsrat haben sich in puncto Gesamthochschule letztlich nicht durchsetzen können. Der Grundgedanke der Fachhochschulen aber, der im Gesamthochschulkonzept mit seinen kürzeren und praxisorientierten Studiengängen inhaltlich vorgedacht ist, hat sich eben doch etabliert (vgl. Buttner 2019, S. 498 f.). Die Empfehlungen des Wissenschaftsrates umfassten auch detaillierte Vorschläge zur „Gestaltung der Ausbildung für Sozialarbeit, Sozialpädagogik und angrenzende Tätigkeitsbereiche" (Wissenschaftsrat 1970, Bd. 2, S. 215–228). Diese fanden freundlichen Widerhall in der Fachpresse (Moltke 1971) und dürften die curriculare Entwicklung an nicht wenigen Stellen beeinflusst haben. Einen weiteren wichtigen Einfluss auf die Akademisierung des Sozialen hatten die allgemeinen hochschulpolitischen Entwicklungen.

---

5   Die in den Empfehlungen (Wissenschaftsrat 1970, 29) prognostizierten Zahlen der Schüler/innen, die 1980 die Sekundarstufe II durchlaufen haben würden, war mit 45–55 % zu hoch gegriffen; sie nahmen aber die weitere Entwicklung voraus. Anfang der 1980er-Jahre lag der Anteil der Abiturient/innen am Altersjahrgang noch bei knapp 20 % (MPIB 1984, S. 183).

3 Hochschule und Politik

Die Expansion des Hochschulwesens, die sich in den 1960er-Jahren stark beschleunigte (und später fortsetzte), war nicht das einzige Problem der Universitäten. Auch inhaltlich kam das traditionelle Gefüge der Universitäten unter Druck. Die schier unumschränkte Macht der Ordinarien, die wegen des expandierenden Wissens gleichzeitig immer weniger den Gesamtumfang ihrer Fächer repräsentieren konnten, und der Mangel an studentischen Mitbestimmungsmöglichkeiten wurden zunehmend problematisiert. Die Bildungsbarriere, sprich die soziale Selektion in der Schule bzw. beim Zugang zum Studium (vgl. MPIB 1984, S. 181 f.), war u. a. mit Dahrendorfs Schrift über die Arbeiterkinder an den deutschen Universitäten (1965) deutlicher ins öffentliche Bewusstsein gerückt worden als jemals zuvor. Überhaupt waren die 1960er-Jahre eine Zeit des aufwallenden Bildungsdiskurses. In ihm ging es auch schon früh um die Fragen der studentischen Mitbestimmung bzw. Demokratisierung der Hochschulen. So legte 1961 der Sozialistische Deutsche Studentenbund (SDS) die Denkschrift „Hochschule in der Demokratie" vor und machte dort Vorschläge zur Überwindung der Ordinarienuniversität (Jacobsen/Dollinger 1969, S. 28). 1962 veröffentlicht der Verein Deutscher Studentenschaften (VDS) die Denkschrift „Studenten und die neue Universität", in der unter anderem gefordert wird, dass „im Studium der gesellschaftliche Bezug der jeweiligen Wissenschaft in kritischer Funktion berücksichtigt werden" soll (ebd.).

Nach und nach wurde auch die nationale und die Weltpolitik zum Thema der Studierenden. Der studentische Protest richtete sich einerseits nach innen gegen Autoritarismus, das restaurative Klima und die Unfähigkeit der Elterngeneration, den Nationalsozialismus aufzuarbeiten, und andererseits nach außen u. a. gegen die amerikanische Unterdrückungspolitik und den Vietnamkrieg. Die parlamentarische Demokratie geriet für einen Teil der Linken unter den Verdacht, nur Verkleidung des neuen autoritären Staates zu sein – und dieser wurzele in der autoritären Persönlichkeit, die wiederum auf die entsprechende Erziehung zurückzuführen sei (vgl. Baader 2008, S. 21). Die Ostermärsche gegen atomare Bewaffnung bekamen steigenden Zulauf. Die „bestehenden Verhältnisse" überhaupt wurden zur Zielscheibe der Kritik, mit der Frauenbewegung auch die Geschlechterverhältnisse.

1965 verabschiedete der Konvent der FU Berlin einen Beschluss gegen die Annahme der Notstandsgesetze, 1966 fand in Frankfurt a. M. ein Studentenkongress gegen den Vietnamkrieg statt. Nach der Ermordung des Studenten Benno Ohnesorg auf einer Anti-Schah-Demonstration im Juni 1967 radikalisierte sich der Protest, und auf dem Kongress „Hochschule und Demokratie" eine Woche später warnte Jürgen Habermas (1969, S. 148) vor einem linken Faschismus. Das war an Rudi Dutschke, den bekanntesten Anführer der Außerparlamentarischen Opposition (APO), gerichtet und bezog sich auf sein Konzept des neuen Aktionismus, das man so auslegen konnte, dass demonstrative Gewalt auch in reale Gewaltaktionen (gegen Menschen) umschlagen könne bzw. dürfe. Im darauffolgenden Jahr wurde Dutschke selbst zum Opfer der Gewalt: Zwei Kopfschüsse aus der Waffe eines Jungnazis verletzten Dutschke im April 1968 schwer. Einen Monat darauf beschloss die Große Koalition aus CDU/CSU und SPD die Notstandsgesetze, gegen die die APO so lange Sturm gelaufen war (Vgl. Claussen/Dermitzel 1968).

Der studentische Protest, der inzwischen in verschiedene Lager auseinandergedriftet war – angefangen von denen, die sich verbal der Gewalt öffneten (und von denen sich einige Köpfe gute zwei Jahre später zur RAF zusammentaten), über Anarchisten, Trotzkisten und Maoisten bis zu den linksliberalen Reformern, Atomkraftgegnern, Pazifisten und „Spontis" –, hörte bald darauf auf, eine gemeinsame Bewegung zu sein. Er diffundierte auf unterschiedlichen Wegen in die Gesellschaft hinein – auch in die Soziale Arbeit. Das konservative Bürgertum und die „kleinen Leute" blieben verdutzt bis fassungslos zurück angesichts der Revolte der Student/innen und Oberschüler/innen, die so eruptiv aufgebrochen war, und auch angesichts des heftigen kulturellen Wandels in Gestalt der Hippie-Kultur und der sexuellen Revolution. In dieser bewegten Zeit nahm die Akademisierung der Sozialen Arbeit ihren Anfang.

4 Soziale Arbeit und Politik

Die Soziale Arbeit war von der Bewegung der Studierenden nicht unberührt geblieben, ja sie war sogar ein nicht unwichtiger Teil des Geschehens. „Die in der kapitalistischen Gesellschaftsstruktur angelegten Dequalifikationen, Unterprivilegierungen und Stigmatisierungen" seien, so schrieben Herbert Colla und Hans Thiersch (1971, S. 204), „zunehmend bewußter geworden, nicht zuletzt Studenten- und Schülerbewegung haben die Sensibilität für sozialpolitische und soziale Probleme neu geweckt". Die Auseinandersetzung mit den Problemen der „Randgruppen", also den marginalisierten Menschen wie Obdachlosen, Heimbewohnern, Gefängnisinsassen und Trebegängern, gehörte auch zum politischen Programm der APO. Herbert Marcuse, der vielleicht einflussreichste Gedankengeber der Studentenbewegung, schrieb über „das Substrat der Geächteten und Außenseiter": „Sie existieren außerhalb des demokratischen Prozesses: ihr Leben bedarf am unmittelbarsten und realsten der Abschaffung unerträglicher Verhältnisse und Institutionen" (Marcuse 1967, S. 267).

Die pädagogischen und sozialen Initiativen der Zeit wie die Kinderladenbewegung, die Heimkampagne(n) und auch die Versuche einer alternativen Psychiatrie lassen sich als Antwort hierauf verstehen, als einen Versuch, die Utopie einer besseren Gesellschaft vom Himmel der Theorie herunterzuholen auf die Ebene konkreten Handelns. Ihr Programm schloss an die Debatten um Autorität und

Antiautorität an, die für die deutsche Protestbewegung im Gefolge der Kritischen Theorie kennzeichnend waren:

> „Die gemeinsame Frage, die am Anfang der pädagogischen Aufbrüche im Kontext von 1968 stand, hieß: Wie lassen sich Erziehungsverhältnisse so gestalten, dass die nachfolgenden Generationen nicht mehr anfällig für ein System wie den Nationalsozialismus sein würden, sondern das Potential zum Widerstand hätten."

So fasst Meike Baader (2008, S. 21) die Lage für die pädagogische Seite treffend zusammen, aber ihr Gedanke trifft mutatis mutandis auch auf die damalige Psychiatriekritik zu. Auch hier spielte der Erziehungsgedanke in Verbindung mit Systemkritik eine wesentliche Rolle, auch hier ging es um die Vorstellung falscher Erziehung als Ursache der Probleme und eine Gegenkultur, mit der man hoffte, dass sie geschlossene Anstalten, Repression und Kontrolle überflüssig machen könnte.

Kritik an der Fürsorgepolitik, der Heimerziehung und dem zugrundeliegenden Gehorsamkeitsprinzip hatte es schon seit den 1950er-Jahren gegeben (Friedrichs 2018, S. 558), sie wurde in den 1960er-Jahren lauter. Ulrike Meinhof, die spätere RAF-Terroristin, beschäftigte sich seit Mitte der 1960er-Jahre als Journalistin intensiv und wiederholt mit den Zuständen in Erziehungsheimen (Meinhof 1971; vgl. Wagner 2016, S. 227). Die Heimkampagne am Ende der 1960er-Jahre, an der neben vielen anderen auch einige spätere RAF-Mitglieder teilhatten, bestanden in verschiedenen Aktionen, die sich an der „herrschaftsfunktionalen Starrheit" (Kappeler 2018, S. 46) der Heimerziehung abarbeiteten, die unhaltbaren Zustände dort publik machten und die Jugendlichen zum Widerstand und zur Flucht aus den Heimen ermunterten. Auf dem 4. Deutschen Jugendhilfetag 1970 in Nürnberg machte ein Aufruf der „Sozialistischen Aktion Jugendhilfetag" von sich reden:

> „Angesichts der tatsächlichen Verhältnisse in Heimen, Strafanstalten, in der Familienfürsorge, in den Kindertagesstätten, in der Berufsausbildung usw. und angesichts des massiven Unbehagens über diese Verhältnisse unter den Sozialarbeitern kann der Jugendhilfetag nur dann sinnvoll sein, wenn er ungehemmt die gesellschaftlichen Bedingungen analysiert, die heute die Jugendhilfe bestimmen; wenn er Ansätze einer systemkritischen Berufspraxis für Sozialarbeiter entwickelt: wenn er Wege zeigt, um die von der Jugendhilfe ‚Betroffenen' an allen Entscheidungen zu beteiligen und ihre Emanzipation zu ermöglichen" (zit. nach Kappeler 2018, S. 48).

Politisiert waren aber nicht nur junge, linke Sozialarbeiter/innen. Auch die etablierte Sozialarbeit sprach davon, dass sie „an der Gesellschaft selbst ansetzen" und „gesellschaftskritische Akzente" gewinnen müsse (Flamm 1971, S. 145).

Die Eklatanz der Missstände und das Projekt ihrer Abschaffung waren die große Spaltung, die sich mitten durch die Soziale Arbeit zog, und die Spannung, die viele junge Menschen antrieb, in die Sozialarbeit und Sozialpädagogik zu gehen.

Eine bessere Gesellschaft schien in Griffweite, es brauchte quasi nur die richtigen Initiativen und Projekte. „Im Gefolge der Studentenbewegung", schreibt Berger (1975, S. 24), „wollten immer mehr Leute Sozialarbeiter werden":

> „Gemeinsam war ihnen die Hoffnung, Erkenntnisse, die sie über diese Gesellschaft gewonnen hatten (trotz scheinbarer Demokratie: Ausbeutung der Vielen durch Wenige, Krisenanfälligkeit der kapitalistischen Wirtschaft, Funktionalisierung von Bildung und Ausbildung, Anheizung der Rüstungsindustrie u. a.) produktiv zu machen. Sie suchten einen Beruf, der es möglich machte, durch direkte Arbeit mit Arbeitern und Deklassierten diese für den Kampf für eine bessere Gesellschaftsordnung zu gewinnen und sie darin zu unterstützen" (ebd., S. 25).

5 Freiräume: von den höheren Fachschulen zu den Hochschulen

Spaltung und Spannung zeigten sich auch an den Ausbildungsstätten der Sozialen Arbeit. Studentenrevolte und soziale Bewegungen wie die Heimkampagne schlugen in den Zentren des studentischen Protestes direkt auf die Ausbildungsstätten der Sozialarbeit und Sozialpädagogik durch, sowohl was den Inhalt als auch was das Verhältnis zwischen Lehrenden und Studierenden betraf. Die Auswirkungen blieben aber nicht auf Berlin und Frankfurt begrenzt, sie griffen mit etwas Verzögerung auch in die Breite der Bundesrepublik aus. Götzelmann (2019, S. 164) berichtet für Ludwigshafen:

> „Im heißen Herbst 1970 kam es zu Konfrontationen zwischen Studierenden und Lehrenden, als sich die Studierenden aus inhaltlichen Gründen weigerten, an den Lehrveranstaltungen traditioneller Art teilzunehmen, und stattdessen begannen, autonome Veranstaltungen zu gestalten."

Die Studierendenschaft wandte sich „gegen den uneffektiven, praxisfernen, unkoordinierten und unkritischen bisherigen Unterricht" und entwickelte „nichtautoritäre, autonome, kritische und gruppenarbeitliche Unterrichtsformen" (ebd.). Das neue, von den Studierenden entwickelte Modell „sollte dem ‚Fortschritt der Sozialpädagogik' dienen und das bisherige Unterrichtsniveau von der Volksschuldidaktik auf eine neue Fachhochschularbeitsweise heben". Die Forderungen griffen Gedanken der Studentenproteste auf, aber das, was in den Höheren Fachschulen und den bald daraus hervorgegangenen Fachhochschulen davon übrig blieb, war wohl eher ein von den revolutionären Maximen abgefilterter liberaler Kern der vielgestaltigen studentischen Utopien von 1968. Wo z. B. die Ludwigshafener Studierenden das Thema „Soziale Minderheiten in der Gesellschaft" vorsahen, kann man noch einen Anklang an die von Marcuse beflügelte Randgruppenstrategie der APO durchhören, der revolutionäre Anspruch aber klingt nicht mehr mit.

In Ludwigshafen hat man noch im November 1970 einen „Kompromiss (…) zwischen Tradition und Progression" gefunden („Die Rheinpfalz" vom 26. November 1970, zit. nach Götzelmann 2019, S. 166).

So war wohl nicht nur in Ludwigshafen, sondern auch an anderen Ausbildungsstätten der Boden für eine Wiederbesinnung auf die engere Fachdiskussion bereitet, die sich nun zunehmend auf die Ziele der Verwissenschaftlichung und Professionalisierung ausrichtete – zwei Ziele, um die jahrzehntelang in der Sozialen Arbeit gerungen worden war. Nach Pfaffenberger (1996, S. 39; vgl. auch 1993, S. 198 ff.) ging es darum, wissenschaftliche Grundlagen zu schaffen und so zu einer „emergenten eigenständigen wissenschaftlichen Disziplin Sozialpädagogik/Sozialarbeitswissenschaft" zu kommen. In die Praxis sollte eine tragfähige wissenschaftliche Grundlage eingebracht und dadurch die „strukturelle Kopplung" von Wissenschaftsdisziplin und Profession weitergeführt und optimiert werden. Dass dies für die Sozialarbeit/Sozialpädagogik komplizierter als für andere (z. B. ingenieurwissenschaftliche) Fächer war (und ist), erklärt Pfaffenberger mit dem Theorem der doppelten Professionalisierungsrichtung: „von unten", indem ein Beruf (hier: die Sozialarbeit) durch akademischen Aufstieg wissenschaftliche Grundlagen sucht, und „von oben", indem eine wissenschaftliche Disziplin (hier: die Sozialpädagogik) ein außer-universitäres Praxisfeld und die Anerkennung als Beruf sucht. Er stellt zudem fest, dass der Reformschritt 1971 „für das Wissenschaftsverständnis der Sozialarbeit/Sozialpädagogik Krisen auslösend" wirkte, „indem er die Suche nach Identität und Autonomie als nicht-technologische Disziplin herausfordert und mobilisiert" (Pfaffenberger 1996, S. 40). In ähnlichem Sinne schrieb Achinger (1970, S. 2) im programmatischen Einleitungsartikel zum ersten Heft des „Archivs für Wissenschaft und Praxis der sozialen Arbeit": „Der ganze Arbeitsbereich ist, was die Ausbildung angeht, in starker Wandlung begriffen. Ihr Selbstverständnis, ihre Identität sind Gegenstand der Debatte." Diese Debatte und die Suche, von der Pfaffenberger sprach, sind heute, fünf Jahrzehnte später, nicht wirklich abgeschlossen, sie sind vielleicht eher zu einem der Markenzeichen Sozialer Arbeit geworden.

Die ausbildungsbezogene Fachdiskussion der 1960er-Jahre war in Sozialarbeit und Sozialpädagogik nicht identisch, drehte sich aber um ähnliche Fragen: das Berufsbild, die Integration von Theorie und Praxis, den Fächerkanon (und die Fächerfülle), zunehmend die Methodenlehre (vgl. Friedländer/Pfaffenberger 1966) und schließlich auch die Konvergenz von Sozialarbeit und Sozialpädagogik (z. B. Gukelberger 1971, S. 52 f.; vgl. Pfaffenberger 1993, S. 205 ff.). Dies war zum Teil verbunden mit der Diskussion über neue Ausbildungshierarchien bzw. Qualifikationsstufen (u. a. Colla/Thiersch 1971, S. 204 f.) und um die Qualifikation der Lehrenden (vgl. Kruse 2004, S. 67 ff., S. 81 f.). Dass es einen Modernisierungsbedarf gab, war vielen, wenn nicht den meisten Akteuren klar, und es hat den Anschein, dass sich unter dem Signum der Wissenschaft bzw. dem Motto der „Verwissenschaftlichung" (was für ein Wort!) viele unterschiedliche Hoffnungen sam-

meln konnten – sei es aus der gesellschaftskritischen Sozialpädagogik (z. B. Colla/
Thiersch), vonseiten der „Methodiker" (wie Pfaffenberger und Schiller) oder auch
einfach von denen, die sich, aus welchen Motiven auch immer, von Fachhochschule und Universität als Ausbildungsstätten einen frischen Wind oder einen
Statusgewinn erhofften. Der „beruflich-immanente Anspruch der Sozialen Arbeit
auf eine wissenschaftliche Ausbildung" wurde allerdings, so Grohall (2004, S. 24),
nicht wirklich ernst genommen. Bei den „Planierarbeiten in der Bildungslandschaft" dominierten aus der Sicht von Grohall „berufspolitisch-statusorientierte
Argumente". Der Anspruch der Wissenschaftlichkeit sei damals leichtzüngig erhoben worden.

Scharfe Kritik an der Sozialarbeit – im Namen der Wissenschaft und gerade gegen solche Leichtzüngigkeit gerichtet – gab es aus den Reihen der Sozialpädagogik. Otto beklagte den „bisher unzureichenden Stand ihrer theoretischen
Fundierung":

> „Statt eines Wissens über die Gründe des Problems und der Problemlösung werden
> gegenwärtig die Handlungsweisen der Sozialarbeit überwiegend auf eine Basis doktrinären Wissens zurückgeführt" (Otto 1971, S. 89).

Der Versuch, den „fehlenden Rückgriff auf Theoriewissen auf dem Gebiet der
Methodenlehre der Sozialarbeit kompensieren zu wollen", zeuge von einem „diffus-naiven Theorieverständnis". Mit dieser Kritik zog Otto die Legitimation einer
„Gleichstellung mit technisch-wirtschaftlichen Berufen" (ebd., S. 87) im Sinne
der Akademisierung der Sozialarbeit an den Fachhochschulen in Zweifel.

Anderen Gegenwind gab es von verschiedenen Seiten der Anstellungsträger
wie Kirchen, Wohlfahrtsverbänden und Kommunen (vgl. Kruse 2004, S. 112),
die z. T. zugleich als Ausbildungsträger fungierten. Von diesen Seiten wurden
vor allem eine zu starke Verwissenschaftlichung und Praxisferne als Argumente
vorgebracht. Zuspruch hingegen gab es von der Bundesarbeitsgemeinschaft
der Freien Wohlfahrtspflege (BAGFW 1969). Aus 15-jährigem Abstand relativiert
Wendt (1985, 1) die Vorwürfe „des Mangels an Praxisbezug", indem er darauf
hinweist, dass sich der gleiche Vorwurf gegen die Ingenieurausbildung an Hochschulen richtete. Auch das Argument des Statusstrebens (Hartwieg 1970, S. 317)
war aufgekommen, motiviert wohl aus Befürchtungen, dass die neuen Absolventinnen und Absolventen auf die Dauer zu teuer werden könnten. Und natürlich
dürfte bei Gegner/innen der Akademisierung auch die Furcht vor einer gesellschaftskritischen bzw. linken Politisierung von Sozialarbeit und Sozialpädagogik
eine Rolle gespielt haben. Dies klingt auch noch durch in der massiven Kritik der
Bundesvereinigung der kommunalen Spitzenverbände aus dem Jahr 1976 (BkS
1976; vgl. kurz zuvor Happe 1976 und später das Medienecho bei Marchal 1977).
Darin wurden neben dem Fehlen eines breiten Basiswissens (v. a. im Recht, der
Verwaltungskunde und der Gesundheitshilfe) und dem Mangel an praxisbezo-

gener theoretischer Ausbildung auch „falsche Vorstellungen von den Pflichten, der Haltung und der Loyalität" bemängelt. Im Rückblick fragte Teresa Bock (1993, S. 138) nach den Ursachen für die gegenseitigen Vorbehalte zwischen „der Praxis, die nach, gebrauchsfertigen' Absolventen suchte, und den Fachhochschulen, die ihren Auftrag, Lehre und Studium (...) an den Erfordernissen der Praxis zu orientieren, angeblich vernachlässigte". Sie vermutete sie „im schnellen Aus- und Aufbau der Studiengänge Sozialwesen (...). Viele Mitglieder des erweiterten oder neuen Lehrkörpers waren mit den Rahmenbedingungen der Dienstleistungsinstitutionen nicht vertraut" und somit auch nicht in der Lage, „die Studenten mit den für die Berufsvollzüge notwendigen sozialarbeiterischen Kenntnissen und Methoden (...)" zufriedenstellend auszustatten (ebd.).

6 Ausblick

Nun, nach einem halben Jahrhundert akademisierter Sozialer Arbeit, sollten die Geburtswehen ausgestanden sein, und das sind sie im Wesentlichen auch. Inzwischen hat sich nicht nur die reflexive Seite der sozialen Wissenschaften weiterentwickelt, sondern auch eine empirische Forschungspraxis etabliert, die den Rückbezug aus der Praxis lebendig hält und damit auch die Potenziale für deren Weiterentwicklung schafft. Das hat mit der genuin professionellen Entwicklung zu tun, zu der auch gehört, dass die Absolventinnen und Absolventen die Hochschulen mit besserer wissenschaftlicher Grundbildung verlassen als früher (Buttner 2007, S. 324 ff.). Andere Gründe sind struktureller Natur: Den Fachhochschulen ist durch die Novellierungen der Landeshochschulgesetze mittlerweile die Forschung als eine ihrer zentralen Aufgaben zugewiesen worden, und dies umso mehr, als mit der Hochschulreform im Rahmen des Bolognaprozesses ab 1999 die Fachhochschulen Masterstudiengänge im Sozialwesen entwickelten und seither in großem Umfang anbieten. Inzwischen haben sich auch die Promotionsmöglichkeiten in der Sozialen Arbeit erheblich ausgeweitet. Die Selbstrekrutierung des Berufes bei der Berufung ins Professorenamt hat deutlich zugenommen, und damit ist auch das alte Problem, dass die Sozialarbeiterinnen und Sozialarbeiter zu Lehrenden zweiter Klasse wurden, nicht mehr so gravierend wie ehedem. Die Stufung der Qualifikationen hat mit den Abschlüssen Bachelor und Master (plus Doktorat) ein neues Gesicht erhalten.

Es ist also viel geschehen, und – bildlich gesprochen – es hat sich aus dem „akademischen Waisenkind" Sozialarbeit/Sozialpädagogik nun eine junge „Persönlichkeit" mit Selbstachtung entwickelt. Dass in ihr nach wie vor „zwei Herzen wohnen" ist eine Tatsache, mit der sie wohl weiterleben wird. Manche meinen, dass sie bisweilen auch heute noch unreife Flausen im Kopf hat, d. h. sich in praxisuntauglicher Selbstreflexion verliere. So kann man jedenfalls den von Hinte aggressiv vorgebrachten Vorwurf des „Wolkenkuckucksheims" (Hinte 2013, S. 11) und der „Mischung aus komplizierter Sprache, einfachen Gedanken und unbedeutenden Inhalten" (ebd., 13) verstehen, den er gegen den Autor eines (tatsächlich standpunktlosen) Beitrags über sozialpädagogische Professionalisierungsprojekte erhebt. Die Stoßrichtung der Kritik erinnert an die Mahnung aus den 1970er-Jahren, die Praxis nicht zu vergessen, und die Forderung, Substanzielles für sie zu liefern. Zur Akademisierung der Sozialen Arbeit fragt Hinte (in Hinte/Kruse 2013, S. 56): „Hat die Gleichstellung der Sozialarbeit mit klassischen Disziplinen tatsächlich dazu geführt, dass die Berufsgruppe mehr konnte?" und drückt zugleich seinen Zweifel daran aus.

Es ist nicht einfach, das Können der Berufsgruppe der Sozialen Arbeit über eine Zeitspanne von 50 Jahren hinweg, in denen die Gesellschaft nicht dieselbe geblieben ist, zu vergleichen, zumal wenn man – wie ich – nur einen Teil der Zeit überblickt und die Soziale Arbeit nur in Ausschnitten aus eigener Erfahrung kennt. Wiewohl Hintes Zweifel nicht unbegründet ist, meine ich doch, dass die Vorteile der Akademisierung ihre Nachteile überwiegen und dass die heutigen Sozialarbeiterinnen und Sozialarbeiter im Durchschnitt mehr können als jene aus der Zeit vor der Einführung der Studiengänge. Das auseinanderzusetzen wäre ein eigenes Kapitel. Die alte Mahnung aber, akademische Luftschlösser zu meiden und den Bezug zur Praxis eng zu halten, hat auch heute Geltung.

Literatur

Achinger, Hans (1970): Aspekte sozialer Aktion, in: Archiv für Wissenschaft und Praxis der sozialen Arbeit, Nr. 1, S. 1–12.
Baader, Meike Sophia (2008): Von der sozialistischen Erziehung bis zum buddhistischen Om. Kinderläden zwischen Gegen- und Elitekulturen, in: dies. (Hrsg.): „Seid realistisch, verlangt das Unmögliche". Wie 1968 die Pädagogik bewegte. Weinheim und Basel: Beltz.
BAGFW – Bundesarbeitsgemeinschaft der Freien Wohlfahrtspflege (1969): Stellungnahme zum Beschluss der Ministerpräsidentenkonferenz vom 30./31. Oktober 1968 zur Neuordnung des Ingenieurschulwesens und vergleichbarer Bildungseinrichtungen, in: Mitteilungen der Arbeitsgemeinschaft für Jugendpflege und Jugendfürsorge, 1969 (59), S. 32–34.
Bartz, Olaf (2007): Der Wissenschaftsrat. Entwicklungslinien der Wissenschaftspolitik in der Bundesrepublik Deutschland 1957–2007. Stuttgart: Steiner.
Berger, A. (1975): Sozialklempner oder Anwalt der Betroffenen? Bericht aus der Sozialarbeits-Praxis: Familienfürsorge und Gemeinwesenarbeit. In: Kursbuch 40, S. 24–48.
BkS – Bundesvereinigung der kommunalen Spitzenverbände (1976): Entschließung des Gesamtvorstandes der Bundesvereinigung der kommunalen Spitzenverbände vom 14.09.1976. Ausbildung der Sozialarbeiter/Sozialpädagogen an Fachhochschulen, in: Forum Jugendhilfe 1977 (1), S. 36–38.
BMI – Bundesministerium des Innern (1969): Sozialarbeit heute und morgen, Bonn.
Bock, T. (1993): Neues Chaos im System? Probleme sozialer Berufe, in: Archiv für Wissenschaft und Praxis der sozialen Arbeit, Nr. 2, S. 138–144.
Bock, T. (1999): Teresa Bock, in: Heitkamp, Hermann/Plewa, Alfred (Hrsg.): Soziale Arbeit in Selbstzeugnissen. Freiburg i. Br., S. 55–84.
Brockhausen, Uwe (2011): Rückblicke auf die Hochschule München (hrsg. v. M. Kortstock); https://w3-

mediapool.hm.edu/mediapool/media/dachmarke/dm_lokal/hm/40jahre/Rueckblick_Brockhausen_downloa (Abfrage: 24. August 2020).

Buttner, Peter (2007): Die Fachbereiche Sozialwesen und die Soziale Arbeit – Diversifizierung und Strukturwandel, in: ders. (Hrsg.): Das Studium des Sozialen. Aktuelle Entwicklungen in Hochschule und sozialen Berufen. Freiburg im Breisgau: Lambertus, S. 313–331.

Buttner, Peter (2019): 50 Jahre Fachhochschulen – ein Blick auf ihre Entstehung und die Frage, wieviel Bildung es braucht, in: NDV, S. 497–500.

Claussen, Detlef / Dermitzel, Regine (Hrsg.) (1968): Universität und Widerstand. Versuch einer politischen Universität in Frankfurt. Frankfurt a. M.: Europäische Verlagsanstalt.

Colla, Herbert / Thiersch, Hans (1971): Vorläufige Bemerkungen zum Studiengang des Diplom-Sozialpädagogen, in: Blätter der Wohlfahrtspflege 1971 (7), S. 204–206.

Dahrendorf, Ralf (1965): Arbeiterkinder an deutschen Universitäten. Tübingen. Mohr.

Flamm, Franz (1971): Sozialwesen und Sozialarbeit in der Bundesrepublik Deutschland. Frankfurt a. M.: Deutscher Verein für öffentliche und private Fürsorge.

Friedländer, Walter / Pfaffenberger, Hans (1966): Grundbegriffe und Methoden der Sozialarbeit. Neuwied und Berlin: Luchterhand.

Friedrichs, Jan-Henrik (2018): „Freie Zärtlichkeit für Kinder". Gewalt, Fürsorgeerziehung und Pädophiliedebatte in der Bundesrepublik der 1970er-Jahre, in: Geschichte und Gesellschaft 44, S. 554–585.

Götzelmann, Arnd (2019): Zur Geschichte evangelischer Ausbildungsstätten für Sozialarbeit in der Pfalz. Norderstedt: Books on Demand.

Grohall, Karl-Heinz (2004): Von der Fürsorge zum Sozialmanagement. Soziologische und andere Erfahrungen mit der Sozialen Arbeit in Lehre und Forschung, in: Ernst, Stefanie / Biermann, Benno (Hrsg.): Auf der Klaviatur der sozialen Wirklichkeit. Studien – Erfahrungen – Kontroversen. Münster u. a.: Waxmann.

Gukelberger, G. (1971): Gedanken zur Neugestaltung der Ausbildung der Sozialarbeiter und Sozialpädagogen, in: Blätter der Wohlfahrtspflege 1971 (2), S. 52–54.

Habermas, Jürgen (1969): Protestbewegung und Hochschulreform, Frankfurt a. M.: Suhrkamp.

Happe, B. (1976): Chaos im System, in: Städtetag 1976 (7), S. 374–377.

Hartwieg, W. (1970): Von der Höheren Fachschule für Sozialarbeit zur Fachhochschule. Zur Entwicklung der Sozialschulen, in: NDV 50, S. 316–319.

Hinte, Wolfgang (2013): Zum Schreiben über das Forschen über das Forschen über Soziale Arbeit. Eine polemische Auseinandersetzung, in: Sozial Extra 2013 (7/8), S. 11–13.

Hinte, Wolfgang / Kruse, Eelke (2013): „Die Akademisierung war für den Berufsstand ein segensreicher Fortschritt." Wolfgang Hinte im Gespräch mit Elke Kruse, in: Sozial Extra 2013 (1/2), S. 56–58.

Hornstein, Walter (1970): Kindheit und Jugend in der Gesellschaft. Dokumentation des 4. Deutschen Jugendhilfetags. München.

Jacobsen, Hans-Adolf / Dollinger, Hans (1969): Die deutschen Studenten. Der Kampf um die Hochschulreform. Eine Bestandsaufnahme. München: dtv.

Kappeler, Manfred: (2018): Mit den Heimkampagnen ging es los. In: Sozial Extra 2018 (5), S. 45–49.

Kluge, H. (1959): Wirtschaft, Technik und die Gymnasien. In: Naturwissenschaften 46, S. 125–129.

KMBW – Kultusministerium Baden-Württemberg (1967): Hochschulgesamtplan Baden-Württemberg. Empfehlungen zur Reform von Struktur und Organisation. Villingen.

KMK – Kultusministerkonferenz (1968): Abkommen zwischen den Ländern der Bundesrepublik zur Vereinheitlichung auf dem Gebiet des Fachhochschulwesens vom 31. Oktober 1968.

KMK – Kultusministerkonferenz (1969): Rahmenordnung für die Diplomprüfung in Erziehungswissenschaft. Beschluss der KMK vom 20.03.1969.

Kruse, Elke: (2004): Stufen zur Akademisierung. Wege der Ausbildung für Soziale Arbeit von der Wohlfahrtsschule zum Bachelor- / Mastermodell. Wiesbaden: VS.

Marchal, Peter (1977): Sozialarbeiter: Ein Schuss aus Köln. Die Fachhochschulausbildung soll wieder praxisbezogener werden, in: Die ZEIT, Nr. 08/1977.
Marcuse, Herbert (1967): Der eindimensionale Mensch. Studien zur Ideologie der fortgeschrittenen Industriegesellschaft. Neuwied und Berlin: Luchterhand.
Meinhof, Ulrike (1971): Bambule. Fürsorge – Sorge für wen? Berlin: Wagenbach.
Moltke, P. (1971): Über Problemorientierung und Praxisbezug in der Ausbildung von Sozialpädagogen – Ein Diskussionsbeitrag, in: Archiv für Wissenschaft und Praxis der sozialen Arbeit, Nr. 4, S. 315–327.
MPIB – Arbeitsgruppe am Max-Planck-Institut für Bildungsforschung (1984): Das Bildungswesen in der Bundesrepublik Deutschland, Reinbek.
Otto, Hans-Uwe (1971): Zum Verhältnis von systematisiertem Wissen und praktischem Handeln in der Sozialarbeit. In: Otto, Hans-Uwe/Utermann, Kurt (Hrsg.): Sozialarbeit als Beruf. Auf dem Weg zur Professionalisierung? München: Juventa.
Picht, Georg (1964): Die deutsche Bildungskatastrophe. Olten und Freiburg im Breisgau: Walter.
Pfaffenberger, Hans (1993): Entwicklung der Sozialarbeit/Sozialpädagogik zur Profession und zur wissenschaftlichen und hochschulischen Disziplin. In: Archiv für Wissenschaft und Praxis der sozialen Arbeit, Nr. 3, S. 166–208.
Pfaffenberger, Hans (1996): Zu Entwicklung und Reformen der Ausbildung für das Berufsfeld „Sozialarbeit/Sozialpädagogik" von 1945 bis 1995. In: Engelke, Ernst (Hrsg.): Soziale Arbeit als Ausbildung. Studienreform und -modelle, Freiburg im Breisgau, S. 28–54.
Salomon, Alice (1927): Die Ausbildung zum sozialen Beruf. Berlin: Carl Heymann.
Steinmeyer, F. (1971): Fachkräfte in der sozialen Arbeit heute, in: Blätter der Wohlfahrtspflege 118 (7), S. 207–211.
Teichler, U. (2009): Hochschulbildung, in: Tippelt, R./Schmidt, B. (Hrsg.): Handbuch Bildungsforschung, 2. Aufl., Wiesbaden, S. 421–444.
Turner, G. (2004): Die Entwicklung des Hochschulwesens seit 1945, in: Turner, G./Weber, J.: Hochschule von A–Z, Orientierungen – Geschichte – Begriffe, Berlin.
Uekötter, F. (2010): Die Wahrheit ist auf dem Feld. Eine Wissensgeschichte der deutschen Landwirtschaft. Göttingen: Vandenhoeck & Ruprecht.
Wagner, Leonie (2016): Bambule – Erziehung als Spiegel der Gesellschaft, in: Birgmeier, Bernd/Mührel, Eric (Hrsg.): Die „68er" und die Soziale Arbeit. Eine (Wieder-)Begegnung, Wiesbaden: Springer VS, S. 227–241.
Wendt, Wolf Rainer (1985): Studium und Praxis der Sozialarbeit. Stuttgart: Enke.
Wissenschaftsrat (1960): Empfehlungen zum Ausbau der Wissenschaftlichen Einrichtungen, Tübingen.
Wissenschaftsrat (1970): Empfehlungen zur Struktur und zum Ausbau des Bildungswesens im Hochschulbereich nach 1970, Bd. 1, Bonn.

Internationaler Seitenblick

IX. Methodos, der Weg!
Vom Methodenimport in der Sozialen Arbeit aus den USA und der Suche nach einem integrierten Methoden- und Praxismodell.

Joachim Wieler

1 Einleitung

Wenn bei der historischen Tagung „1960 – 1980: Die bewegten und bewegenden Jahre in Ausbildung, Praxis und Wissenschaft der Sozialen Arbeit" die Rede ist, dann darf der Methodenimport für die Soziale Arbeit aus den USA nach Deutschland und Europa nicht fehlen. Der ungeheure Zivilisationsbruch durch die NS-Diktatur und den Zweiten Weltkrieg erforderten eine nicht nur allgemeine, sondern auch in der Sozialen Arbeit eine radikale Neuorientierung, die im Englischen mit *Re-Education* oder deutsch mit *Umerziehung* bezeichnet wurde. Beide Begriffe erweisen sich als vieldeutig; denn a) wer lässt sich schon gerne umerziehen und prinzipiell in eine neue Richtung bewegen und b) wie soll die neue Richtung konkreter aussehen und gestaltet werden? Fragen über Fragen. Welche Möglichkeiten wurden genutzt, aber welche Chancen möglicherweise auch vergeben? Als Vorkriegskind gehöre ich noch zu denen, die eine „Zeitenwende" durch und nach dem Krieg bitter nötig hatten. Die Spannungen, aber auch die Herausforderungen habe ich während meiner Ausbildung zur Sozialen Arbeit nach 1960 noch sehr eindrücklich zu spüren bekommen.

Zu dem komplexen Thema des Methodenimports ist bis heute und zu unterschiedlichen Zeiten viel diskutiert und geschrieben worden. Ein abschließendes Ergebnis mit klaren Aussichten und Konsequenzen liegt noch nicht vor. Auch dieser Beitrag kann in der Kürze eine detaillierte Analyse nicht ersetzen, aber ich biete gerne eine Art Erfahrungsbericht als *graduierter Diplom-Sozialarbeiter* von 1964 und als *Master of Social Work (MSW-USA and Member of the Akademie of Certified Social Workers)* seit 1971 an, der in Deutschland Sozialarbeit und in den USA *Social Work* studiert, praktiziert und gelehrt hat und danach in West- wie in Ostdeutschland in die multikulturellen und internationalen Entwicklungen in der weltweiten Sozialen Arbeit hineingewachsen ist. Mein Beitrag bezieht sich primär auf die Entwicklungsgeschichte der Sozialen Arbeit und damaligen Berufsausbildung und Methoden in beiden Ländern. Ich berufe mich dabei sehr gerne auch auf die Erkenntnisse meines späteren „Doktorvaters" C. Wolfgang Müller, der erst kürzlich gestorben ist und in seinen bekannten Büchern, z. B. „Wie Helfen zum Beruf wurde" nicht nur auf die Unterschiede des Sozialen Verständnisses, sondern immer wieder und eher auf die Zusammenhänge in diesem komplexen Beruf hinarbeitete.

2 Der Import und Export von Erkenntnissen

Während seiner Auslandsaufenthalte bald nach dem Zweiten Weltkrieg war „C. W. Müller" der kontroversen Frage nachgegangen, ob die Soziale Einzelhilfe *(Case Work)* oder die strukturell orientierte Gemeinwesenarbeit *(Community Organisation)* der Ausgangspunkt für sozialpolitische und methodologische Grundfragen gewesen war und auch, welche Rolle dabei die aus Nazi-Deutschland vertriebenen Berufskolleg*innen in dieser Kontroverse dabei spielten (C. W. Müller 1982 und 1988). Schon vor und neben dem sogenannten „Methoden-Import" aus den USA wird auch ein Methodenimport durch vertriebene KollegInnen in die USA deutlich – also ein vorausgegangener Methodenexport in andere Länder durch die Vertreibung erfahrener Berufsvertreter*innen, die ihre Erfahrungen in die Zufluchtsländer aus Nazi-Deutschland mitgenommen hatten.

Die *neuen klassischen Methoden* folgten also nicht nur als Import aus den USA, sondern teilweise als Rücktransfer durch die Vertriebenen nach dem Krieg. Die kritische Rezeption der oft als getrennt verstandenen und praktizierten *klassischen Methoden*, also der *Sozialen Einzelhilfe*, der *Sozialen Gruppenarbeit* und der *Gemeinwesen- oder sozialräumlichen Arbeit* breitete sich erst so richtig in den Folgejahren nach Ende des Krieges aus. Dabei waren es oft die vertriebene Kolleg*innen selbst, wie beispielsweise Walter Friedländer, Gisela Konopka, Hertha Kraus, Louis Lowy (bzw. Löwy), Henry Maier, Marianne Welter und andere, die vorübergehend und periodisch wieder nach Deutschland kamen und teils auch weiter ihre Lehrmeinungen nach der Weimarer Republik vertraten, die zu ihrer Vertreibung aus Nazi-Deutschland geführt hatten. Sie, aber auch andere *Kolleg*innen in der internationalen Sozialarbeit* bewegten uns mit grundsätzlichen Fragen: „Sind wir primär unseres eigenen Glückes Schmied?" (vgl. C. W. Müller „Wer bildet wen?" in „Die Zeiten ändern sich – wir ändern die Zeiten" 2022, S. 124). Oder wie wurden und werden wir sehr wesentlich geprägt durch die zugrunde liegenden strukturellen und gesellschaftlichen Rahmenbedingungen, die andererseits unter divergierenden Umständen geschaffen und mit unterschiedlichen Ergebnissen erarbeitet worden sind und die unser gemeinschaftliches Wohl sehr wesentlich beeinflussen und zu unserer Existenzgrundlage geworden sind.

Harry Specht in Kalifornien, einer der Hauptinitiatoren der „*Flower-Power*-Bewegung" galt, wie auch Saul Alinsky mit der „Stunde der Radikalen" in Chicago, die als einflussreiche Lehrende, Forschende und Praktizierende in der US-amerikanischen Sozialarbeit auf strukturelle Gemeinwesenarbeit setzten, wurden bekannt und erzielten Erfolge. Die beiden berühmten Kollegen konnte ich vor Ort kennenlernen und sie waren überaus inspirierend. Doch diese Erfolge hielten nicht an, bis Harry Specht am Ende seines Lebens resigniert und gewissermaßen mit einem sehr kritischen Buch resümierte: *„Unfaithful Angels: How Social Work Has Abandoned its Mission"* (Specht/Courtney 1994): „Treulose Engel: Wie Sozialarbeit ihre Mission aufgab." Der Ruf nach Sozialer Aktion und politischer Sozialarbeit ebbten wieder ab. Flankiert durch den wachsenden *Psychoboom*, verbunden *mit* therapeutischen Ambitionen und klinischer Sozialarbeit, wurde die „Soziale Einzelhilfe" wieder sehr bestimmend (z. B. durch Roberts und Nee, Stand der Entwicklung und neue Anwendungsformen 1974) – auch wenn weiterhin und besonders nach der Zeit der Außerparlamentarischen Opposition darüber gewitzelt wird, dass Soziale Einzelhilfe eben deshalb so heißt, weil sie nur in Einzelfällen hilft.

Die Ursachen zu diesem Auseinanderdriften, die die Soziale Arbeit eher teilt als heilt oder verbindet, liegen meines Erachtens schon sehr lange auf der Hand und sind durchaus nicht erst nach dem zweiten Weltkrieg virulent geworden. Der Trend zu therapeutischer Sozialarbeit als zu mehr politischer Aktion – auch in der transatlantischen Kooperation und dankenswerterweise besonders aus den Kreisen kritischer Sozialarbeit! – ist und bleibt virulent.

Auch in der Praxis hat sich daran wenig geändert. Deswegen begann in den USA die Bewegung zum *sogenannten Generic Approach* bzw. der *General Perspective in Social Work*, das heißt zu einem *integrierten Methoden- und Praxismodell*, welches in den USA und in anderen Ländern mit wachsenden demokratischen Strukturen zunehmend diskutiert wurde. Doch es stieß auch immer wieder auf erhebliche Widerstände, weil individuelle und gesellschaftliche Problemlagen einerseits untrennbar miteinander verbunden, aber eben sehr schwer simultan aufzulösen sind. In der amerikanischen Ausbildung zur Sozialen Arbeit, wobei der Begriff *Social Worker*, (also „Arbeiter" nicht so sehr das Stigma von Arbeiterklasse und Mindestlohn wie in Deutschland mit sich schleppt), begann bald nach der offiziellen Einführung der sozialarbeiterischen Ausbildung von vornherein an den Universitäten der Versuch, Soziale Einzel- und Familienhilfe, Soziale Gruppenarbeit und Gemeinwesenarbeit aufeinander zuzubewegen.

Dieses verbindende Modell, teilweise durch vertriebene Kolleg*innen mit entwickelt oder zumindest mit beeinflusst, ist in Deutschland während der „bewegten und bewegenden Jahre" kaum rezipiert worden und soll hier in Erinnerung gerufen werden. Im Zusammenhang mit dem historischen Zivilisationsbruch und der

Vertreibung unerwünschter Kolleg*innen nach 1933 aus NS-Deutschland ist mein Beitrag deswegen aber auch gegen das Vergessen zu werten. Deshalb zunächst ein kurzer historischer Rückblick in die Zeit, als der Internationale Völkerbund nach dem Ersten Weltkrieg zwar beschlossen wurde, aber bald zu bröckeln begann und nach dem Zweiten Weltkrieg durch die Gründung der Vereinten Nationen, die „United Nations Organisation (UNO)" wieder neu gegründet und erweitert wurde und seither in New York ihren Sitz hat.

Was seit der Zeit der Bettelorden und der Armengesetzgebungen in den zunehmend demokratisierten Ländern Europas bis hin zu – wie auch immer sehr begrenzten – finanziellen Rechtsansprüchen für Bedürftige führte, waren während der Weimarer Republik trotz der horrenden Kriegsfolgen und der Inflation durch eine Reihe von grundlegenden Sozialgesetzen verabschiedet worden (beispielweise die Reichsfürsorgepflichtverordnung und das Jugendwohlfahrtsgesetz, die sehr wesentlich auf das erkämpfte Frauenwahlrecht und die linken Parteien zurückzuführen waren. Diese, aber auch schon die früheren Sozialgesetze aus der Bismarck-Ära, machten selbst in den USA Schule, weil dort u. a. aufgrund ihrer föderalistischen Struktur und der Weltwirtschaftskrise als Folge des „Schwarzen Freitags" (womit nicht der heutige *Black Friday* gemeint ist! JW) – die Menschen ebenfalls nach sozialen Reformen in den USA schrien. Erst nach der Wahl Franklin Delano Roosevelts 1932 wurde beispielsweise ein gesetzlich geregeltes Streikrecht für die Arbeiterschaft verabschiedet und es folgten dringende Reformen durch die 3-R-Programme: *„Relief, Recovery und Reform"*. – In diesen Jahren war Alice Salomon wiederholt in den USA und berichtete in Interviews durch die New York Times mehrere Male über die neuesten sozialpolitischen Entwicklungen in Deutschland (vgl. Wieler 1987, S. 41 ff.). Es war um die Zeit, als Mary Richmond's „Social Diagnosis" 1917 erschienen war und Alice Salomon zusammen mit Siddy Wronsky und Eberhard Giese 1926 „Soziale Therapie" veröffentlicht hatten, also zu Themen aus der Sozialen Einzelhilfe. Da waren die transatlantischen Dialoge noch echt auf Augenhöhe. Erst nach 1933 und der Verfolgung und Vertreibung unerwünschter Kolleg*innen aus Nazi-Deutschland und dem Ende des Krieges setzte der Methodenimport aus den USA ein. Er wurde unterstützt durch die Militärregierungen der Alliierten in den jeweiligen Besatzungszonen, in denen auch ehemals Vertriebene auf unterschiedliche Weise aktiv mitwirkten – z. B. Hedwig Wachenheim 1985, Hertha Kraus (in einer ausführlichen Biographie von Gerd Schirrmacher 2002), Louis Lowy, 2019) und eine Reihe anderer. Es war teilweise ein Re-Import und nicht nur der Import originärer Methoden, die in Deutschland im Laufe der Nachkriegsjahre einerseits mit Interesse, aber andererseits durch politische Spannungen gegenüber den USA überschattet waren: z. B. durch den Korea- und Vietnamkrieg, die Cuba-Krise, den NATO-Doppelbeschluß. Dies führte nicht nur in der

Student*innenschaft auf zunehmenden Antiamerikanismus. Doch die kritisch-konstruktiven Diskussionen zur Methodenintegration gingen in den USA weiter.

3 Eine kurze Einführung in die Entwicklung des Integrierten Praxis- und Handlungsmodells (The Generic Approach bzw. Generalist Perspective):

Der in England und noch mehr in Nordamerika gebrauchte Begriff Generic *Social Work, Generic Social Work Practice* oder kurz *Generic Approach* ist nicht ganz leicht zu übersetzen. Oft finden wir dafür auch Begriffe wie *Generalist Practice* oder *Generalist Perspective* (Social Work Dictionary und Encyclopedia of Social Work). *Generic social work* ist, wie viele Ideen, nicht neu und erstmalig im Zusammenhang mit der Frage diskutiert worden, wie generalistisch oder spezifisch *Social Case Work* sein sollte (ein zentrales Thema bei der sog. *Milford Conference 1929* in den USA). Allerdings bezog sich die Diskussion noch nicht auf soziale Gruppenarbeit und Gemeinwesenarbeit, sondern auf die unterschiedlichen Konzepte Sozialer Einzelhilfe und wie man sie miteinander sinnvoll in einem Rahmenkonzept verbinden kann (vgl. Roberts und Nee 1992). Auch wenn die Begriffe seit den 1960er Jahren in der Sozialarbeit hier und da genannt wurden, z. B. bei Wendt (2008), habe ich sie in keinem deutschen Fachlexikon und nur vereinzelt in der weiteren Fachliteratur gefunden.

Generisch heißt soviel wie zur gleichen Gattung oder Art gehörend oder auf einen gemeinsamen Kern bezogen zwischen Spezifizität und Generalität. Demnach versteht man lt. Social Work Dictionary unter *Generic Social Work*

„*die sozialarbeiterische Orientierung, die einen gemeinsamen Kern von Wissen und praktischen Fertigkeiten mit der Umsetzung in Soziale Dienstleistung verbindet. Ein ‚generischer' Sozialarbeiter verfügt über grundlegendes Wissen, das mehrere sozialarbeiterische Methoden umfaßt. Ein solcher Sozialarbeiter ist nicht notwendigerweise ein Spezialist in einem spezifischen Praxisfeld, ... dafür aber in der Lage, ein breit gefächertes Angebot an notwendigen Diensten in unterschiedlichen sozialen Systemen praktisch umzusetzen.*"
(Barker 1995, Übersetzung JW). Darüber hinaus gibt es zahlreiche Veröffentlichungen, die in den *Encyclopedias of Social Work* zusammengefasst und auch in den älteren *Yearbooks of Social Work* auf den aktuellen Entwicklungsstand gebracht wurden.

Die Begriffe und Diskussionen beziehen sich einerseits auf den gesamten Beruf: „*Alle Sozialarbeit ist ihrer Natur nach generalistisch ...*" (Sheafor u. Landon 1987, S. 660), denn „*...die Komplexität menschlicher Problemlagen erfordert generalistisch orientierte PraktikerInnen mit einem gefächerten Repertoire an Methoden und Fertigkeiten und der Fähigkeit, in einer Vielzahl von Systemen zu arbeiten*" (Balinsky 1982, S. 47,

Übersetzung JW). Andererseits beziehen sie sich unmittelbarer auf die Praxis-Methoden. Bis nach dem 2. Weltkrieg entstanden die Methodenschwerpunkte *Case Work*, *Group Work*, und *Community Organization*, entlang ihrer separaten und spezifischen Entwicklungslinien, aber gerade diese Trennung rief in der Folge die mehrdimensionale Konzeption eines integrierten Methoden- und Praxismodells hervor.

Man könnte von einem integrierten Methoden- oder auch Praxismodell sprechen; denn es handelt sich um eine Art Zusammenschau, Kombination oder Integration verschiedener Praxis-Methoden. Zu nennen ist hier insbesondere das Buch von Specht und Vickery (1980). Dieses Buch des bekannten amerikanischen Kollegen Harry Specht, der maßgebliche Impulse zur Entwicklung eines solchen Modells zunächst in den USA setzte, und der englischen Kollegin Anne Vickery, die ihn in Europa aufgriff, war ein Versuch, auch in Europa und Deutschland zu einer solchen Integration anzuregen. Leider ist es schon lange nicht mehr im Druck. Vielleicht war es nicht überzeugend genug, aber vermutlich hat dies mit den alten und bekannten Vorbehalten gegenüber dem Methodenexport und -import aus den USA zu tun, und ich bedaure dies, da diese Vorbehalte manchmal eher mit undifferenziertem Antiamerikanismus einhergingen und von uns dadurch interessante Ideen und Entwicklungen verpasst wurden.

Als die Begriffe *Generic Social Work*, *Generic Social Work Practice* oder lapidar *Generic Approach* bei den MethodikerInnen zu Schlüsselworten wurden, arbeitete ich in den USA und studierte zum zweiten Mal Sozialarbeit im Mittelwesten (zur Ausbildung dort vgl. Reichert u. Wieler 2005). Persönlich stehe ich der Sozialpolitik der USA eher kritisch gegenüber, aber von den professionellen Entwicklungen könnten wir uns schon einige Scheiben abschneiden – und zwar gerade, weil die Kolleg*innen dort auf dem Hintergrund der teilweise sehr fragwürdigen Sozialpolitik sich etwas einfallen lassen mussten und müssen!

In den vermeintlichen amerikanischen Einflüssen auf Europa findet man häufig Ideen und quasi-Entdeckungen, die einst aus Europa in das Land der – scheinbar – unbegrenzten Möglichkeiten ausgewandert waren. Ein Beispiel finden wir im Bologna-Prozess mit den Modul-überfrachteten Bachelor- und Master-Studiengängen – die eindeutig als Erfindungen aus Zentraleuropa nach Amerika und überall dorthin ausgewandert waren, wo es aber jetzt seit Jahrzehnten nicht nur diese Abschlüsse gibt, sondern nach dem Bachelor of Social Work (BSW) und dem Master of Social Work (MSW) auch den Doctor of Social Work (DSW). Also die von vielen Gegner*innen des Bologna-Prozesses als „amerikanische Erfindungen" bezeichnet wurden, sind eher als ein zurückkehrender „*Boomerang*" *zu verstehen*.

Die Promotion aus und in eigener Sache halte ich für einen notwendigen Weg zu einer gelungenen Wissenschaftsentwicklung und Professionalisierung. Und wir sind auf dem Weg, wenn mittlerweile das Promotionsrecht bereits für einige Fachhochschulen bzw. in Kooperation mit den traditionellen Universitäten langsam, aber erfolgreich umgesetzt wird. Dies zeigt sich in der Zunahme von grundständig ausgebildeten Berufsvertreter*innen an besonders an den Fachhochschulen (*Universities of Applied Sciences*), die sich mittlerweile auch zunehmend als Hochschulen bezeichnen. Dadurch könnte m. E. die Soziale Arbeit wissenschaftlich wie berufspolitisch – von innen und von außen her – mehr Aufmerksamkeit und Beachtung gewinnen!

4 Bezogen auf die Ausbildungsstätten und ihre Schwerpunkte

Die meisten der *Schools of Social Work* in den USA hatten sich aus Abteilungen bzw. Fakultäten verwandter Disziplinen entwickelt, z. B. aus der Psychologie, wo der Hauptakzent der Theorie und der Handlungslehre auf Social *Case Work* lag oder aus der Soziologie mit den Schwerpunkten *Social Group Work* oder *Political Science* mit der Richtung *Community Organization*, beispielsweise in der Stadtentwicklung. Als sich die Fachbereiche bzw. *Departments of Social Work* ihre Eigenständigkeit erkämpften und sich gewissermaßen regelrecht von den „Mutter- oder Vaterdisziplinen" der jeweiligen Hochschulen loslösen mussten (wie ginge so etwas an einer deutschen Universität'?!), blieben sie oft bei ihren inhaltlichen Schwerpunkten (im Sinne guter alter Gewohnheiten) auf der Micro-, Meso- und Makroebene.

Eine zentrale Rolle für die Annäherung der Ausbildungsstätten wie der Praxismethoden spielte dabei der *Council on Social Work Education – CSWE*, eine mächtige Steuerungsinstanz der gesamten Ausbildung zur Sozialarbeit in den USA. Er setzt sich zusammen aus Vertreter*innen der Sozialen Dienste (also der Praxis), der Ausbildungsstätten und des einflussreichen Berufsverbandes *National Association of Social Workers / NASW* mit einem sehr hohen Organisationsgrad. Dieser CSWE akkreditiert – über die einzelstaatlichen Grenzen hinweg! – periodisch sämtliche Ausbildungsstätten für Soziale Arbeit, die öffentlich anerkannt sein wollen. Er forcierte nach der Etablierung der drei gängigen Methoden *of Social Work*, also etwa seit der 1950er Jahre, die Curriculumsentwicklung und Vermittlung aller drei methodischen Ansätze – und zwar wenigstens als Einführungsveranstaltungen – und erreichte damit nicht nur eine Annäherung der Lehrangebote aller drei klassischer Methoden, sondern auch der Ausbildungsstätten selbst.

Die Frage nach dem Gegenstand der Sozialen Arbeit überhaupt (Staub-Bernasconi 2007) betrifft auch die Frage nach einer einheitlichen Handlungslehre in den jeweiligen Berufsfeldern bzw. auf den jeweiligen Interventionsebenen, die es grundlegend zu unterscheiden gilt:

- Auf der persönlichen oder familialen, d. h. auf der Micro-Ebene;
- bezogen auf überschaubare Gruppen, d. h. auf der Meso-Ebene und
- in ihren strukturellen Zusammenhängen, d. h. auf der Macro-Ebene.

Verbunden mit diesen Ebenen ist eine Art Grundstreit der Gesellschafts- und Verhaltenswissenschaften oder in den USA „large and small social systems", der hier freilich nur grob angedeutet werden kann. Es geht um die Frage der abhängigen bzw. unabhängigen Variablen in zahllosen Forschungsprojekten und Studien und an welchen Stellen wir am dringendsten und erfolgreichsten konkret intervenieren können. Ob wir als Individuen auf unsere Umwelt Einluß nehmen können oder den gesellschaftlichen Bedingungen ausgeliefert sind. Hier zur Anschaulichkeit eine vereinfachende schematische Anordnung von Ringen, die für die klassischen Methoden stehen und wie sie sich erst im Laufe der Jahrzehnte in den USA von eher getrennten und nebeneinanderstehenden Interventionsansätzen/Praxismethoden langsam aufeinander zubewegten:

SEH = Soziale Einzelhilfe, **SGA** = Soziale Gruppenarbeit, **GWA** = Gemeinwesenarbeit

Es wurde bisher eher eine zirkusähnliche Jonglage mit drei Bällen als eine allseits anerkannte und professionelle Integration und akzeptierte Herangehensweise, individuelle wie gesellschaftliche Probleme mit einer einheitlichen Methode zu lösen. Aber ich habe ansatzweise erlebt, daß es geht und mache hiermit einen dritten Versuch, meinen Optimismus durch diesen Bericht zu unterstreichen. Die interessante geschichtliche Entwicklung hat mir dabei geholfen, zwar nicht die unmögliche Quadratur des Kreises zu erreichen, aber doch eine Art integriertes Dreieck der „klassischen Methoden".

Wie angedeutet, existierten zunächst die Ausbildungsstätten und deren entsprechende Handlungsmethoden und -lehren dazu sehr stark von einander getrennt und wurden durch den CSWE sukkssessive aufeinander zubewegt, wenn auch als erster Schritt mit der Verpflichtung aller Schools of Social Work, wenigstens Einführungsveranstaltungen für alle drei klassischen Methoden anzubieten. Durch Praxiserfordernisse und durch Studienreformen wurden so die Ausbildungsstätten durch den Council on Social Work Education (CSWE) verpflichtet, die bis dahin etablierten Methoden so zu vermitteln, daß sie zunächst wenigstens linear miteinander in Verbindung standen:

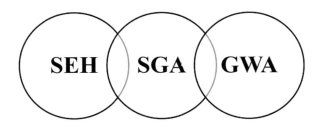

Diese Verbindung bzw. Verschränkung, erschien als zu linear und insofern offen. Aber auch konzentrische Kreise in oder übereinander mit dem Individuum und dessen unmittelbare Umgebung als Familie in der Mitte, das nähere Umfeld mit und als Gruppenpotenzial und das gesamte Gemeinwesen drum herum als die jeweilige Gesellschaft erschienen als zu einfach oder gar zu platt. Denn das Dilemma zwischen Individuum und Gesellschaft ist kein Entweder/Oder. Etwa in den Sechziger Jahren des letzten Jahrhunderts begann mir der „Generic Approach" – ein integriertes Methoden-Konzept – etwa folgendermaßen einzuleuchten:

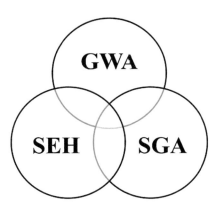

Die hier skizzierte stufenweise Integration der Handlungslehre ließe sich durchaus auch als ein sinnvolles und Identität-stiftendes Vernetzen der Profession verstehen und ist an anderer Stelle ausführlicher vorgetragen und beschrieben worden (vgl. Wieler 2010b und 2013).

Es stellte sich natürlich – und wie üblich bei der Einführung neuer Modelle, die Frage, wie diese Ansätze in den verschiedenen Berufsfeldern mit unterschiedlichen Dienstleistungsaufträgen gewichtet sind, und auch entsprechend der Bedürfnisse der Schutzbefohlenen. Man kann sie nie exakt dritteln und einen ausgewogenen Ausgleich erwarten. Unterschiedliche und flexible Gewichtungen sind unvermeidlich, weil eine exakte Ausgewogenheit und Verflechtung der drei methodischen Ansätze kaum zu erwarten ist. Manche Ansätze haben sich sehr bewährt, wie „Case Management: Soziale Arbeit mit Einzelnen und Familien" (Neuffer, 2002 Erstveröffentlichung und 2013 in der 5. überarbeiteten Auflage von 2013 und weiterhin populär!). Aber die Methoden bleiben oft recht differenzierte Teilausschnitte, wenn sie übermäßig getrennt bleiben und nicht möglichst prozeßhaft integriert und aufeinander bezogen werden.

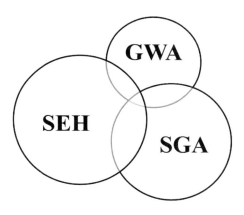

Also trotz der Wechselwirkungen zwischen Mensch und Umfeld kann dieser Anspruch in unterschiedlichen Berufsfeldern immer nur bedingt eingelöst werden. In der Bewährungshilfe beispielsweise und in weiten Bereichen des Allgemeinen Sozialdienstes sind die professionellen Kontakte überwiegend auf der Eins-zu-Eins-Ebene oder mit Familien. In anderen Bereichen sind sie dagegen eher überwiegend in überschaubaren Gruppen, z. B. in manchen Heimen und in der offenen Jugend- und Erwachsenenbildung. Und in manchen Projekten der Stadtteil- bzw. Gemeinwesenarbeit besteht die tägliche Arbeit überwiegend aus Planungs- und Organisationsaufgaben in der Auseinandersetzung zwischen Interessengruppen, Parteien und Organisationen, die auch früher als sekundäre Methoden bezeichnet wurden (z. B. Pfaffenberger). So werden sich in dem skizzierten Dreigestirn folgende Schwerpunkte unterschiedlich groß abzeichnen, weil sie sich aus dem jeweiligen konkreten Berufsfeldern zwangsläufig ergeben.

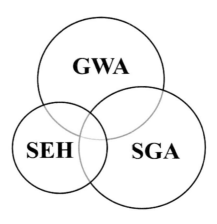

Bei Befragungen wird immer klarer, wie unterschiedlich die Erfahrungen, Vorstellungen und Erwartungen bezüglich der zwischenmenschlichen Konstellationen sind, in denen unsere Studierenden später einmal arbeiten möchten. Manchen ist es komplex genug, sich auf den Bereich der Sozialen Einzelhilfe einzustellen. Andere sehen in der überschaubaren Gruppe vielversprechende Möglichkeiten, vielleicht, weil sie sich in der früheren Jugendgruppentätigkeit bewährt hatten. Wieder andere finden die Auseinandersetzungen zwischen Interessegruppen aufregend, z. B. in Bürgerversammlungen, in der Stadtteilarbeit oder in der Koordination sozialer Dienste etc. Also, warum sollten hier nicht auch unterschiedliche Akzente gesetzt werden? Allerdings habe ich erlebt, wie es hier sehr schnell zu Einseitigkeiten kommen kann, wenn Studierende sich sehr früh und einengend festlegen bzw. eingeengt werden. Und damit sind wir Lehrende vielleicht besonders herausgefordert, weil es sinnvoll erscheint, hier zu differenzieren, aber auch auszugleichen und flexibel zu re/agieren. In meinen Lehrveranstaltungen habe ich regelmäßig die Studierenden angeregt, sich nach ihren eigenen bisherigen Erfahrungen und Vorstellungen innerhalb dieses Dreigestirns der überlappenden Ringe mit farbigen Klebepunkten zu verorten. Zu Beginn des Studiums und in Einführungsveranstaltungen zu den Praxismethoden gab es meist ausgesprochene Cluster im Bereich der Sozialen Einzelhilfe oder auch der Sozialen Gruppenarbeit, aber dann zunehmend auch zur eher strukturell orientierten Gemeinwesenarbeit im Zentrum dieses Dreigestirns. Zum Schluß ein Beispiel, wie ich es nach meinem amerikanischen Studium konkret in der Praxis erleben konnte und meine Lehre daraufhin zu orientieren versuchte.

5 Wie es im günstigen Fall gehen kann

Wie das integrierte Modell „funktionieren" kann, habe ich zum ersten Mal in einer Beratungsstelle in den USA erlebt, (in der ich von 1971 bis 1973 arbeitete und seither diese variable Methodenintegration in der Lehre in West- und Ostdeutschland erfahren und seither vertreten habe). Es handelte sich um eine eher traditionelle Erziehungsberatungsstelle in privater Trägerschaft, in der nicht nur Soziale Einzelhilfe, Soziale Gruppenarbeit und Gemeinwesenarbeit nicht nur möglich waren, sondern gezielt angeregt wurden. Die Herausforderung war aus unseren täglichen Herausforderungen entstanden und entwickelte sich zu einer interessanten integrierten und innovativen Zusammenarbeit für die ganze Belegschaft.

Neben der unmittelbaren Beratungsarbeit mit Kindern und Jugendlichen und deren Familien kam es in Krisenzeiten, z. B. vor Nicht/Versetzungen in den Schulen, zu Arbeitsgruppen mit Eltern und/oder Jugendlichen, weil wir keine Wartelisten anlegen wollten. Darüber hinaus hatten alle Mitarbeiter*innen, die sich in GWA-Projekten engagieren wollten, die Gelegenheit, sich bis zu 10 Stunden pro Woche für die konkrete Mitarbeit oder auch indirekt als KonsultantInnen in unterschiedlichen Projekten zu engagieren, die der Gemeinwesenarbeit zuzurechnen wären, z. B. in der Entwicklung von muttersprachlichen Beratungsangeboten für ausländische Bürger*innen, von Abenteuerspielplätzen und auch in politischen Gremien etc.

Der Hauptschwerpunkt lag durchaus auf der Beratungsarbeit mit Einzelnen und Familien, doch dies konnte auch in Gruppen geschehen und im Zusammenhang mit Gemeinwesenarbeit, wie oben angedeutet, aber soziale Gruppenarbeit und der Bezug zum Gemeinwesen konnten ebenfalls realisiert werden, auch wenn die Finanzierungsfrage und die Arbeitsteilung nicht immer einfach war. Die Dienstberatungen führten meistens zu sehr anregenden Austauschrunden für alle Beteiligten!

Dies ist nicht nur meine persönliche Erfahrung, sondern dort, wo Absolvent*innen des Studiums mit einem entsprechenden Repertoire in die Praxis gehen und dafür gewissermaßen überzeugend werben, gibt es oft auch die Möglichkeit, alle drei Methoden (womit ich nicht lediglich Techniken meine) einzusetzen. Die Umsetzung dieses integrierten Praxismodells hat sich beispielsweise in der sozialpädagogischen Familienhilfe (SPFH) bewährt. Nach Elgers Untersuchungen sind die Projekte der SPFH bei öffentlichen und „freien" Trägern je nach Bedingungen unterschiedlich mit der sozialen Einzelhilfe, der sozialen Gruppenarbeit und der Gemeinwesenarbeit verwoben, um nur ein wichtiges Beispiel zu nennen (vgl. Elger 1990).

Es wird die Frage bleiben, wie flexibel die Anstellungsträger sind, aber noch viel wesentlicher erscheint mir, wie die Handlungslehre in den Ausbildungsstätten vermittelt wird. Werden es die Fachvertreter*innen der Bezugswissenschaften der verschiedenen Fachdisziplinen schaffen, ihre jeweiligen Praxisvorstellungen in den Lehrveranstaltungen der Berufsgruppe nicht nur aus der Perspektive ihres jeweiligen Faches zu vermitteln? Oder wäre es auch denkbar, dass die Gruppe der lehrenden und praktizierenden Sozialarbeiter*innen es schafft, sich bei den Fachvertreter*innen aus den Bezugswissenschaften im Laufe der Zeit mehr Gehör mit ihren bisherigen Errungenschaften in puncto Handlungslehre zu verschaffen? In beiden Fällen würde dies wahrscheinlich zur Folge haben, dass die Lehrenden sich noch mehr mit der angestrebten Profession identifizierten und damit auch überzeugend berufliche Identität stiften könnten.

Schließlich stellt sich die Frage, wie diese Ansätze in den verschiedenen Berufsfeldern mit unterschiedlichen Dienstleistungsaufträgen gewichtet sind, und auch die Bedürfnisse der Schutzbefohlenen. Man kann sie nie exakt dritteln, aber um einen Ausgleich bemüht sein. Dennoch sollen sie längst nicht mehr strikt getrennt verstanden, vermittelt und praktiziert, sondern möglichst prozeßhaft miteinander verbunden werden.

Außerdem wissen wir alle, dass Klient*innen sehr unterschiedlich auf professionelle Interventionen bzw. Angebote reagieren und besonders dann, wenn sie nicht unseren Vorstellungen entsprechen. Wir wissen auch, dass Studierende mit unterschiedlichen Vorstellungen, Wünschen bezüglich der Praxismethoden das Studium absolvieren. Bei Befragungen wird mir immer klarer, wie unterschiedlich die Erfahrungen, Vorstellungen und Erwartungen bezüglich der zwischenmenschlichen Konstellationen sind, in denen unsere Studierenden später einmal arbeiten möchten. Manchen ist es komplex genug, sich auf den Bereich der Sozialen Einzelhilfe einzustellen. Andere sehen in der überschaubaren Gruppe vielversprechende Möglichkeiten, vielleicht, weil sie sich in der früheren Jugendgruppentätigkeit bewährt hatten. Wieder andere finden die Auseinandersetzungen zwischen Interessegruppen aufregend, z. B. in Bürgerversammlungen, in der Stadtteilarbeit oder in der Koordination sozialer Dienste etc. Also, warum sollten hier nicht auch unterschiedliche Akzente gesetzt werden? Allerdings habe ich erlebt, wie es hier sehr schnell zu Einseitigkeiten kommen kann, wenn Studierende sich sehr früh und einengend festlegen bzw. eingeengt werden. Und damit sind wir Lehrende vielleicht besonders herausgefordert, weil es sinnvoll erscheint, hier zu differenzieren, aber auch auszugleichen und zusammenzufügen was zusammengehört. Wie tun wir dies aber, wenn selbst wir Lehrenden doch alle von unseren eigenen Überzeugungen, Vorlieben und Voreingenommenheiten wissen!?

Literatur

Alinsky, Saul (1974): Die Stunde der Radikalen: Ein praktischer Leitfaden für realistische Radikale. Burckhardthaus-Verlag Gelnhausen.

Balinsky Rosalie (1982): Generic Practice in Graduate Social Work Curricula. In: Journal of Education in Social Work. 18/3. S. 46–54.

Barker, Robert L. (1995): The Social Work Dictionary. National Association of Social Workers Press. Silverspring MD, USA.

Blankenburg, Martin / Wendling, Gerti (1988): Internationale Wohlfahrt. Ursprünge und Entwicklung des ICSW. Berlin: Eigenverlag des DZI.

DBSH (Hrsg.) (2010): Der kostensparende Sozialraum. Berlin: Schibri-Verlag.

Elger, Wolfgang (1990): Sozialpädagogische Familienhilfe. Neuwied: Luchterhand.

Gardella, Lorrie (2019): Louis Lowy. Sozialarbeit unter extremen Bedingungen. Lehren aus dem Holocaust. Freiburg im Breisgau: Lambertus.

Heufert, Gerd (2008): Johannes Daniel Falk. Satiriker, Diplomat und Sozialpädagoge. Weimar: Weimarer Taschenbuch-Verlag.

Kreft, Dieter / Müller, C. Wolfgang. (Hrsg.) (2010): Methodenlehre in der Sozialen Arbeit. München: Ernst Reinhardt.

Müller, C. Wolfgang (1982 und 1988): Wie Helfen zum Beruf wurde. Eine Methodengeschichte der Sozialarbeit. 2 Bände. Weinheim und Basel: Beltz.

Müller, C. Wolfgang (2022): Die Zeiten ändern sich – wir ändern die Zeiten. Erinnerungen – Vermächtnis – Essays. hrsg. von Hering Sabine / Ullenboom Detlef. Weinheim und Basel: Beltz Juventa.

NASW (Hrsg.) (2003): Social Work Dictionary. Washington, D.C.: NASW Press.

Reichert, Elisabeth / Wieler, Joachim (2005). Soziale Arbeit in den USA. In: Otto, Hans-Uwe / Thiersch, Hans. (Hrsg.): Handbuch Sozialarbeit / Sozialpädagogik. 3. Aufl., München / Basel: Ernst Reinhardt. S. 1611–1621.

Reinicke, Peter (1985). Die Berufsverbände der Sozialarbeit und ihre Geschichte. Frankfurt/M.: Deutscher Verein für öffentliche und private Fürsorge – Eigenverlag.

Roberts, W.-Robert u. Nee Robert. H. (Hrsg.) (1992). Konzepte der Sozialen Einzelhilfe. Stand der Entwicklung. Neue Anwendungsformen. Freiburg im Breisgau: Lambertus.

Schirrmacher, Gerd (2002): Hertha Kraus – Zwischen den Welten. Frankfurt/M.: Peter Lang.

Sheafor, Bradford W. u. Landon, Pamela S. (1987): Generalist Perspective. In: Encyclopdia of Social Work. 18th Edition. National Association of Social Workers. Silverspring, MD, USA. S. 660–669.

Specht, Harry / Vickery, Anne (Hrsg.) (1980): Methodenintegration in der Sozialarbeit. Zur Entwicklung eines einheitlichen Praxismodells. Freiburg im Breisgau: Lambertus.

Specht, Harry / Courtney, Mark. E. (1995): Unfaithful Angels: How Social Work Has Abandoned Its Mission. New York: Free Press.

Staub-Bernasconi, Silvia. (2007): Soziale Arbeit als Handlungswissenschaft. Systemische Grundlagen und professionelle Praxis – Ein Lehrbuch. München: UTB.

Wachenheim, Hedwig (1985): Deutscher Verband der Sozialbeamtinnen. Aufruf zur Gründung. In: Reinicke, Peter (Hrsg.): Die Berufsverbände der Sozialarbeit und ihre Geschichte. Frankfurt/M.: Deutscher Verein für öffentliche und private Fürsorge – Eigenverlag.

Wendt, Wolf Rainer (2008): Kurze Geschichte der Sozialen Arbeit. 5. Aufl., Stuttgart: UTB.

Wieler, Joachim (1987): Er-Innerung eines zerstörten Lebensabends. Alice Salomon während der NS-Zeit (1933–1937) und im Exil (1937–1948). Lingbach Verlag Darmstadt.

Wieler, Joachim / Zeller, Susanne (Hrsg.) (1995): Emigrierte Sozialarbeit. Portraits vertriebener SozialarbeiterInnen. Freiburg im Breisgau: Lambertus.

Wieler, Joachim (2010b): Von der Vielfalt zur Mitte. Generic Social Work – ein einheitliches Praxismodell als Beitrag zu Identitätsfindung und berufspolitischer Positionierung. In: DBSH (Hg.). Der kostensparende Sozialraum. Berlin: Schibri-Verlag. S. 27–48.

Wieler, Joachim (2013). Der Wald vor lauter Bäumen. Netzwerke und Geschichte/n der Sozialen Arbeit. In: Fischer, Jörg / Kosellek, Tobias (Hg.): Netzwerke und Soziale Arbeit. Theorien, Methoden, Anwendungen. Weinheim und Basel: Beltz-Juventa, S. 232–266.

X. Die Akademisierung Sozialer Arbeit unter dem Einfluss der Frauenbewegungen in den USA und der BRD

Edith Bauer

1 Einleitung

Die Akademisierung Sozialer Arbeit und ihre Etablierung als eigenständige Disziplin begann in der BRD erst Ende der 1960er Jahre. Starken Einfluss auf diesen Prozess nahm die damals entstehende „Neue Frauenbewegung". Ihre Aktivitäten führten zur Revitalisierung politisch-philosophisch unterlegter Konzepte für die Soziale Arbeit wie sie während der „Progressive Era" in Chicago mit der Philosophie des Pragmatismus entstanden waren. Allerdings forcierte der pragmatistische Feminismus der „Neuen Frauenbewegung" nicht bloß die Akademisierung der Sozialen Arbeit mit neuen Bildungskonzepten für Frauen im sozialen Beruf. Sondern er gab auch den Ausschlag für die Entwicklung neuer Formate in der universitären Frauenbildung und für die Entstehung feministischer Sozialforschung sowie die Entstehung der Frauenforschung auf der Basis qualitativer Methoden. Dieser Zusammenhang feministischer und zugleich transnationaler Einflüsse auf die Akademisierung der Sozialen Arbeit und die Bildungs- und Forschungssituation für und von Frauen in der BRD ab den späten 1960er Jahren wird im Folgenden im Rahmen eines historischen Rückblicks rekonstruiert.

2 Frauenbildungskonzept der alten Frauenbewegung

Erste „Spuren einer Akademisierung" sozialer Berufe zeichneten sich schon im ersten Drittel des 20. Jahrhunderts ab (Rauschenbach/Züchner 2004, S. 67). Trotzdem ließ sich noch in der Weimarer Republik die „berufliche Vorbereitung für eine Tätigkeit in den Arbeitsfeldern der damaligen Wohlfahrtspflege keiner bestimmten wissenschaftlichen Disziplin zuordnen" (Amthor 2003, S. 559). Dies änderte sich auch nicht mit der 1926 von Alice Salomon gegründeten „Deutschen Akademie für soziale und pädagogische Frauenarbeit", die eine Forschungsabteilung einschloss, jedoch lediglich eine wissenschaftlich orientierte Weiterbildung fachlich geschulter Praktikerinnen für Leitungspositionen in der Sozialen Arbeit anbot (vgl. Gängler zit. n. ebd., S. 398).

Wie der Großteil der alten Frauenbewegung lehnte auch Salomon eine universitär verankerte, akademische Ausbildung für Soziale Arbeit ab (vgl. Wagner 2018,

S. 266). Die „Akademie" sollte den „deutschen Hochschulen [zwar] etwas Neues und Eigenartiges, mit neuem und eigenartigen Inhalt Erfülltes hinzufüg(en)" (Salomon 2003/1929, S. 444 f.), also neue Wege der Ausbildung im Rahmen einer „hochschulartigen" (ebd.) Einrichtung gehen. Aber nicht die „Vermittlung intellektueller Inhalte" und „reiner Wissenschaft" (ebd.) als Sache der Universität war ihr Ziel, sondern die „Vorbereitung zum Handeln" (ebd., S. 446).

Konzeptionell stand die „Akademie" in der Tradition einer Frauenbildung, die am Ideal „geistiger Mütterlichkeit" ausgerichtet war (vgl. Sachse/Tennstedt 1988, S. 43), wie dies bereits für die 1850 in Hamburg eröffnete „Hochschule für das weibliche Geschlecht" galt, ebenso für die 1893 in Berlin entstandenen „Mädchen- und Frauengruppen für Soziale Hilfstätigkeit" und die 1908 in Berlin gegründete „Interkonfessionelle Soziale Frauenschule".

„Geistige" wie „soziale Mütterlichkeit" wurde von der alten Frauenbewegung im Zusammenhang eines differenztheoretischen Feminismus stark gemacht, um soziale Berufe für Frauen zu erobern (vgl. Baader 2018, S. 17). Gerahmt wurde dies durch die Idee einer spezifischen „Kulturaufgabe der Frau", die sich aus den Konzepten von Mütterlichkeit und damit verbundenen Aufgaben ableitete (vgl. ebd.). Mutterliebe und Mütterlichkeit kam ein zentraler Stellenwert in der bürgerlichen Ordnung zu und ihre Konstruktion, die in pädagogische Wissensordnungen und Praktiken ab dem 19. Jahrhundert eingelassen war, diente der Distanzierung von den Lebensentwürfen adliger Frauen (vgl. ebd., S. 16). Für die Vertreterinnen der ersten Frauenbewegung widersprachen sich wissenschaftliche Arbeit und die Genese „sozialer Mütterlichkeit", wie sie für den sozialen Frauenberuf gefordert wurde. Ihre Ausbildungskonzepte verweigerten daher eine Akademisierung und Verwissenschaftlichung Sozialer Arbeit, was sich in der BRD bis in die 1960er Jahre auswirkte.

3 Pragmatistischer Feminismus im *Social Work*

In den USA existierten ab 1920 Promotionsstudiengänge für *Social Work*, die auch Frauen offenstanden (vgl. Bauer 2022). Diese Entwicklung verdankte sich einem menschenrechtsbasierten Gleichheitsfeminismus, der Frauen ab 1855 ein Bachelor-Studium an Women Colleges ermöglichte. Durch den damals niedrigen Professionalisierungsgrad der amerikanischen Universität konnten Frauen außerdem mithilfe von Eingangsprüfungen bis in die 1890er Jahre ein Universitätsstudium absolvieren. Akademikerinnen der ersten Generation gestalteten in den USA die Ausbildungskontexte für das *Social Work* wesentlich mit und beschleunigten den Prozess seiner Akademisierung.

1889 gründete Jane Addams in Chicago zusammen mit ihrer damaligen Partnerin und ehemaligen Kommilitonin Ellen Gates das Settlement „Hull-House", das sich zu einer Art „Universität" (Schüler 2004, S. 69) und einem wichtigen „Forschungsinstitut" (Miethe 2012, S. 13) entwickelte. 90 Prozent der „Hull-House" Residents waren weiblich und das Zentrum des Settlements bildeten „same-sex-relatonships" (DeKoven 1994, S. 327).

Addams, die der pragmatistisch orientierten Reformbewegung der *„Progressives"* angehörte, koordinierte ausgehend von „Hull-House" ein Netzwerk forschender Soziologinnen (vgl. Deegan 1988, S. 3), die mit Umfragen, Interviews, Feldbeobachtungen, der Analyse von Gerichtsakten, Abstimmungsunterlagen etc. methodisch innovativ arbeiteten. Die großstädtische Realität Chicagos sollte erforscht und zugleich sozialpolitisch gestaltet werden (vgl. Bethmann; Niermann 2015 zit. n. Offenberger 2019, S. 2). Der daraus entstandene Forschungsstil wurde als *engaging* bekannt (vgl. ebd., § 11) und Addams Methoden in den 1930er Jahren zum Kennzeichen einer schließlich männlich professionalisierten Stadtsoziologie, aus der die qualitative Sozialforschung entstand (vgl. Lengermann/ Niebrugge, 1998, S. 253).

Gemeinsam mit John Dewey, der 1894 an das *Departement of Education* der *University of Chicago* berufen wurde, formulierte Addams den Pragmatismus als theoretische Grundlage ihrer Forschung und den damit verbundenen sozialen Reformen aus. (vgl. Whipps, Lake 2020 o. S.; vgl. Althans 2007, S. 189 f.; vgl. Seigfried 1996, S. 202). Mit dem Pragmatismus, für den sich Erkenntnis durch Erfahrung konstituiert, ließ sich das persönliche, situierte, praktische Wissen von Frauen anerkennen. Die kritische Ausrichtung des Pragmatismus zielte auf emanzipatorische Lösungen sozialer und politischer Probleme (vgl. Gregoratto 218, S. 365). Praxis gewann im pragmatistisches Wissenschaftsverständnis an Bedeutung, da sich „Wahrheit" an den Konsequenzen des Handelns und damit „praktisch" ermisst. (vgl. Suhr 2005, S. 77). Als Hypothese, die zu prüfen ist, verliert sie an dogmatischer Bedeutung; soziale Kontexte konnten im Pragmatismus der Chicagoer Soziologie auf ihre Gültigkeit befragt und beforscht werden.

Unter dem Eindruck des 1. Weltkriegs, der an der Macht sozialer Reformen in Anbetracht menschlicher Destruktivität ebenso zweifeln ließ, wie an der Bedeutung von Demokratie, richtete sich die *Chicagoer Sociology* neu aus (vgl. Deegan 1988, S. 310). Dies wurde zur Geburtsstunde der amerikanischen Sozialarbeit: Mit Addams verabschiedeten sich Mitstreiterinnen einer kritischen Soziologie, die die Gesellschaft erforschen, im Zusammenhang mit sozialen Reformen aber auch verändern wollten, von der *School of Sociology*. Zwei dieser Mitstreiterinnen, Edith Abbott und Sophonisba Breckenridge, promovierte Sozial- bzw. Politikwissenschaftlerinnen, gründeten 1922 einen der ersten Promotionsstudiengänge für *Social Work* an der Universität Chicago (vgl. Bauer 2022). Die Gründung manifestierte eine erzwungene Hinwendung der weiblichen Soziologie zur Praxis des *Social Work* (vgl. Deegan, 1988, 309).

4 Pragmatismus der zweiten Frauenbewegungen

Ende der 1960er Jahre ergab sich mit der zweiten Welle der amerikanischen Frauenbewegung eine „Wiederentdeckung" des Pragmatismus der *„Progressives"* in Reaktion auf Publikationen zum 100. Geburtstag von Jane Addams (vgl. Schüler 2004, S. 29). Da sich die „Neue Frauenbewegung" in der BRD unter dem Einfluss der amerikanischen Bewegung entwickelte (vgl. Nave-Herz 1989, S. 66), blieb sie von pragmatistischen Ideen nicht unberührt.

In ihrer Aufarbeitung der wechselseitigen Beeinflussung von Pragmatismus und Feminismus weist Charlotte Haddock Seigfried darauf hin, dass die pragmatistische Philosophie die Bedeutung subjektiver Erfahrung unterdrückter gesellschaftlicher Gruppen hervorhob, um sie zum Motor sozialer Veränderungen zu machen. Die Erkenntnis, *„experience, even when personal, is always also social"* (Seigfried 1996, S. 78) aktivierte nicht bloß die *„Progressives"* um die Wende vom 19. zum 20. Jahrhundert. Sondern mit der Praxis des *consciousness raising* entstand im neuen Feminismus der USA ab Mitte der 1960er Jahre eine Methode gruppenbezogener Aufarbeitung kollektiver Unterdrückungserfahrungen von Frauen im Patriarchat, die zum Antrieb politischer Veränderungspraxen wurde und noch in den 1960er Jahre nach Europa schwappte. Mithilfe von Selbsterfahrungsgruppen entwickelte sich in der BRD ein feministisches Bewusstsein, aus dem sich neue Politikformen bildeten. Individuelle Erfahrungen wurden als Ausdruck einer kollektiven Situation erfasst, die den politischen Charakter des Privaten erkennen ließ. Die wegweisende Devise des neuen Feminismus der BRD lautete „Das Private ist politisch" und vormals für „persönlich" bzw. „privat" erklärte Fragen des Alltags wurden zu einem legitimen Gegenstand von Politik, wie Sexualität, Erziehung oder Gewalt in der Ehe.

5 Feminismus und Akademisierung sozialer Berufe ab 1968

Die Anfänge der „Neuen Frauenbewegung" werden zumeist auf die frühen 1970er Jahre datiert mit Verweis auf die Initiative gegen den § 218 durch die Selbstbezichtigungskampagne von 374 Frauen in der Zeitschrift „Stern" im Juni 1971 (vgl. Baader 2008, S. 153). Tatsächlich begann die Bewegung aber 1968 mit Initiativen zur 'Kinderfrage', mit Einrichtungen von Kinderläden, Fragen nach der geschlechtsspezifischen Arbeitsteilung in den Familien und mit der Kritik an einem patriarchalen, autoritären Gestus der Männer im Sozialistischen Deutschen Studentenbund (SDS) (vgl. ebd., S. 153 f.).

Sieben SDS-Frauen – u. a. die Filmstudentin Helke Sander – schlossen sich im Januar 1968 zum „Aktionsrat zur Befreiung der Frau" zusammen und riefen die Kinderladenbewegung ins Leben. Mit ersten Kinderläden in West-Berlin entstanden alternative Betreuungsmöglichkeiten zu den wenigen, überfüllten Kindergärten mit pädagogisch fragwürdigen Konzepten. Mütter aus dem SDS wie der Arbeiterschaft sollten entlastet werden, Zeit für Studium und politische Arbeit finden und der Isolation des Hausfrauen- und Mutterdaseins entkommen.

Sander hatte in einer legendären Rede am 13.9.1968 auf der SDS-Konferenz in Frankfurt das vorherrschende Betreuungssystem von Kleinkindern, das auf Kosten weiblicher Bildungsbeteiligung und der Emanzipation der Frauen ging, scharf kritisiert und mit den Plänen des „Aktionsrates" bekannt gemacht: „die gesellschaftliche unterdrückung der frau lässt sich nicht individuell lösen. [...]. wir wollen versuchen schon innerhalb der bestehenden gesellschaft modelle einer utopischen gesellschaft zu entwickeln. [...]. die hauptaufgabe besteht darin, [...] den kindern [...] die kraft zum widerstand zu geben, damit sie ihre eigenen konflikte mit der realität zugunsten einer zu verändernden realität lösen können. [...] fünf kinderläden [arbeiten] wir [...] organisieren kindergärtnerinnen bzw. helfen den kindergärtnerinnen sich selbst zu organisieren [...]" (zit. n. Lenz 2009, S. 41f.).

Für die Kinderläden und eine neue Kultur der Kinderbetreuung wurden sozialpädagogische Fachkräfte „organisiert", was neben der Politisierung eine pädagogische Weiterqualifizierung einschloss. In ihrer Rede auf der SDS-Konferenz hatte Sander die Grundlagen einer solchen Qualifizierung benannt: „Kritik am Prinzip bürgerlicher Vernunft" und ein „kritischer, nicht-patriarchalischer Wissenschaftsbegriff" (ebd., S. 41f.); beides sollte später die aus der „Neuen Frauenbewegung" hervorgegangene Frauenforschung bestimmen.

In der Einstiegsphase der Kinderladenbewegung begannen Frauen sich erstmals mit ihrer Situation in der patriarchalischen Nachkriegsrepublik auseinanderzusetzen. Sie kamen in den „Aktionsrat" zunächst wegen „der Aussicht, das Kinderproblem für sich zu entschärfen, aber auch deshalb, weil sie auf Analyse drängten: Warum machen die Frauen die praktische Arbeit, die Männer die theoretische? Wie drückt sich dieses Problem in der „normalen" Politik aus? [...] Gibt es Gesellschaften, in denen Frauen trotz Kindern nicht unterdrückt sind, nicht weniger Rechte haben, nicht ärmer sind als Männer, sich massenhaft an der Politik beteiligen? [...] Als Ziel wurde formuliert eine angemessene öffentliche Erziehung für alle Kinder und (...) Definitionsmacht für Frauen" (Sander 2008). Den „Aktionsrat" verband ein intersektionaler Feminismus, der Geschlecht und Klasse als sich gegenseitig verstärkende Unterdrückungsfaktoren erkannte und in der politischen Arbeit berücksichtigen wollte. Als die Kinderladenbewegung im Herbst 1968 durch die Gründung des „Zentralrats der sozialistischen Kinderläden West-Berlin" in männliche Hände gelegt wurde, verlor sich die intersektionale Perspektive. Die Bewegung wurde für politische Zwecke instrumentalisiert, die mit den ursprünglichen Absichten der SDS-Frauen nicht viel zu tun hatten (vgl. Baader 2008, S. 168). Den Frauen war es mit den Kinderläden um eine Verbindung der „Befreiung der Frauen mit besseren Lebensbedingungen für die Kinder (gegangen), um sowohl die Isolation der Frauen wie der Kinder aufzuheben" (Sander zit. n. ebd.).

Die im „Zentralrat" federführend tätigen Pädagogen waren Reinhart Wolff und Lutz von Werder. In von Werders Historiographie zur Geschichte der Kinderläden (1977) kommen „die Frauen des Aktionsrates und der Zusammenhang zwischen Kinderladen- und Frauenbewegung [...] nicht mehr [vor]" (Baader 2008, S. 168). Diese Ausklammerung schreibt sich in den bis heute lückenhaft bleibenden Aufarbeitungen der Geschichte der Akademisierung Sozialer Arbeit fort. Der Einfluss der „Neuen Frauenbewegung" auf akademische Ausbildungskontexte für Sozialpädagogik und Sozialarbeit wird in den Arbeiten ausgespart oder nicht genug konkretisiert (vgl. z. B. Amthor 2003, S. 431 ff.). Dass der Kindergarten Ende der 1960er Jahre in das öffentliche Interesse rückt, war dem „Aktionsrat" sowie den „Frankfurter Weiberräten" zu verdanken, die in Frankfurt ähnlich wie in West-Berlin neue Betreuungseinrichtungen für Kinder schufen. Amthor vermerkt, dass Arbeitsbereiche des Erzieherinnenberufes in den Vordergrund der öffentlichen Diskussionen traten, so die „Auseinandersetzung um die [...] Kinderläden", benennt die dafür verantwortlichen Akteur*innen aber nicht (ebd., S. 436). Die Akademisierung Sozialer Arbeit wird der als „männlich" erinnerten Studentenbewegung (vgl. Hodenberg 2018, S. 107) gutgeschrieben (vgl. z. B. Barabas 2014, S. 297; Müller 2020, S. 31) und „allgemeinen Reformen des Hochschulsystems sowie dem Wandel gesellschaftlicher Bedarfslagen" (Rauschenbach; Züchner 2004, 65; Kruse 2004, S. 12). Im Zusammenhang der Betonung eines „professionsbezogenen Strangs" der Akademisierung kommen zwar Fröbel, Wichern sowie Salomon ins Spiel, Sander und die „Aktionsfrauen" sowie die Frauen der „Frankfurter Weiberräte" bleiben aber unerwähnt (Rauschenbach/Züchner 2004, S. 69 f.).

6 Stufen der Akademisierung

Im Oktober 1969 verlangte der Vorstand des Deutschen Vereins die „Statusangleichung der Ausbildung für Sozialarbeiter und Sozialpädagoginnen an die Ingenieursausbildung, die sich bereits auf dem Weg zur Hochschulausbildung befand [...]." (Barabas 2014, S. 296). Der Umbau höherer Fachschulen für Sozialpädagogik zu Fachbereichen für Sozialpädagogik und Sozialarbeit bzw. Sozialwesen an Fachhochschulen vollzog sich in Windeseile (vgl. ebd., S. 296 f.). So nahm etwa die Fachhochschule Frankfurt am Main zum Wintersemester 1971/72 ihren Studienbetrieb auf und richtete einen Fachbereich Sozialpädagogik ein (vgl. ebd., S. 278). Ein Jahr später wurde in Frankfurt das zweite Frauenzentrum der BRD gegründet. Auch die Fachhochschule für Sozialarbeit und Sozialpädagogik in West-Berlin nahm ihren Studienbetrieb Ende 1971 auf. Das erste Frauenzentrum wurde in West-Berlin ein Jahr später in der Hornstraße 2 eröffnet.

Neben wirkungsvollen Anstößen für die sozialpädagogische Praxis nahm die „Neue Frauenbewegung" auf diesen Prozess der Akademisierung Sozialer Arbeit auch in der Ausgestaltung curricularer Inhalte Einfluss. Elke Kruse beschreibt die Akademisierung Sozialer Arbeit als eine Entwicklung in „Stufen" und betont, dass es sich dabei um einen mehrphasigen Prozess der „thematisch-sachlichen und organisatorischen Etablierung in der Lehre und Forschung von akademischen Institutionen (sowie) Akte äußerer Intervention oder innerer dezidierter Strukturveränderung" handelte (Friedenthals-Haase 1991, zit. n. Kruse 2004, S. 12). Dieser Prozess, der die Entwicklung neuer Curricula und damit neuer Ausbildungs-, Lern- und Forschungskulturen impliziert, wurde von den Student*innenprotesten ab 1967 angestoßen und ab 1968 mit den Initiativen der „Aktionsfrauen" radikalisiert. Aktuell erreicht er mit der Einführung des Promotionsrechtes an einzelnen Fachbereichen für Soziale Arbeit im Bundesland Hessen eine neue „Stufe".

An der Fachhochschule Frankfurt hatte beispielsweise Margit Brückners Mitarbeit zunächst als Lehrbeauftragte und später als Professorin entscheidende Folgen für die Entwicklung neuer Lehrinhalte im Studium Sozialer Arbeit. Brückner war Mitglied des „Frankfurter Weiberrats" und aktiv eingebunden in die Entstehung der Neuen Frauenbewegung, die sich auch in den Weiberräten inhaltlich an Forderungen des „Aktionsrates zur Befreiung der Frau" orientierte. In Berlin waren an die Fachhochschule für Sozialarbeit und Sozialpädagogik, die heutige Alice Salomon Hochschule, Frauen wie Heide Berndt oder Dagmar Schulz berufen worden, die sowohl der 68er Bewegung und der Kinderladenbewegung als auch dem amerikanischen Women's Liberation Movement verbunden waren und ihre Lehrangebote dementsprechend ausrichteten. Die „Neue Frauenbewegung" wies von 1968 bis circa 1972/73 Schnittmengen mit den Forderungen der Student*innenbewegung und des SDS auf. Andererseits, wie sich das etwa in Dagmar Schultz´ Vita und ihren Lehrangeboten widerspiegelt, wurde auf US-amerikanische Kontexte wie eine feministische Gesundheitsarbeit Bezug genommen mit dem Bestreben, entsprechende Bewusstseinsprozesse zu initiieren und Frauengesundheitszentren in der BRD zu schaffen. Zum Einfluss, den die curriculare Ausgestaltung der Studienangebote in Sozialer Arbeit seitens frauenbewegter Dozentinnen ab 1971 auf die Akademisierung hatte, liegt bislang keine Forschung vor.

7 Pragmatistische Wissenschaft und Forschung in der „Neuen Frauenbewegung"

Die „Neue Frauenbewegung" der BRD stimmte weitgehend mit der politischen Kultur und den Forschungsaktivitäten der *Progressives* in Chicago überein: Signifikant war der Forschungsstil des *engaging* unter Nutzung sozialwissenschaftlicher Methoden, wie sie ausgehend vom nicht-universitären Forschungsort

„Hull-House" entwickelt und erprobt worden waren. Frauenzentren übernahmen als außeruniversitäre Orte der Entstehung feministischer Forschung in der BRD diese Funktion von „Hull House". Und Frauen verbanden sich in einer auf „Hull-House" verweisenden Intensität in Arbeits- wie Liebesbeziehungen, um sich in autonomen Kontexten von patriarchalen Zwängen zu befreien.

Die „Neue Frauenbewegung" schuf ein Klima experimenteller und praxis- bzw. erfahrungsbasierter Formen der Erkenntnis, um traditionsgebundene akademische Erkenntniskonzepte in Frage zu stellen. Sie verfolgte analog zum Forschungs- bzw. Wissenschaftsverständnis der ersten Generation US-amerikanischer Pragmatist*innen einen politisch-emanzipatorischen Anspruch: Debatten bewegten sich zwischen Wissenschaft und Politik, im Dialog mit Dozentinnen, Studentinnen, Arbeiterinnen, weiblichen Angestellten und folgten dem pragmatistischen Prinzip des Pluralismus. Gefordert wurde ein geschlechtergerechter Zugang zu Wissenschaftspositionen, um Frauen besser in die Hochschulen zu integrieren. Mithilfe der wiederentdeckten qualitativen Methoden der feministisch-pragmatistischen Soziologinnen aus Chicago wurde ein „weiblicher" Blick in die Wissenschaften eingeführt und Forschungsergebnisse vom „male-bias" entzerrt (vgl. Althoff et al. 2017, S. 7 f.). Mit qualitativer Forschung, die zum prominenten sozialarbeiterischen Forschungsbereich wurde, forcierte die Frauenforschung die Akademisierung Sozialer Arbeit.

8 Neue Bildungsformate

An Salomon und der alten Frauenbewegung kritisierte die „Neue Frauenbewegung" die Ablehnung einer sozialistischen Perspektive auf Veränderung und ein Emanzipationskonzept, das die (bürgerliche) Frau als Sozialarbeiterin zur Vermittlerin von Klassengegensätzen stilisierte. Das Konzept wurde als naiv, liberal, gutgläubig und staatserhaltend bewertet (vgl. Simmel 1981, S. 371). Für die neuen Feministinnen rechtfertigte es die Ausbeutung von Frauen in Familie und Sozialer Arbeit. Der Schlachtruf – „das Private ist politisch" – schloss eine grundsätzliche Kritik der bürgerlichen Familie, ihrer Geschlechterrollen sowie der Emanzipationsvorstellung und dem Ausbildungskonzept der alten Frauenbewegung ein: „geistige Mütterlichkeit" ließ sich als reaktionäres Ideal gegenlesen.

Innovative Bildungsformate entstanden wie die Sommeruniversitäten an der FU-Berlin, die ab 1976 bis 1980 als feministisches Bildungsangebot der „Neuen Frauenbewegung" vor dem Hintergrund einer Kritik an der gesellschaftlichen Vormachtstellung der Männer stattfanden. Zum Beispiel wurde das Thema Hausarbeit, das sich an der Realität von Frauen auch außerhalb der Universität orientierte und in den USA längst Forschungsgegenstand war (u. a. Lopata 1971), aufgegriffen. Weder die Hausfrau noch ihre Arbeit waren bisher ein erkenntniswürdiger Gegenstand gewesen. „Hausarbeit wurde als das Wesen der Frau, als Natur des weiblichen Geschlechts angesehen und entsprechend behandelt – nämlich für selbstverständlich gehalten" (Bock 1977, zit. n. Althoff et. al 2017, S. 25). Etliche Publikationstitel im Kontext des Feminismus der „Neuen Frauenbewegung", wie er sich in den Sommerunis programmatisch artikulierte, belegen eine dekonstruktive Auseinandersetzung mit dem Konzept „geistiger Mütterlichkeit", dem die Idee der Frau als „natürlicher" Hausfrau und Sozialarbeiterin eingeschrieben ist.

- Arbeit aus Liebe – Liebe als Arbeit: zur Entstehung der Hausarbeit im Kapitalismus (Gisela Bock; Barbara Duden, 1977)
- In der Hauptsache ist der Sozialpädagoge eine Frau: Historische Überlegungen zum Selbstverständnis der Weiblichkeit als Beruf (Monika Simmel, 1979)
- Beruf und Hausarbeit: Die Arbeit der Frau in unserer Gesellschaft, (Iona Ostner, 1978)
- Soziale Arbeit als Hausarbeit: von der Suppendame zur Sozialpädagogin (Ingrid Riemann, 1985)
- „Gefühlsarbeit" – die weiblichsten Frauen der Nation: Sozialarbeiterinnen (Frankfurter Sozialarbeiterinnengruppe, 1978)

Die „Neue Frauenbewegung" löste den selbstverständlichen Zusammenhang zwischen Mütterlichkeit und Weiblichkeit auf (vgl. Baader 2018, S. 18), um Soziale Arbeit als ein Arbeitsfeld zu bestimmen, das nicht biologisch-anatomische, sondern akademische Kompetenz voraussetzt. Sie blieb nicht auf Distanz zu universitärer Forschung und Wissenschaft wie die alte Frauenbewegung (vgl. Althoff et. al 2017, S. 23 f.), sondern skandalisierte die Verdrängung der Frau aus der Öffentlichkeit und der patriarchalen Universität, die sich mit der Etablierung der bürgerlichen Familie, gestützt von der Mütterlichkeitspädagogik der alten Frauenbewegung, vollzogen hatte (vgl. Sachße/Tennstedt 1988, S. 42).

9 Fazit

Die „Neue Frauenbewegung" provozierte und forcierte die Akademisierung Sozialer Arbeit in der BRD durch pädagogische Projekte in der Praxis, durch eine neue Politik der öffentlichen Verhandlung „privater" Themen, durch die Bildung eines feministischen Bewusstseins mit Hilfe pragmatistischer Methoden, durch politisierende Qualifizierungsmaßnahmen im sozialpädagogischen Bereich, durch die Wiederentdeckung qualitativer Forschungsmethoden, durch neue Bildungskonzepte und -formate, die frei von repressiven, bürgerlichen Weiblichkeitsmythen waren, durch curriculare Beiträge und durch das Plädoyer für einen Gleichheitsfeminismus, der sie von der alten Frauenbewegung grundsätzlich unterschied. In dieser Hinsicht entsprach die „Neue Frauenbewegung" einer Praxis aktiven Erinnerns der Bildungs-, Forschungs-, und Wissenschaftskonzeption der pragmatistischen „*Progressives*" in Chicago, die in den 1920er Jahren zur Etablierung des *Social Work* als wissenschaftlicher Disziplin mit eigenen, akademischen Ausbildungskontexten nachhaltig beitrug. Die „Neue Frauenbewegung" öffnete der Wissenschaft neue Perspektiven, den Sozialarbeiter*innen die Türen der innovativen Fachhochschulen mit akademisierten Ausbildungsangeboten und motivierte die Universitäten gemeinsam mit anderen politischen Gruppen zu neuen Studiengängen für Sozialpädagogik.

Literatur

Althans, Birgit (2007): Das maskierte Begehren. Frauen zwischen Sozialarbeit und Management. Frankfurt am Main: Campus.

Althoff, Monika/Apel, Magdalena/Bereswill, Mechthild/Guhlich, Julia/Riegraf, Birgit (Hrsg.) (2017): Feministische Methodologien und Methoden. Traditionen, Konzepte, Erörterungen, 2. Aufl., Wiesbaden 2017, Springer VS.

Amthor, Ralph Christian (2003): Die Geschichte der Berufsausbildung in der Sozialen Arbeit. Auf der Suche nach Professionalisierung und Identität, Weinheim und München: Beltz Juventa.

Baader, Meike Sophie (2008): Das Private ist politisch. Der Alltag der Geschlechterfrage, die Lebensformen und die Kinderfrage. In: dies. (Hrsg.): „Seid realistisch, verlangt das Unmögliche". Wie 1968 die Pädagogik bewegte, Weinheim und Basel, Beltz, S. 121–140.

Baader, Meike Sophie (2018): Von der Normalisierung zur De-Zentrierung nach 1968. Mütterlichkeit, Weiblichkeit und Care in der Alten und in der Neuen Frauenbewegung. In: Langer, Antje/Mahs, Claudia/Rendtorff, Barbara (Hrsg.): Weiblichkeit – Ansätze zur Theoretisierung, Opladen: Barbara Budrich: S. 15–38.

Bauer, Edith (2022): Zur Geschichte der Promotionsprogramme für Social Work in den USA, in: Soziale Arbeit, Zeitschrift für soziale und sozialverwandte Gebiete, 71. Jh., S. 208–2016.

Barabas, Friedrich (2014): Skizze einer Vorgeschichte des Fachbereichs „Sozialpädagogik" 1945–1971, in: (Hrsg.): der Fachbereich Soziale Arbeit und Gesundheit der Fachhochschule Frankfurt am Main: „Warum nur Frauen?" 100 Jahre Ausbildung für soziale Berufe, Frankfurt a. M., S. 278–302, Fachhochschulverlag.

Bock, Gisela (2017): Frauenbewegung und Frauenuniversität. Zur politischen Bedeutung der Sommeruniversität für Frauen. In: Althoff, Monika et. al (Hrsg.) (2017): Feministische Methodologien und Methoden. Traditionen, Konzepte, Erörterungen, 2. Aufl., S. 10–14, Wiesbaden: Springer VS.

Deegan, Mary Jo (1988): Jane Addams and the men of the Chicago school, 1892–1918. New Jersey: Transaction Books.

DeKoven, Marianne (1994): „Excellent Not a Hull House": Gertrude Stein, Jane Addams, and Feminist-Modernist Political Culture. In: Rado, Lisa (Hrsg.): Rereading Modernism. New Directions in Feminist Criticism. New York und London: Routledge, S. 321–350.

Gregoratto; Federica (2018): Feministische Philosophie. In: Festl, Michael G. (Hrsg.): Handbuch Pragmatismus, Stuttgart: Metzler, S. 363–369.

Hodenberg von, Christina (2018): Die andere Achtundsechzig. Gesellschaftsgeschichte einer Revolte, München: Beck.

Kruse, Elke (2004): Stufen zur Akademisierung. Wege der Ausbildung für Soziale Arbeit von der Wohlfahrtsschule zum Bachelor-Mastermodell, Wiesbaden: Springer VS.

Lengermann, Patricia Madoo/Niebrugge, Gillian (1998): The Woman Founders: Sociology and Social Theory. The MCGraw Hill Companies, New York City: Waveland Press.

Lenz, Ilse (2009): Die Neue Frauenbewegung in Deutschland, Wiesbaden: Springer VS.

Lopata, Helena Z. (1971): Occupation: Housewife, Westport: Bloomsbury.

Miethe, Ingrid (2012): Forschung in und um Hull-House als Beispiel einer frühen Sozialarbeitsforschung. In: Bromberg, Kirstin/Hoff, Walburga/Miethe, Ingrid (Hrsg.): Forschungstraditionen der Sozialen Arbeit. Materialien, Zugänge, Methoden. Rekonstruktive Forschung in der Sozialen Arbeit, Band 10, Opladen: Budrich. S. 113–129.

Müller, Wolfgang C. (2020): Neue Politisierung der Sozialen Arbeit in den 1960er/1970er- Jahren, in: ARCHIV für Wissenschaft und Praxis der Sozialen Arbeit, 4.

Offenberger, Ursula (2019): Anselm Strauss, Adele Clarke und die feministische Gretchenfrage. Zum Verhältnis von Grounded-Theory-Methodologie und Situationsanalyse. In: Forum Qualitative Sozialforschung. Social Research, Volume 20, No. 2. Art. 6, ssoar-fqs-2019-2-offenberger-Anselm_Strauss_Adele_Clarke_und.pdf. (Abfrage: 9.07.23).

Rauschenbach, Thomas/Züchner, Ivo (2004): Die Akademisierung des Sozialen – Zugänge zur wissenschaftlichen Etablierung der Sozialen Arbeit, in: Hering, Sabine; Urban, Ulrike (Hg.): „Liebe allein genügt nicht". Historische und systematische Dimensionen der Sozialpädagogik. Opladen: Leske + Budrich, S. 65–83.

Sachße, Christoph/Tennstedt, Florian (1988): Geschichte der Armenfürsorge. Bd. 2: Fürsorge und Wohlfahrtspflege 1871–1929. Stuttgart: Kohlhammer.

Salomon, Alice (1929/2003): Die deutsche Akademie für soziale und pädagogische Frauenarbeit im Gesamtaufbau des deutschen Bildungswesens. In: Feustel, Adriane (Hrsg.):

Alice Salomon – Frauenemanzipation und soziale Verantwortung. Ausgewählte Schriften, Band 3: 1919–1948. München/Unterschleißheim: Luchterhand.

Schüler, Anja (2004): Frauenbewegung und soziale Reform. Jane Addams und Alice Salomon im transatlantischen Dialog, 1889–1933. Stuttgart: Steiner.

Seigfried, Charlene Haddock (1996): Pragmatism and Feminism: Reveawing the Social Fabric. Chicago: University of Chicago Press.

Simmel, Monika (1981): Alice Salomon. Vom Dienst der bürgerlichen Tochter am Volksganzen. In: Sachße, Christoph/Tennstedt, Florian (Hrsg.): Jahrbuch der Sozialarbeit 4. Reinbek bei Hamburg: rowohlt, S. 369–402.

Suhr, Martin (2005): John Dewey zur Einführung. Hamburg: Junius.

Wagner, Leonie (2018): Soziale Arbeit im Kontext der bürgerlichen Frauenbewegung. In: Graßhoff, Gunther et al. (Hrsg.): Soziale Arbeit. Eine elementare Einführung. Wiesbaden: Springer VS, S. 259–272.

Werder, Lutz von (1977): Was kommt nach den Kinderläden? Erlebnis-Protokolle. Berlin, Wagenbach.

Whipps, Judy/Lake, Danielle (2020): Pragmatistischer Feminismus, in: Stanford Enzyklopädie der Philosophie, plato.stanford.edu/entries/femapproach-pragmatism. (Abfrage: 31.03.23).

Sander, Helke (2008): Die Entstehung der Kinderläden. https://www.helke-sander.de/2008/01/die-entstehung-der-kinderlaeden/ (Abfrage: 14.03.2023).

XI. Soziale Arbeit auf dem Weg in die Professionalisierung – Konsolidierung, Aufruhr, Akademisierung zwischen 1960 und 1980[1], [2]

Manfred Neuffer

1 Einleitung

Die Methoden der Sozialen Arbeit wurden in den 1960er Jahren immer mehr zum Kernfach der Ausbildung an den Höheren Fachschulen. Die Diskussion, die Konzeptentwicklung, die Didaktik für dieses Fach bestritten vor allem Dozentinnen an den Höheren Fachschulen und Kolleginnen aus dem Ausland – Niederlande/ Schweiz. Mit der bis dahin noch wenig bekannten Methode der Gemeinwesenarbeit kam Mitte der 1960er Jahre Bewegung in die Diskussion: Methodenkritik bis hin zu gesellschaftspolitischen Auseinandersetzungen. Das Ende der 1960er Jahre war zum einen geprägt von dem Kampf um Anerkennung der Ausbildung in den Höheren Fachschulen und ihre Einbeziehung in die Fachhochschulgesetzgebung. Für die bisherigen und weiteren Reformdiskussionen war der 4. Deutsche Jugendhilfetag im Mai 1970 in Nürnberg ein Kristallisationspunkt für Aufruhr und Widerstand zu den bestehenden Bedingungen in den Arbeitsfeldern der Sozialen Arbeit. Die Ausbildung an den Fachhochschulen bekam ab Ende der 1960er Jahre Konkurrenz über die universitären, erziehungswissenschaftlichen Fakultäten mit Schwerpunkt auf Sozialpädagogik. In beiden Ausbildungsstätten entwickelten sich curriculare, gesellschaftskritisch geprägte Inhalte, die mit der Praxis der Sozialen Arbeit nur bedingt einhergingen. In der zweiten Hälfte der

---

1 Meine Ausführungen basieren im Wesentlichen auf eigenen Erfahrungen als Studierender an der Höheren Fachschule für Sozialarbeit, München 1967–1970, als Vorsitzender des Studentenverbandes der bayerischen Höheren Fachschulen für Sozialarbeit/Sozialpädagogik und als Teilnehmer am 4. Jugendhilfetag in Nürnberg, als lehrender Sozialarbeiter mit Zusatzqualifikation ‚Klientzentrierte Gesprächsführung', ebenso auf Erkenntnissen aus Interviews mit Zeitzeug*innen, die in den 60er Jahren aktiv in Praxis und an Höheren Fachschulen tätig waren, im Rahmen meiner Dissertation zur Geschichte der Sozialen Einzelhilfe. Im Besonderen trug der intensive Kontakt zu Marie Kamphuis dazu bei, die Entwicklung und die Auseinandersetzungen um die Soziale Einzelhilfe einordnen zu können. Wo keine Quellen angegeben sind, handelt es sich um die Darstellung dieser eigenen Erfahrungen.
2 Ein Großteil dieser Ausführungen wurden auch hier (Neuffer 2023) veröffentlicht.

1970er Jahre erfolgten für alle drei klassischen Methoden der Sozialen Arbeit Ausdifferenzierungen und/oder neue Konzepte.

2 Ein Blick in die 50er Jahre ist notwendig

Die Politik, die Kultur, der soziale Bereich und die Ökonomie sollten nach Ansicht der Siegermächte in Deutschland nach dem Zweiten Weltkrieg und dem Nationalsozialismus so geändert werden, dass die Zeit und der Einfluss des Nationalsozialismus nachhaltig korrigiert und künftig Ähnliches verhindert würde. Vor allem wollte man die deutsche Jugend und pädagogische Multiplikator*innen wie Lehrer*innen, Jugendleiter*innen und Erzieher*innen zu demokratischen Staatsbürger*innen erziehen bzw. heranziehen. Dazu stand im Mittelpunkt ein ‚education program', dessen Inhalte mit Hilfe der Methoden der Gruppenpädagogik ausgestaltet wurden. Mit dem ‚visiting experts program', gestalteten vor allem deutsche Emigrant*innen das Geschehen, um Anschluss an die Entwicklung in den Vereinigten Staaten zu bekommen. Vor allem Hertha Kraus für Case Work und Gisela Konopka für Group Work überbrachten Informationen zur Sozialen Arbeit, zu deren institutionellen Ausrichtung, zur Ausbildung an Universitäten in den USA und zur Bedeutung von theoretischen Konzepten. Parallel zu dem ‚visiting experts program' wurde ein umfangreiches Austauschprogramm in Gang gesetzt. Damit holten sich weitaus mehr junge deutsche Sozialarbeiter*innen, Wissenschaftler*innen und vor allem Dozent*innen an Wohlfahrtsschulen das Wissen über methodische Konzeptionen aus den USA. Insgesamt nahmen 16.228 Personen aus vorwiegend sozialen und pädagogischen Berufen zwischen 1948 und 1956 an diesem Austauschprogramm teil. Viele wurden durch Erlebnisse und Erkenntnisse aus diesem Austausch maßgeblich in ihrer beruflichen Entwicklung beeinflusst und wirkten danach an verantwortlichen Stellen der Sozialen Arbeit (vgl. Müller 1988, S. 42 ff).

Wegweisend für Case Work waren Aufbaulehrgänge in Berlin (1951 und 1953), organisiert von Dora von Caemmerer, eine der bekanntesten deutschen Dozent*innen der Aus- und Fortbildung der Nachkriegs- und Aufbauzeit. Heinrich Schiller übernahm den Part, das Group Work publik zu machen. Der Wunsch nach Professionalisierung der Sozialen Arbeit und des eigenen beruflichen Werdegangs kann als Hauptmotivation der Teilnehmer*innen an den Aufbaulehrgängen abgelesen werden.

Die Triade der sogenannten klassischen Methoden der Sozialen Arbeit – Soziale Einzelhilfe, Soziale Gruppenarbeit und Gemeinwesenarbeit – nahm mit den vorgenannten Initiativen zunehmend Einfluss auf das weitere Fort - und Weiterbildungsgeschehen und die konzeptionellen Diskussionen in der Fachwelt. An den Höheren Fachschulen und später an den Fachhochschulen war Methodenlehre allerdings nur ein Fach unter anderen und deren Lehrkräfte waren meist nicht gleichgestellt zu den Dozent*innen der akademischen Fächer wie Psychologie, Soziologie. In Nordrhein-Westfalen lehrten zum Beispiel an den Fachhochschulen lange Zeit sogenannte lehrende Sozialarbeiter*innen mit fast demselben Auftrag wie die Professor*innen, aber mit mehr Lehrveranstaltungsstunden und etlichen Gehaltsstufen darunter.

3 Soziale Einzelhilfe

Der Einfluss der Psychoanalyse mit der besonderen Rolle der Ich-Theorie, der Bedeutung der frühen Kindheit, der helfenden Beziehung mit den Einflüssen von Übertragung und Gegenübertragung veränderte das Konzept Case Work erheblich und kam in dieser Form nach dem Zweiten Weltkrieg nach Europa. Ausgeblendet wurden Faktoren, die in der Umwelt der Klient*innen oder der materiellen Hilfestellung lagen. Ein Anliegen, das Alice Salomon insbesondere und sehr frühzeitig thematisierte (vgl. Neuffer 1990, S. 31 ff). Dieses psychologisch untermauerte Konzept vertrat Ruth Bang in einem von zwei entscheidenden deutschen Lehrbüchern – ‚Psychologische und methodische Grundlagen der Einzelhilfe', Bonn, 1958.

Andere europäische Expertinnen wie Anni Hofer aus der Schweiz, Rosa Dworschak aus Österreich und insbesondere Marie Kamphuis aus den Niederlanden machten sich auf den Weg, die europäische Fürsorgetradition mit der neuen Methodendiskussion zu verknüpfen. Mit umfangreichen Erfahrungen aus Studienaufenthalten in den USA versehen, widersetzte sich Marie Kamphuis allerdings der einseitigen psychologischen Ausrichtung im Rahmen der Sozialen Einzelhilfe. Ihrer Ansicht nach bedurfte es der Ergänzung um soziologische und anderer wissenschaftlicher Erkenntnisse, um die Benachteiligung von Menschen besser analysieren zu können. Dies richtete sich gegen das ausschließlich auf die helfende Beziehung aufbauende psychoanalytische Konzept des Case Work und der amerikanischen Philosophie des Helfens, das Selbstbestimmung und Selbstverantwortung der Klient*innen in den Vordergrund stellte.

Der in den USA verpönte Hausbesuch, also die aufsuchende Soziale Arbeit, war in Deutschland und anderen europäischen Ländern eines der wichtigsten Instrumente der Hilfestellung. Die Frage absoluter Freiwilligkeit bei der Kontaktaufnahme (Selbstbestimmung) stand im entgegengesetzten Verhältnis zu einer auf Verantwortung für die Klient*innen basierenden Sozialen Arbeit (Fürsorge) und musste daher, um Brüche in der praktischen Arbeit zu vermeiden, zu einer Synthese geführt werden.

4 Zwischen Hilfe und Kontrolle

Die Europäisierung des amerikanischen Case Work war ein Verdienst von Marie Kamphuis, die damit auch in ihren vielfältigen Vorträgen und Fortbildungen in Deutschland auf großes Interesse bei den Teilnehmer*innen stieß und erreichte, dass die Widerstände gegen das Methodenkonzept abnahmen. Ihr Buch ‚Die persönliche Hilfe in der Sozialarbeit unserer Zeit', Stuttgart, 1963 wurde in den 1960er Jahren das meistbenutzte und meist gelesene Fachbuch zu diesem Thema.

Im amerikanischen Case Work entwickelten sich weitere Ansätze wie das ‚family case work' beeinflusst von der Familientherapie – ein Vorläufer der Familienberatung/der sozialpädagogischen Familienhilfe – und das ‚aggressive Case Work', das Anteile aus dem Group Work und der Gemeinwesenarbeit aufnahm. Diese Konzepte erreichten Deutschland allerdings erst nach den 1960er Jahren. Der Transfer der Methoden dauerte damals bis zu 10 Jahre. An den Fachhochschulen wurde die Soziale Einzelhilfe in den Curricula zurückgedrängt, wenngleich über die Praktika die Frage zu beantworten war, wie die Arbeit mit Einzelnen und ihren individuellen Problematiken zu bewältigen sei. In diesem Zusammenhang machten sich Mitte der 1970er Jahre therapeutische Konzepte breit, die vor allem in einem umfänglichen Fort- und Weiterbildungsgeschehen angeboten wurden. Besonderen Raum nahm die Gesprächstherapie von C. R. Rogers ein. Einerseits konnten in diesen Weiterbildungen auch Sozialarbeiter*innen teilnehmen, zum anderen bot die daraus abgeleitete klientzentrierte Gesprächsführung eine gute Grundlage für die Arbeit mit Einzelnen und Familien.

5 Soziale Gruppenarbeit

Das Group Work oder die Gruppenpädagogik entwickelte sich in den USA wie in Deutschland in der Freizeit- und Bildungsarbeit im Rahmen der Sozialpädagogik und wurde in Deutschland nach dem Zweiten Weltkrieg insbesondere durch das Haus Schwalbach mit den allseits bekannten Schwalbacher Blättern und der Spielkartei gestützt.

Die Soziale Gruppenarbeit war eher in der Sozialen Arbeit verortet. So gab es zum Beispiel auf Anregungen von Hermine Albers, Regierungsdirektorin der Jugendbehörde in Hamburg, bereits 1954 Gruppenarbeit mit Müttern aus Problemfamilien. Anstöße zur Sozialen Gruppenarbeit – hier als institutionelles Angebot zu verstehen – gab Elisabeth Sülau aus dem ‚Hansischen Jugendbund' im Rahmen von Schutzaufsichten für Jugendliche. Liesel Werninger richtete ab 1958 eine eigene Abteilung Soziale Gruppenarbeit, auch verstanden als sozialtherapeutische Gruppenarbeit, im Amt für Jugendfürsorge in Hamburg ein.

In den 1960er Jahren wandelte sich in den USA Social Group Work. Ähnlich wie bei Case Work, bei dem die Konzentration auf die innerpsychischen Vorgänge unter Einfluss der Psychoanalyse zunehmend kritisiert wurde, forderte ein Armutsprogramm der Regierung Kennedy/Johnson und die Black-Power-Bewegung die Soziale Arbeit zu anderen Konzepten heraus. Eine Richtung wandte sich der Gruppentherapie zu, um Angebote für verhaltensgestörte Klient*innen anbieten zu können. Zum anderen löste die Gruppendynamik vielfach die Soziale Gruppenarbeit ab und wurde ein eigenständiges Feld der Arbeit mit Gruppen. Beides nahm zeitversetzt wie üblich den Weg nach Europa. Gruppentherapie und Gruppendynamik wurden hier eher zum Arbeitsfeld von Psycholog*innen. Lediglich Versatzstücke davon landeten in der Praxis der Sozialen Arbeit und in der ersten Ausbildungszeit an Fachhochschulen und waren wenig eingebunden in deren Curricula. Die traditionelle Gruppenpädagogik wurde insbesondere über die Offene Jugendarbeit abgelöst. In den Jugendzentren, die zu Beginn der 1970er Jahre auch in Selbstverwaltung organisiert waren, fanden sich offene, freie Angebote (Disco, Bar-Betrieb), neben festen, themenbezogenen Gruppen. Für Kinder wurden auf pädagogisch betreuten Abenteuerspielplätzen ebenfalls offene, freie Räume geschaffen.

6 Gemeinwesenarbeit

Eine den anderen beiden Methoden vergleichbar neugierige und fachlich interessierte Aufnahme von ‚social community organization/development' nach dem Zweiten Weltkrieg ist nicht zu verzeichnen. Wobei die Arbeit in den Nachbarschaftsheimen, in denen auch Stadtteilarbeit konzeptionell verankert war, als Vorläufer betrachtet werden kann. Das Standardlehrbuch ‚Grundlagen und Methoden der Sozialarbeit' von Friedländer und Pfaffenberger informierte im Jahre 1966 zum ersten Mal detailliert über die Herangehensweise der ‚Sozialen Gemeinwesenarbeit'. An den Höheren Fachschulen wurde diese völlig neue Herangehensweise, und damit als dritte Säule der Methoden, erst ab Ende der 1960er Jahre thematisiert. Ungeachtet einer fehlenden konzeptionellen Diskussion der amerikanischen Methode bildeten sich in der Praxis bereits ab Anfang der 1960er Jahre Projekte heraus, die der Gemeinwesenarbeit zuzurechnen sind, und zwar in der Obdachlosenarbeit, bei Untersuchungen und Aufbauarbeiten in Trabantenstädten (beispielhaft im Märkisches Viertel in Berlin-Reinickendorf), später auch in Altbausanierungsgebieten (bundesweit bekannt das Projekt Karolinenviertel in Hamburg). Die im Jahre 1948 gegründete Victor-Gollancz-Stiftung unterstützte Studierende der Sozialarbeit und Sozialpädagogik an den Höheren Fachschulen, bildete aber auch als Träger eigenständige Fortbildungen an, ebenso wie Arbeitsgruppen mit methodischer Ausrichtung u. a. auch eine AG Gemeinwesenarbeit. Das Burckhardt-Haus in Gelnhausen bekam Ende der 60er

Jahre eine ähnliche Funktion für die Gemeinwesenarbeit. Beide wurden zu einem zentralen Ort der konzeptionellen Auseinandersetzung (vgl. Müller 1988, S. 97 ff)

Von den aus dem amerikanischen Raum zunehmend bekannten GWA-Konzepten bekam Ende der 1960er Jahre das aggressive, konfliktorientierte Konzept von Saul Alinsky die größte Aufmerksamkeit insbesondere in den Ausbildungsstätten und in Praxisprojekten, die aber auch meist von Hochschulen begleitet wurden. In der sozialarbeiterischen Praxis dominierte nach wie vor die Soziale Einzelhilfe das Geschehen. Die auf einer Tagung im Jahre 1975 verfasste Todesanzeige (Müller 1988, S. 131) für die Gemeinwesenarbeit kennzeichnete wohl die Situation und mangelnde Anwendung der Methode in der Praxis, doch die konzeptionelle Diskussion war damit nicht zu Ende. Boulet/Krauss/Oelschlägel verfassten im Jahre 1980 ein grundlegendes Werk zur Gemeinwesenarbeit, das die bis dahin entwickelten Konzepte zusammenfasste und gleichzeitig das ‚Arbeitsprinzip Gemeinwesenarbeit' als neuen Ansatz für ein strukturierendes Prinzip Sozialer Arbeit zur Diskussion stellte.

7 Das Fach Methodenlehre

Ohne wesentliche Brüche setzten die Wohlfahrtsschulen ihre Arbeit nach dem Zweiten Weltkrieg fort. Selbst die der Euthanasie förderliche Erbbiologie wurde erst allmählich aus dem Fachkanon der Gesundheitsfürsorge entfernt. Gleichzeitig wurde auch die Chance vertan, die Zeit des Nationalsozialismus bewusst und aktiv zu bewältigen.

Die kleinen Schulen waren orientiert an den sie prägenden hauptamtlichen Dozent*innen und an einem fast familiären Charakter, der die Ziele der jeweiligen Träger am besten durchzusetzen half. Im Rahmen einer hochkarätig besetzten Konferenz Ende 1948 fiel eine die Ausbildung und die Methodenlehre betreffende wichtige Entscheidung, nämlich sich nicht in Anlehnung an die Universitäten in den USA neu aufzustellen. Intensive Versuche von Expert*innen aus den USA, die Ausbildung von Sozialarbeiter*innen auch in Deutschland an den Universitäten anzusiedeln, wurden von Vertreter*innen der kirchlichen Wohlfahrtsschulen abgelehnt. Sie befürchteten einen Machtverlust und argumentierten damit, dass die persönliche Bindung und Betreuung an Universitäten nicht mehr gewährleistet werden könne (vgl. Neuffer 1990, S. 80 ff). Diese Entscheidung leistete Vorschub einerseits, dass die Methoden der Sozialen Arbeit nicht im Mittelpunkt des Curriculums standen und andererseits für die geringen Möglichkeiten und Ressourcen zur wissenschaftlichen Forschung – ein Relikt, unter dem die Fachhochschulen noch heute zu leiden haben.

Trotz dieser Entscheidung war das Fach Methodenlehre ein Motor, mit dem aufgrund der täglichen Anforderungen ein qualifizierter Aneignungsprozess für das methodische Handeln stattfand. In den 1950er Jahren eher subversiv in die

Ausbildung der Wohlfahrtsschulen eingebracht, wurde im Zuge der Ausbildungsreform hin zu Höheren Fachschulen im Jahre 1959 das Fach Methodenlehre offiziell in den Fächerkanon aufgenommen. Methodisch-didaktische Überlegungen in diesem Fach gingen vor allem von der Fallarbeit aus. Eine bundesweite sowie mehrere länderorientierte Lehrfallkommissionen wurden ins Leben gerufen. Sie ergänzten und ersetzten das bisher vorhandene Lehrmaterial aus den Niederlanden und USA mit deutschen Lehrfällen und organisierten auch ein entsprechendes Fortbildungsangebot. So bildete sich darüber in den Schulen ein Zentrum der fachlichen Diskussion und der Professionalisierung generell.

Obwohl vielfach gefordert wurde die Methodenlehre, vermutlich schon beeinflusst von Statusfragen in den Lehrkörpern, aber nicht wie in den USA zum zentralen Ausbildungsbereich. Nach Gründung der Fachhochschulen wurde das Fach oft noch eindeutiger an den Rand gedrängt.

8 Widerstand und Kritik an den Methoden der Sozialen Arbeit

Trotz der vielfältigen Fortbildungsinitiativen entstand ein Gefälle zwischen der Ausbildungs- und der Berufspraxis. Diejenigen, die sich intensiv auf die Soziale Einzelhilfe und deren methodische Anforderungen einließen, provozierten ihre Umgebung nicht nur durch Forderungen nach anderen Arbeitsbedingungen, sie wurden auch vom eigenen Kollegium kritisch beäugt. Missgunst und Befürchtungen, einem Anspruch an mehr Qualifizierung nicht gerecht zu werden, standen dabei wohl im Hintergrund. Die ‚Methodiker*innen' wurden als elitäre Gruppe gesehen, die die professionelle Betontheit des methodischen Konzeptes in das berufliche Zusammenleben hineinbrachten. Sie selbst bezeichneten sich als ‚Hefe im Kuchenteig' und beklagten andererseits die Diskrepanz zwischen dem, was sie sich angeeignet hatten und den mangelnden Umsetzungsmöglichkeiten für die eigene Professionalisierung und die Hilfestellung für Klient*innen. Ein Dilemma, das sich durch die gesamte Rezeptions- und Methodengeschichte hindurchzieht (vgl. Neuffer 1990, S. 216 ff).

Eine grundsätzliche Problematik der Übertragung war die subjektive Auswahl methodischer Konzepte und die selektive Wahrnehmung der amerikanischen Sozialen Arbeit. Nicht nur beim Case Work, auch später bei der Gemeinwesenarbeit, wurden die amerikanischen Konzeptionsdiskussionen, die den bisherigen Hauptrichtungen kritisch gegenüberstanden, in Europa kaum bekannt. So das so genannte ‚aggressive Case Work', in dem versucht wurde, in Abkehr von den erwähnten anerkannten Methodenschulen offensiv auf Menschen in sozial benachteiligten Situationen zu- und einzugehen.

Die konzeptionellen Veränderungen, die in den 1960er Jahren in den USA eingeleitet und in Deutschland erst Anfang der 1970er Jahre aufgenommen wurden, lösten vor allem Widerstände gegen die Einführung der Sozialen Einzelhilfe aus.

Sie wurden auch zum Teil auf die Soziale Gruppenarbeit übertragen und kennzeichnen somit einen gemeinsamen Teil der Rezeptionsgeschichte.

Eine fremde Welt, fremde Begriffe weckten Vorbehalte, die ihre besondere Gewichtung dadurch bekamen, dass bei den deutschen Sozialarbeiter*innen der Eindruck entstand, ihr bisheriges Tun sollte völlig in Frage gestellt werden. Die fürsorgliche Haltung und Einstellung zu Klient*innen wurde nicht selbstkritisch als Kontrolle oder heilsamer Zwang erkannt. Insofern stellte das Case Work bisheriges berufliches Handeln auf den Kopf.

Erfahrungen zur Disposition zu stellen, neues Wissen und Können sich aneignen, kann – wie allgemein bekannt – ein schwieriger und angstbesetzter Prozess im Berufsleben werden. Wird durch engagierte Aufnahmebereitschaft, verbunden mit substantiellen Veränderungen und über eine Vorreiterrolle die bisherige Arbeit von Kolleg*innen in Frage gestellt, bewirkt dies möglicherweise berufliche Unsicherheit. Selbst erkannte Mängel, die man aus einer ängstlichen Haltung bisher verschwiegen hat, werden plötzlich von anderen offengelegt und eine offene oder verdeckte abwehrende Haltung ist die Folge.

Widerstand richtete sich auch gegen andere Teile des Konzeptes, wobei Begrifflichkeiten diesem Vorschub leisteten. Vielfach war von bloßen Techniken die Rede wie sie z. B. bei der Gesprächsführung eingesetzt werden. Den helfenden Prozess, der traditionell mit christlicher Empathie in Verbindung gebracht wurde, zu erlerntem professionellen Handeln werden zu lassen, widerstrebte insbesondere großen Teilen der kirchlich gebundenen Fachkräfte. In den 1960er Jahren prosperierten trotz aller Widerstände die Methoden der Sozialen Arbeit und die Professionalisierung kam erheblich voran. Sie boten Orientierungsmöglichkeiten und waren Kristallisationspunkte für eine selbstbewusste und eigenständige Berufsidentität. Die Berufspraxis wurde durch sie zu Veränderungen angeregt, und das alte Fürsorgedenken wurde durch sie obsolet. Anhand der Widerstände kann abgelesen werden, dass sich vor allem jüngere Berufskräfte mit den neuen Methoden auseinandersetzten, die vor allem in Fort- und Weiterbildungen kennengelernt wurden. Gegen die aufgezeigten Widerstände brachten sie Innovationen in die Ausbildung und Praxis.

In dieser Blütezeit der Methoden, in die fachliche Aufbruchstimmung hinein, hagelte es plötzlich aus einer anderen Ecke harsche Kritik. Die Diskussionen der Studentenbewegung, die sich nicht nur gegen die Autoritäten der Gesellschaft richtete, sondern, beeinflusst durch den Vietnamkrieg, alles Amerikanische verdammte, machten vor der Sozialen Arbeit nicht halt. Nicht nur die Institutionen und Strukturen der Sozialen Arbeit waren – wie auf dem Jugendhilfetag 1970 in Nürnberg – massiver Kritik ausgesetzt, sondern gerade die Methoden der Sozialen Arbeit – die Soziale Einzelfallhilfe im Besonderen. Die Soziale Arbeit wurde als Instanz des herrschenden Kapitalismus ausgemacht, die Ursachen von Problemen unterdrückt und die Anpassung an diese Verhältnisse erzwingt.

Nicht nur die politisch ausgerichtete Kritik zog die Sinnhaftigkeit methodischen Handelns in Zweifel. Unter anderem löste die sozialwissenschaftliche Kritik an der Sozialen Einzelhilfe von Helge Peters Ende der 1960er Jahre und danach die völlige Abkehr – zumindest im Ausbildungsgeschehen – von den klassischen Methodenkonzepten aus. Die Ausführungen von Marie Kamphuis in ihrem Buch ‚Die persönliche Hilfe in der Sozialarbeit unserer Zeit' nahm Peters besonders aufs Korn. Einige seiner Monita: Nicht die Probleme des Klienten, sondern die der Fürsorgeinstitutionen stünden im Vordergrund; Individualisierung und Akzeptanz würde missbraucht, um Ziele des Fürsorgers besser durchsetzen zu können; die wissenschaftliche Fundierung der Methoden sei lediglich behauptet; die Diagnose sei ein bewertendes und stigmatisierendes Instrumentarium; die Methode diene nur der Professionalisierung der Sozialarbeiter; sie selbst seien nach wie vor soziale Kontrolleure (vgl. Neuffer 1990, S. 202–206).

Marie Kamphuis erwiderte in einem Zeitzeugeninterview 1989 erstmals auf diese Kritik: „Ich habe nie behauptet, dass Case Work eine Wissenschaft sei. Sie macht aber Gebrauch von relevanten Erkenntnissen der Psychologie, Sozialpsychologie, Soziologie usw. und lässt Intuition und Erfahrung mit einfließen. Sozialarbeit sei nur auf die Arbeit für Deviante und Arme ausgerichtet – im Gegenteil, mit normalen Lebensproblemen beschäftigt sich Soziale Arbeit. Peters definiert nicht den Begriff von Normalität. Mit der Spannung Hilfe und Kontrolle müssen Sozialarbeiter umgehen lernen, sie ist Bestandteil der Sozialen Arbeit. Helge Peters und ich leben in zwei Welten. Er kannte damals die praktische Arbeit offensichtlich kaum oder nicht und er benützt nicht die relevante deutschsprachige und amerikanische Literatur. Außerdem gebraucht er demagogische Methoden." (Neuffer 1990, S. 206–207)

Der Gegenentwurf der Kritiker für die Soziale Arbeit lautete verkürzt: die Methoden der Sozialen Arbeit seien durch eine kritische Analyse und Gesellschaftstheorie zu ersetzen. Es komme auch nicht darauf an, die Soziale Arbeit neu zu interpretieren, mit neuen Inhalten zu füllen, sondern es komme entscheidend darauf an, die materielle Basis so zu verändern, dass sie überflüssig wird.

Unabhängig von dem Streit, ob die Kritik angemessen war, gab sie der Sozialen Arbeit wichtige Anstöße, die, wenn auch zeitversetzt, in die weitere Methodendiskussion hineinragten. Sie erreichte, dass die politische Funktion der Sozialen Arbeit wieder ins Blickfeld gerückt wurde, dass erkannt wurde, wie Methodenkompetenz das Machtgefälle zwischen Klient*innen und Sozialarbeiter*innen erhöhen kann, dass die Definition des Problems, die Zielsetzung der Sozialen Arbeit unabhängig vom Methodenkonzept erfolgen muss.

9 Höhere Fachschulen zu Fachhochschulen

1958 wurde die Ausbildungsreform von der zweijährigen Wohlfahrtsschule zur dreijährigen Höheren Fachschule mit anschließendem einjährigen Berufspraktikum eingeleitet. Bereits 1970 wurden die Höheren Fachschulen in die Fachhochschulgesetzgebung übernommen. Ein steiniger Weg bis dahin.

Zum ersten Mal wurden über die Höheren Fachschulen im Bereich der Sozialen Arbeit vergleichbare Ausbildungsbedingungen geschaffen. Eine interne Anforderung, neben der Integration von Theorie und Praxis, galt der Personalsituation im Lehrkörper. Die hauptamtlichen Dozent*innen, die noch die Pionierzeit der Sozialen Arbeit erlebten und die Wohlfahrtsschulen nach dem Zweiten Weltkrieg aufbauten, schieden altershalber vielfach aus und wurden allmählich durch Fachakademiker*innen (allerdings immer mehr Männer) ohne Sozialarbeiterausbildung ersetzt. Eine Entwicklung die sich an den Fachhochschulen verstärkt fortsetzte.

Weiterhin wurde an den Höheren Fachschulen die Mit- und Selbstverwaltung für Studierende durch einen Allgemeinen Studentenausschuss (AStA) erweitert, eine Entwicklung die Folgen haben sollte. Ein Beispiel dazu: Zu Beginn der Ausbildung im Jahre 1967 mussten die Studierenden – eigentlich Schüler*innen – beim Eintritt der Direktorin der Münchner Höheren Fachschule für Sozialarbeit aufstehen. Sie hatten Tafel- und Flurdienst und es wurden Klassenbücher geführt. 1 1/2 Jahre später setzten sie die volle paritätische Besetzung in den Schulgremien durch und entschieden sogar über den Verbleib von Dozent*innen. Lehrveranstaltungen veränderten sich zu projektorientiertem Lernen, weit ab vom vorgesehenen Fächerkanon. Diese rasante Veränderung mussten Studierende und Lehrende verarbeiten, was nicht ohne Konflikte ablief. Die Parität war nur ein kurzer Kulturwandel und mit der Fachhochschulgesetzgebung schnell vorbei.

Die Studierenden und viele Dozent*innen und Schulleiter*innen der Höheren Fachschulen vereinten sich, allerdings ohne die katholischen Höheren Fachschulen, in einem bundesweiten Widerstand gegen die Abwertung der Sozialen Arbeit und den Ausschluss aus der Fachhochschulgesetzgebung.

Ein Streik über ein ganzes Semester folgte im Jahr 1969, begleitet von zahlreichen Veranstaltungen (Demonstrationen, Sitin's etc.) und Gesprächsterminen mit Politiker*innen aus den Kultusministerien und Landtagen. Und diese Aktionen waren erfolgreich, die Umstimmung und die Übernahme der Höheren Fachschulen für Sozialarbeit und Sozialpädagogik in die Fachhochschulgesetzgebung gelang.

Die Studierenden lernten in dieser Zeit mehr an aggressiver Gemeinwesenarbeit, als ihnen in der Ausbildung vermittelt wurde. Und sie hatten damit einen eigenen Bereich der Emanzipation und Aufbruch als 1968er, wohl anders als zum Geschehen im universitären Bereich.

10 Deutscher Jugendhilfetag im Mai 1970 in Nürnberg - Motto „Kindheit und Jugend in der Gesellschaft"

Ausgehend von den Protesten beim 3. Jugendhilfetag wurde der 4. Jugendhilfetag für einen größeren Teilnehmer*innenkreis geöffnet. Heimerziehung war im Programm ursprünglich nicht vorgesehen. Die Aktivitäten von verschiedenen Gruppierungen kritischer Sozialarbeit und ihre grundlegende Kritik an der Heimerziehung im Vorfeld erreichten eine Änderung und dieses Thema beherrschte dann den Verlauf des Jugendhilfetages (vgl. Müller 2020, S. 38–39). Ein Antrag beinhaltete, dass in den Kindertagesstätten und Heimen keine Schwestern und Vertreter*innen der kirchlichen Verbände mehr arbeiten sollen. Er wurde mehrheitlich beschlossen. Diese Entschließung, die die kritischen Teilnehmer*innen, die sich insbesondere in der Sozialistischen Aktion Jugendhilfetag gut vorbereitet hatten, durchsetzten, führten zu dem Statement des Vorstandes der Arbeitsgemeinschaft für Jugendpflege und Jugendfürsorge (AGJJ) nach der Veranstaltung: „Der Vorstand stellt ferner fest, dass alle Resolutionen, die auf dem für Jedermann offenstehenden Deutschen Jugendhilfetag gefasst wurden, nicht der Meinung der AGJJ wiedergeben, sondern Abstimmungsergebnisse darstellen." (Kappeler 2011, S. 78)

Der Jugendhilfehilfetag endete nach diesem Ergebnis in einer aufgewühlten Stimmung. Eine Hälfte des Saales (Nonnen und kirchliche Vertreter*innen) rief „APO raus". Die andere Hälfte (kritische Sozialarbeiter*innen, Student*innen der Sozialen Arbeit) rief „Kirche raus". Letztere stürmten das Podium, die Internationale wurde gesungen und der Jugendhilfetag vom Vorstand der AGJJ abgebrochen.

Wobei der Vorstand der AGJJ relativ bald danach doch die Kritik an der Situation in der Heimerziehung aufgriff und das Deutsche Jugendinstitut zu einer Bestandsaufnahme bat. Die Vorkommnisse auf dem 4. Jugendhilfetag hatten Konsequenzen für den 5. Jugendhilfetag. Das Hamburger Abendblatt schreibt dazu: „Radikalen Furcht stoppt Kongress. Aus Furcht vor Zusammenstößen mit linksorientierten und kommunistischen Gruppen ist der 5. Deutsche Jugendhilfetag *(1974 in Hamburg geplant, Anm. V.)* abgesagt worden." (Kummetat/Klausch 2021, S. 100)

11 Akademisierung

Ab 1968 war klar, dass die Höheren Fachschulen nur eine Übergangszeit darstellten. Der Ruf nach mehr Wissenschaftlichkeit und Annäherung an die universitären Strukturen läutete die Reform zur Fachhochschule ein, allerdings nur für die Bereiche Technik und Wirtschaft – ohne die Soziale Arbeit. Sie sollte in einer Akademie unterhalb der Fachhochschulebene angesiedelt werden.

Zunehmend verschärft wurde dies durch die neu geschaffenen Diplom-(Sozial-)Pädagogik- Studiengänge an Universitäten, die Lehrende und Studierende an den Höheren Fachschulen als eine Spaltung der Sozialen Arbeit erlebten. In diesen Studiengängen stand die Erziehung als Leitwissenschaft im Mittelpunkt und konnte daher nur einen Teil der Sozialen Arbeit widerspiegeln. Einen weiteren Unterschied ergaben geringere Praktika während der Ausbildung und das fehlende Berufsanerkennungsjahr. Dies führte dazu, dass Absolvent*innen der Diplom-Pädagogik nur wenige eine, ihrem akademisch höher zu bewertenden Abschluss, angemessene Anstellung in der Praxis fanden und sich auf Stellen der Diplom-Sozialarbeiter-/Sozialpädagog*innen bewerben mussten. Der Anspruch Erziehungswissenschaft als Leitdisziplin der Sozialen Arbeit einzusetzen, löste zum Teil erhebliche professionskritische Diskussionen aus, einhergehend mit den zumindest für diese Zeit noch wenig ausgeprägten Initiativen zur Formulierung einer eigenständigen Sozialarbeitswissenschaft.

Eine weitere bis heute bestehende Problematik, trotz Gleichklang von Bachelor- und Masterabschlüssen an beiden Hochschultypen, zeigte sich mit der fehlenden eigenständigen Promotionsberechtigung der Fachhochschulen. So war es auch nicht möglich, dass Absolvent*innen der Fachhochschulen für Soziale Arbeit in ihrem zentralen Fach promovieren konnten und nur über Umwege mit einem vollakademischen Studium Erziehungswissenschaft und entsprechender Promotion sich auf Professuren der Fachhochschulen bewerben konnten.

Diese hochschulinternen Entwicklungen waren folgenreich. Das Fach Methodenlehre wurde in den Fachhochschulen wie erwähnt randständig. Die führenden Persönlichkeiten in der Methodendiskussion, bis dahin fast nur Frauen, ließen sich in der Ausbildung an den Rand drängen. Den Bereich der Theorie und der Wissenschaft besetzten Männer, das Praxisgeschehen überließ ‚man' den Frauen. Die Methodiker*innen versahen ihre Identifikation mit idealistischen Zielen, konnten aber deren Inhalte nicht genügend argumentativ vertreten. Sie hatten sich die Methoden angeeignet, aber sich zu wenig mit deren Begründungszusammenhängen auseinandergesetzt. Trainiert in 'akzeptierender Haltung' ergriffen sie in der konkreten Situation zu wenig Initiative, um sich personell an den Hochschulen durchzusetzen.

Verstärkt wurde dieser Trend dadurch, dass in vielen Bundesländern die lehrenden Sozialarbeiter*innen nicht in die Statusgruppe der Professor*innen übernommen wurden (z. B. in Hamburg). Die skizzierte Lehr- und Berufssituation streichen wurde zusätzlich erschwert und der bisherige Motor der Methodendiskussion innerhalb von Statuskämpfen kam zum Erliegen.

12 Fazit

Und heute? Ein aktueller, beispielhafter Blick: Bis zu 15–20 % der Kinder in Hamburg leben in Armut, in einer der reichsten Städte in Deutschland. Seit einiger Zeit versucht die Sozialbehörde der Hansestadt Hamburg die geschlossene Unterbringung von Kindern und Jugendlichen wieder einzuführen. Die Offene Kinder- und Jugendarbeit steht in Hamburg unter erheblichem Spardruck. Einrichtungen mussten schon geschlossen werden. Die Zahl der Mitarbeiter*innen ist zum großen Teil beschämend niedrig. Die Mitarbeiter*innen im Allgemeinen Sozialen Dienst im Jugendamt arbeiten seit langem am Limit. Natürlich gibt es Widerstand über Aktionsbündnisse, Interessenvertretungen, aber kraftvoller Aufruhr sieht anders aus und so kann die Hamburger Sozialbehörde mehr oder weniger unbehelligt ihre Strategie verfolgen – nach dem Motto: was soll die Kritik, es ist ja alles bestens geregelt und sparen müssen alle.

War nun ‚früher alles besser'? Die überwiegende Mehrheit der in der Praxis Tätigen in den 1960/1970er Jahren beteiligten sich nicht an den Aktionen, Diskussionen, Arbeitskreisen und Projekten der kritischen Sozialarbeiter*innen. Und wie gesamtgesellschaftlich ebbte auch deren Einfluss in den 1970er Jahren ab, die Phase der Therapeutisierung der Sozialen Arbeit begann. In den Fachhochschulen für Sozialarbeit/Sozialpädagogik setzten sich in dieser Zeit allerdings die Auseinandersetzungen um eine gesellschaftspolitisch orientierte Soziale Arbeit fort, die auch die Studierenden erfasste und ihre aktive Beteiligung am Hochschulgeschehen hervorrief. Eine Situation, die man an den heutigen Fachhochschulen vermisst. Die Individualisierung in den Lehrkörpern und bei den Studierenden verhindert die Einflussnahme auf die nach wie vor bestehende Randstellung der Adressat*innen der Sozialen Arbeit und fordert eine verstärkte Aufmerksamkeit bei Politik und Medien wenig heraus.

Literatur

Bang, Ruth (1958): Psychologische und methodische Grundlagen der Einzelhilfe (Casework). Wiesbaden: Verlag für Jugendpflege- und Gruppenschrifttum

Friedländer, Walter/Pfaffenberger, Hans (1966): Grundbegriffe und Methoden der Sozialarbeit. Neuwied und Berlin: Luchterhand

Kamphuis, Marie (1963): Die persönliche Hilfe in der Sozialarbeit unserer Zeit. Stuttgart: Ferdinand Enke

Kappeler, Manfred (2011): Die Heimerziehung der 40er-70er im Spiegel der AGJ. Berlin: Hrsg. AG für Kinder- und Jugendpflege-AGJ

Kummetat, Sabine/Klausch, Peter (2021): Europas größter Jugendhilfegipfel im Spiegel der Zeit. Berlin: AGJ-Jubiläumsschrift

Müller, C. Wolfgang (1988): Wie Helfen zum Beruf wurde. Band 2. Weinheim: Beltz.

Müller, C. Wolfgang (2020): Neue Politisierung der Sozialen Arbeit in den 1960er-/1970er-Jahren. In: ARCHIV für Wissenschaft und Praxis der Sozialen Arbeit 4/2020, S. 30–43

Neuffer, Manfred (1990): Die Kunst des Helfens. Geschichte der Sozialen Einzelhilfe in Deutschland. Weinheim: Beltz

Neuffer, Manfred (2023): Konsolidierung und Aufruhr 1960–1970. Der Weg in die Professionalisierung der Sozialen Arbeit. In: Soziale Arbeit 8–9.2023, S. 285–290

XII. Fazit und Ausblick

Einem abschließenden Fazit stehen mindestens drei Erkenntnisse aus diesem Sammelband entgegen: Zum einen sind Themen und Ergebnisse der Beiträge, wie schon in der Einleitung erwähnt, sehr heterogen, zum Zweiten verstehen sich viele Beiträge als ‚work in progress', also als erste Befunde zur Erforschung umfassenderer Themenfelder, und drittens ist die Liste der Forschungsdesiderate deutlich länger als die zehn Beiträge dieses Bandes.

Dennoch wollen wir versuchen, thesenhaft einige verbindende Erkenntnisse zu formulieren: Unsere schon im Titel der Konferenz auftauchende Annahme von einer „bewegten und bewegenden Zeit" in den Jahren 1960 – 1980 fanden wir in allen Aufsätzen bestätigt. Insbesondere die gedoppelte Perspektive von Zeitzeug*innen und Wissenschaftler*innen hat dies z. B. anhand der mehrfach erwähnten Konflikte auf dem Deutschen Jugendhilfetag 1970 in Nürnberg eindrücklich untermauert. Die grundlegenden Veränderungen in dieser Zeit betrafen insbesondere die Entwicklungen den an unterschiedlichen Orten in der BRD neu gegründeten Fachhochschulen. Diese bilden, entgegen allen Erwartungen, das solide Fundament der Akademisierung der Disziplin Soziale Arbeit bis heute. Eng mit der institutionellen Akademisierung verknüpft ist auch die Entwicklung der Wissenschaft Sozialer Arbeit in dieser Zeit. Deutlich wird aus den vorliegenden Forschungen die enge Verbindung von universitärer Erziehungswissenschaft und Sozialpädagogik sowie die Verschränkung von Wissenschaft unterschiedlicher Disziplinen mit der Praxis an den neu gegründeten Fachhochschulen. Diese verschiedenen grundlegenden Reformen führten, so stellen es mehrere Autor*innen fest, zu einer weiteren nachhaltigen Veränderung der Disziplin: Im Kontext der Studentenbewegung wurde in der Disziplin das Bewusstsein für (sozial-)politische Implikationen auf die Soziale Arbeit geweckt bzw. verstärkt. Das heutige Selbstverständnis der Sozialen Arbeit als gesellschaftspolitisch orientierte Profession hat also starke Wurzeln in der Zeit zwischen 1960 und 1980.

Der „Internationale Seitenblick" belegt für diese Zeit klar den großen Einfluss US-amerikanischer Methoden auf die Disziplin und Profession in der Bundesrepublik und zwar in mehrfacher Hinsicht: Durch Remigrant*innen, die die Neuorientierung der Sozialen Arbeit in Deutschland schon seit den 1950er Jahren geprägt hatten, durch die von US-amerikanischen „progressives" beeinflusste Neue Frauenbewegung und nicht zuletzt durch die vielfach belegten Studienaufenthalte von Sozialarbeiter*innen in den USA in dieser Zeit.

Um die Entwicklung der Sozialen Arbeit umfassender zu betrachten sind aber, wie schon in der Einleitung angedeutet, weitere Forschungen nötig, denn die bisherigen Erkenntnisse bieten nur Schlaglichter auf einzelne Institutionen und Themen. Für den großen Rundumblick fehlt es noch an vergleichenden Studien und der Beschäftigung mit weiteren Desideraten. Hierzu zählt auf jeden Fall die weitere Erforschung der Sozialen Arbeit in der DDR in dieser Zeit. Wie schon wie schon von Amthor, Kuhlmann und Bender (2022, S. 10) konstatieren, ist das Ungleichgewicht der Forschungen zu BRD und DDR enorm und auch diesem Band fehlt es an Erkenntnissen zur Entwicklung in der DDR im betrachteten Zeitraum. Das zweite Desiderat ist die nach wie vor marginale Beschäftigung mit den Geschlechterdimensionen der Sozialen Arbeit zwischen 1960 und 1980, mit denen sich nur eine Autorin unseres Bandes auseinandersetzt. Im Hinblick auf diese Forschungslücke hoffen wir auf die kommende Konferenz der AG Historische Sozialpädagogik/Soziale Arbeit im Februar 2024 in Wiesbaden zum Thema „Geschlechterdimensionen in Geschichte und Geschichtsforschung (zu) Sozialer Arbeit".[1]

Siegfried (2018, S. 248) spricht in seinem Fazit zu 1968 davon, dass für "die Tiefe dieser Zäsur auch für die Langzeitwirkung von 1968 wichtig ist, dass hier Menschen gegen Nationalismus, Neokolonialismus, Rassismus und Krieg, für eine Aktualisierung der kritischen Vernunft und der Solidarität auf die Barrikaden gingen. Der Kampf jeder gegen jeden sollte aufhören, die Idee der solidarischen Gesellschaft obsiegen." Diese Ideale bewegten damals auch viele Akteur*innen in der Sozialen Arbeit und angesichts der gegenwärtigen Situation wäre eine Rückbesinnung auf sie mehr als wünschenswert!

Die Herausgeber*innen danken allen herzlich, die zum Gelingen dieses Bandes beigetragen haben!

Hamburg, im Februar 2024
Dieter Röh, Barbara Dünkel und Friederike Schaak

Literatur

Amthor, Ralph-Christian/Kuhlmann, Carola/Bender-Junker, Birgit (Hrsg.): Kontinuitäten und Diskontinuitäten der Sozialpädagogik/Sozialarbeit im Übergang vom Nationalsozialismus zur Nachkriegszeit. Band 2: Institutionen, Ausbildung und Arbeitsfelder sozialer Arbeit nach 1945. Weinheim/Basel: Beltz Juventa.
Siegfried, Detlef (2018): 1968. Protest, Revolte, Gegenkultur. Stuttgart: Reclam Verlag.

---

1 https://www.hs-rm.de/de/fachbereiche/sozialwesen/forschung/tagung-der-ag-historische-sozialpaedagogik/soziale-arbeit

Autorinnen und Autoren

Bauer, Edith, Prof. Dr. phil., Professorin für Geschichte und Theorien Sozialer Arbeit, Arbeitsschwerpunkt Kinder- und Jugendhilfe an der Hochschule Fulda. Lehr- und Forschungsschwerpunkte: Geschichte, Theorien und Theoriegeschichte Sozialer Arbeit, philosophische Grundlagen Sozialer Arbeit, frühkindliche Entwicklung und frühpädagogische Sprachbildung, pädagogische Konzepte in Bildungseinrichtungen früher Kindheit. edith.bauer@sw.hs-fulda.de

Buttner, Peter, Prof. Dr. med., lehrt Klinische Sozialarbeit und Ethik an der Hochschule München. buttner@lrz.fh-muenchen.de

Böttcher, Norman, M. A. Gesellschaftstheorie, B. A. Soziale Arbeit, wissenschaftlicher Mitarbeiter der Hochschule München für das DFG-Schwerpunktprogramm 2357 'Jüdisches Kulturerbe', Teilprojekt 'Jüdische Soziale Arbeit in Deutschland nach 1945', seit März 2024 zudem beauftragt mit der Vertretung der Professur Sozialarbeitswissenschaft an der Hochschule für Wirtschaft und Gesellschaft Ludwigshafen, Forschungsschwerpunkte: Geschichte und Theorien Sozialer Arbeit. norman.boettcher@hwg-lu.de

Dünkel, Barbara, M.A. freiberufliche Historikerin, Lehrbeauftrage am Department Soziale Arbeit der HAW Hamburg und an der Evangelischen Hochschule Rauhes Haus, Hamburg. Veröffentlichungen zur Sozialgeschichte des 19. und 20. Jahrhunderts, der Geschichte der Sozialen Arbeit, der Geschlechtergeschichte und der Regionalgeschichte Hamburgs. Gemeinsam mit Dieter Röh und Friederike Schaak Organisatorin der Tagung des AG Historische Sozialpädagogik/Soziale Arbeit 2022 in Hamburg.

Kuhlmann, Carola, Prof. Dr. phil., habil., Professorin für Erziehungswissenschaft an der Evangelischen Hochschule RWL in Bochum. Lehr- und Forschungsschwerpunkte: Theorie- und Professionsgeschichte der Sozialen Arbeit, Geschichte der Heimerziehung (insbesondere 20. Jhdt.), Theorien der Bildung und Erziehung, pädagogische Konzepte der Erziehungshilfen, Bildungsbenachteiligung und Soziale Inklusion. kuhlmann@evh-bochum.de

Müller, Carsten, Prof. Dr. paed., Professor für gesellschafts- und sozialpolitische Aspekte Sozialer Arbeit an der Hochschule Emden/Leer (in Ostfriesland). Lehr- und Forschungsschwerpunkte: Geschichte Sozialer Arbeit (insbesondere frühe Sozialpädagogik), kritische Historiografie, Bilder und Bildverwendung in der Sozialen Arbeit, Theorien Sozialer Arbeit, Gemeinwesenarbeit und Community Organizing. Siehe auch: www.dr-carsten-mueller.de, carsten.mueller@hs-emden-leer.de

Neuffer, Manfred, Dr. phil., Dipl.-Sozialarbeiter, Dipl.-Pädagoge, 1970–1977 Sozialarbeiter in der Betrieblichen Sozialarbeit, in der Offenen Kinder- und Jugendarbeit und dem Kommunalen Sozialen Dienst, 1978 – 1990 Fachlehrer für Sozialarbeit an der Universität-Gesamthochschule Siegen, 1990 – 2009 Professor an der HAW Hamburg für Theorie und Methoden der Sozialen Arbeit. manfred.neuffer@posteo.de

Röh, Dieter, Dr. phil., Dipl.-Sozialarbeiter/Sozialpädagoge, MPH, Professor für Soziale Arbeit an der HAW Hamburg mit dem Schwerpunkt Rehabilitation und Teilhabe. Lehr- und Forschungsschwerpunkte: Theorien, Konzepte, Methoden sowie Geschichte Sozialer Arbeit, diesbezüglich insb. Geschichte der Ausbildung und des Studiums in Hamburg. dieter.roeh@haw hamburg.de

Schaak, Friederike, M.A., Aufarbeitung der Geschichte der Sozialen Arbeit am Department Sozialer Arbeit an der HAW Hamburg, Aufbau des Departmentarchivs, Mitorganisatorin der Geschichtstagung 2022.

Thole, Friederike, Dr. phil, Erziehungswissenschaftlerin mit dem Schwerpunkt Historische Bildungsforschung. Arbeitsschwerpunkte: Pädagogik und 1968; Aufarbeitung sexualisierter Gewalt. friederike.thole@posteo.de

Walpuski, Volker Jörn, Dr. phil., Professor für Supervision und Coaching an der Evangelischen Hochschule Freiburg. Supervisor und Coach (DGSv), Organisationsberater, Mediator (Bundesverband Mediation) sowie Onlineberater (TH Nürnberg). Forschungsinteressen sind die (transnationale) Geschichte der Supervision und der Sozialen Arbeit sowie Digitalisierungsprozesse in Feldern der Sozialen Arbeit. Zu weiteren Publikationen siehe ORCID 0000–002-9628-0283. Volker.Walpuski@eh-freiburg.de

Wieler, Joachim, Prof. em. Dr. phil, Diplomsozialarbeiter, zuletzt FH Erfurt, Lehr- und Forschungsgebiete: Methoden und Institutionen, Geschichte und Internationalisierung der Sozialen Arbeit, Biografiearbeit und Über-Lebensgeschichten vertriebener SozialarbeiterInnen nach 1933. wieler@fh-erfurt.de und j.wieler@t-online.de

Peter Hammerschmidt | Gerd Stecklina
Klassische Theorien der Sozialen Arbeit
2022, 250 Seiten, broschiert
ISBN: 978-3-7799-7222-8
Auch als E-BOOK erhältlich

Was ist Soziale Arbeit? Die Antwort(en) auf diese Frage bieten Theorien der Sozialen Arbeit. Überlieferte, heute noch relevante Antworten darauf finden sich in den klassischen Theorien. Der Band bietet Studierenden und Lehrenden einen strukturierten und verständlichen Überblick über die klassischen Theorien der Sozialen Arbeit, die seit den Anfängen der Sozialen Arbeit in der deutschsprachigen Fachdiskussion entwickelt worden sind. Im Zentrum stehen die einzelnen Theorien. Diese Gegenstandsbestimmungen werden jeweils entlang eines »Schlüsseldokuments« referiert und systematisch aufgearbeitet. Die Einzeldarstellungen werden eingeordnet in einen vorangestellten Abriss der Real- und Theoriegeschichte der Sozialen Arbeit und in einen abschließenden systematischen Vergleich.

www.beltz.de
Beltz Juventa · Werderstraße 10 · 69469 Weinheim